PROBLÈMES ET CONTROVERSES

PUBLICATIONS DU CENTRE DE RECHERCHES
D'HISTOIRE DES IDÉES DE L'UNIVERSITÉ DE NICE

PHILOSOPHIE*S* DE LA RÉVOLUTION FRANÇAISE

REPRÉSENTATIONS ET INTERPRÉTATIONS

COLLECTIF

A-M. AMIOT
R. BARRAL
P. CHANIER
H. DENEYS
M. FUCHS
P. GOUIRAND
D. LOSURDO
J. PHILIPPON
J. RICHER
L. SICHIROLLO
A. TOSEL

PARIS
LIBRAIRIE PHILOSOPHIQUE J. VRIN
6, Place de la Sorbonne, Ve

1984

ISBN 2-7116-4255-0

PRESENTATION

Les textes rassemblés dans ce volume constituent en fait les textes d'un colloque tenu à Nice les 21 et 22 Janvier 1983 et organisé par le *Centre de Recherches d'Histoire des Idées* de l'Université de Nice.

Il est de notre devoir au seuil de ce livre d'honorer la mémoire de celui qui eut l'idée de ce colloque, le prépara, mais ne put y participer, puisque une mort brutale le foudroya le 1er Janvier 1983. Nous pensons ainsi à Lucien MUGNIER-POLLET qui fut le directeur dynamique et avisé du *C.R.H.I.* jusqu'à cette mort.

Né en 1924 à Paris, Lucien MUGNIER-POLLET servit l'enseignement degré après degré. Successivement, élève de l'Ecole Normale d'Instituteurs, instituteur, professeur certifié, puis agrégé de philosophie, Lucien MUGNIER-POLLET devint universitaire. A Grenoble, puis à Nice, il mena à bien les travaux de sa thèse, consacrée à *La Philosophie Politique de Spinoza* (publiée chez J. Vrin, Paris, 1976). Professeur de philosophie morale et politique en 1975, il oeuvra à la création et à l'activité du *Centre de Recherches d'Histoire des Idées* de Nice. Sous sa direction, le Centre put, par un travail d'équipe, assurer plusieurs publications de ses recherches, citons, entre autres, aux Editions J. Vrin toujours, les recueils *Régénération et Reconstruction Sociale entre 1789 et 1848*, (1979) *L'Idée de Progrès*, (1982).

Lucien MUGNIER-POLLET avait une haute idée de l'importance de la philosophie morale et politique. Son livre sur Spinoza, ses études diverses consacrées à Condorcet, Hobbes en témoignent, comme ils témoignent de son attachement à la meilleure part de l'héritage français, le rationalisme des Lumières, avec son combat pour la démocratie, la connaissance, le pluralisme, le respect, toutes conditions de la "vie bonne" aujourd'hui comme hier.

Une mort prématurée et cruelle a voulu que son dernier geste universitaire ait été d'honorer, sans exaltation, ni renonciation à l'esprit critique mais sans concession sur l'essentiel non plus, le fruit le plus riche de cette tradition des Lumières, la Révolution Française, ce tournant de l'histoire du Monde.

A notre tour, nous honorons cette fidélité à un choix éthico-politique par la publication de ces Actes. Qu'ils soient le témoignage de reconnaissance et d'amitié de tous ceux qui ont oeuvré durant ces années à ses côtés pour la même cause.

André TOSEL

RÉVOLUTION - DISSENSION (STASIS - STASIAZO)

DANS LE MONDE GREC ET CHEZ ARISTOTE

Livio SICHIROLLO

Comme introduction au colloque sur les représentations et les interprétations de la Révolution française il n'est pas sans utilité, je pense, de réfléchir sur la préhistoire du mot, sur ses origines grecques, d'autant plus que ces origines sont - quant à révolution - les origines tout court.
A ce que je sais (il faudrait poser la question à M. Jacques Gernet) les civilisations de l'Orient n'ont pas connu le concept et la chose que nous appelons, depuis les Grecs "révolution" - ce phénomène que en gros on peut définir comme suit : changement politique et/ou social, plus ou moins violent, plus ou moins conscient, plus ou moins consciemment organisé et guidé, auquel participe une partie plus ou moins grande des citoyens en vue d'établir un ordre nouveau ou de ré-tablir l'ancien. Il faut ajouter ici que les Grecs n'ont pas connu notre mot *révolution* (=ré-volution) qui vient à la fois et de la science, de l'astronomie moderne, et de l'histoire sociale et religieuse : renaissance, *renovatio*, Réforme, donc un mot qui a un sens pour nous à partir de la formation des Etats modernes (bien que Platon eût l'idée d'un changement périodique des constitutions : *Resp*. VIII. 546 a).

On peut bien dire que depuis que nous avons des documents grecs écrits (sauf Homère et Hésiode, si je ne me trompe pas), on rencontre le nom et le concept, et la chose, qui s'appelle *stasis* (et le verbe *stasiazo*). Révolution, révolutionner ? Changer et faire changer la constitution (*metabolē politeias)*, le gouvernement ? Discorde, dissension entre deux (ou plusieurs) groupes ? "Guerre de classe", comme traduit M. Finley, qui est d'habitude très prudent ? (Cf. *Use and abuse of history*, London, Chatto & Windus, 1975, p.141). Et encore : *stasis*-révolution indique-t-elle les ressorts ou bien les résultats ou bien le mouvement même, le devenir d'un changement politique et social ? On verra, le terme est assez compliqué, d'ailleurs la vie politique grecque est compliquée aussi - et, il ne faut pas l'oublier, le vocabulaire technique (politique et philosophique, qui sera le nôtre) est en train de se constituer. Saisir par des exemples, par des brefs commentaires le sens du mot - voilà ce que je voudrais faire.

Alcée (VIIème s. av.J-C.) : le citoyen, tout seul, qui regarde sa *polis*, Mytilène, en proie aux guerres civiles, les *staseis*, qui ravagent l'Etat comme les vents secouent un navire. L'allégorie *polis*-navire du fragm. 46a (Diehl) est célèbre (et comme telle s'éternisera) ainsi que l'image de l'équilibre, de la balance en ce qui concerne le bon Etat (fragm. 31). Le poète ne nous donne pas des raisons (à ce que nous savons par ses fragments) : il nous fait partager simplement sa tristesse, son indignation et sa colère.

Théognis, le poète aristocrate de Mégare (VIème s. av. J-C.) s'efforce de comprendre ce qui arrive dans sa ville et il en chante l'éthique aristocratique, déjà en danger (Pindare la résumera en un seul vers:

> *aristoi hoi palai plousioi : les nobles, les gens de bien sont les riches depuis toujours ;*

voilà ce qui produit *staseis* et meurtres entre les citoyens et les *mounarchoi* (les chefs, les autorités) - c'est la *hybris* (la violence, la démesure) des *kakoi :* la populace (ou simplement *hoi polloi*, comme dira Aristote), les pauvres, avides d'argent et de pouvoir, sans aucune modération ni mesure (je donne une paraphrase des vers 51 svv.).

Révolution-Dissension (Stasis-Stasiazo)
dans le Monde Grec, et chez Aristote

Si ces textes ont quelque utilité, nous ne pouvons pas nous passer de Solon, l'Athénien, le libérateur des esclaves attiques, le fondateur de ce que nous appelons encore *démocratie* (environ 560-640). Le premier, il nous donne une théorie de la *stasis*, en ce sens que 1) il établit un rapport entre *stasis* et *métabolē politeion*, et

2) il en recherche genèse et solution. Bientôt ses thèses deviendront un topos. Voyons, en le paraphrasant, le fragm. 3, sur l'*Eunomie*. *Stasis*, désordre, guerre civile - *dusnomie*, dans le langage de Solon : la richesse est concentrée en peu de mains, chez les oligarques, d'où vient chez eux le désir du luxe, l'avidité de l'argent, *hybris* et *bia*, démesure et violence : la multitude tombe en esclavage (juste le contraire que chez Théognis). Le Solon d'Aristote dit : la satiété engendre la démesure...(*Politique*, V, 8). La *dusnomie* porte à la tyrannie, il faut la renverser dans l'*eunomie* : la bonne loi mais en même temps le juste partage de la richesse, c'est-à-dire de la terre (*nōmos* = loi et *nomōs* = lot, les deux issus de *nēmō*, partager).

Presque trois siècles après Aristote soutiendra les mêmes thèses, mais à la suite et à l'intérieur d'une analyse très détaillée. On peut la schématiser de cette façon : 1) les biens matériels sont rares - le désir, illimité (*Pol*. I et II),

2) il faut que les riches ne souhaitent avoir plus, les honneurs y compris (II, 7. 1267 a) ; il faut que les pauvres ne le puissent, mais qu'ils ne subissent pas d'injustice (II, 7. 1267 b 5-9) (je signale qu'il s'agit là de la solution de Solon : au *demos* le choix et le contrôle des magistrats et l'organisation des tribunaux, aux notables et aux riches l'exercice des magistratures : II. 12).

3) la misère engendre la *stasis* et le crime (II. 6. 1265 b10-13), mais c'est aussi la recherche de l'égalité qui, en général, provoque les *staseis* (V. 1. 1301 b 28-29).

Ce que Solon avait soutenu en politique et en poète Aristote le développe en "sociologue", mieux en philosophe qui réfléchit sur la société, la politique et sur l'histoire. La misère et la recherche de l'égalité comme source de la *stasis*. La misère : un mobile de fait, ou si vous voulez "historique", qui agit à partir d'en bas, dirions-nous ; la recherche de l'égalité : mais c'est de l'"idéologie", une réflexion sur un élément haut ou qui procède d'en haut. On ne peut pas s'arrêter sur le grand débat au sujet de l'égalité, c'est-à-dire du juste (*Ethique Nicom.* V) : on remarquera ici seulement l'erreur des démocrates et des oligarques qui s'estiment être égaux ou inégaux en absolu (*aplōs, holōs*), en oubliant qu'il y a égalité en quantité et égalité selon le mérite, la qualité, la proportion, et qu'une bonne *politeia* ne peut que mêler les deux types d'égalité (*Pol.* V.1.).

Aristote est conscient de l'analyse qu'il propose, ou pour mieux dire : des conséquences de son analyse, et il peut conclure :

> *la démocratie est plus stable et moins sujette aux staseis que l'oligarchie. Ici peuvent naître deux sortes de staseis : les querelle des oligarques entre eux et en plus celles des oligarques avec le demos, tandis que dans les démocraties il n'y a que la lutte contre le parti oligarchique.* (V.1. 1302 a 8-12).

Il en est si conscient qu'il retrace l'histoire de son interprétation. Il nous dit de son prédécesseur Phaléas de Chalcédoine : Phaléas le premier introduisit cette réglementation, que les propriétés foncières des citoyens doivent être égales - ce qui n'est pas difficile au moment de la fondation de nouvelles *poleis*, mais plus laborieux une fois les *poleis* constituées. Il se déclare d'accord avec Phaléas même sur un point délicat: il faut égaliser les désirs plutôt que les fortunes, ce qui est impossible si l'on ne donne pas par les lois une éducation convenable : donc, égalité dans la propriété et dans l'éducation (*ktēsis* et *paideia*) II 7. 1266 b 28 -33).

Voilà une façon par laquelle on peut arriver à l'idéal de l'homme politique=philosophe=législateur=éducateur. Le texte est explicite et paradigmatique. Il s'agit-là des origines de la tradition qui sera appelée "libérale".

Des textes que nous venons rapidement de voir on peut tirer une conclusion très simple : il y a *stasis* là - et seulement là - où il y a une communauté politique (*koinōnia*), participation (*metechein*), mais aussi une organisation égalitaire ou possédant au moins le sentiment de l'égalité (ce qui n'arrive pas - soit dit en passant - au Moyen-Age et à la Renaissance). Comme nous venons de le voir *stasis* et *homonoia* *eunomie* et *dusnomie* font partie, déjà chez Solon, d'un même contexte - qui devient explicite chez Platon et Aristote ; mais il ne faut pas oublier Démocrite et les Sophistes. Démocrite, par exemple (68 b 249-250) :

> *la stasis est nuisible à chacune des deux parties en lutte... seule l'homonoia rend possible aux poleis les grandes oeuvres.*

Quant aux Sophistes je me limite à rappeler leurs textes et discours au sujet de l'*homonoia*, de la constitution, etc.

Platon, *Resp.* V. 470 bd :

> *l'inimitié (echthra, haine) entre parents s'appelle discorde (stasis), entre étrangers guerre (polemos).... Grecs et barbares se font la guerre, mais que des Grecs se battent avec des Grecs... en ce cas la Grèce est malade et en discorde (nosein kai stasiazein).*

Justement une maladie de la communauté comme il y a la maladie des corps : les proportions réciproques et mesures relatives de certains éléments ont été altérées de façon qu'il y a des excès quelque part. Sur guerre-*stasis*-maladie en rapport avec *homonoia*-paix-santé on peut lire encore *Lois* I. 628 ce.

Aristote nous donne un texte encore plus clair. Dans l'*Ethique Nicom.* IX, le livre sur *philia* et *homonoia*, on peut lire une définition de *stasiazō* exemplaire selon Liddell-Scott-Jones. Voilà une paraphrase du passage : la *homonoia* paraît être une amitié politique, elle porte sur les intérêts et sur ce qui est convenable à la vie ; les *poleis* sont dans l'*homonoia* lorsque tout le monde tient pour nécessaire et convenable les mêmes choses : au contraire lorsque l'un des deux (personnes, groupes, partis, etc.) veut soi-même se constituer en chef, alors les *poleis stasiazousin*, tombent dans la dissension (IX 6. 1167 a 22- b4).

A ce point on peut remarquer que le verbe *stasiazō* est aussi transitif : créer de la confusion, porter la dissension, si vous voulez révolutionner ; le substantif *stasis* signifie soit l'action de sédition qu'une faction déclenche, soit le parti, la faction, ce qui se détache de l'unité harmonique de la *koinonia* politique, soit encore le résultat de cette action, mais un résultat en devenir, sans *homonoia*, dans un climat d'hostilité, difficile sinon impossible à acheminer vers une synthèse. En suivant Contogiorgis (cité à la fin) on peut dire encore quelques mots au sujet du vocabulaire : *stasis* est plus fort que *diaphora* (différend) :

> *A Delphes une diaphora survenue à l'occasion d'un mariage fut à l'origine de toutes les staseis ultérieures.* (*Pol.* V 4. 1303 b38-40).

Et il faut distinguer *stasis* d'un certain nombre de notions telles que attaque (*epithesis*), combat (*machē*), expulsion-bannissement (*ekptōsis*, *ekbolē*), complot (*epibouleuein*).

Epithesis (*epitithesthai*) est de loin le plus souvent

employé au Vème livre de la *Politique*, outre *stasis*. En principe c'est l'attaque de près, le corps à corps, avec en soi un élément de surprise , collective ou individuelle, entreprise contre les riches oligarques ou bien retour en force des exilés ; il s'agit toujours d'attentats contre quelqu'un ou quelque chose :

> *quant aux attaques (epitheseis) ils visent tantôt la personne des gouvernants tantôt leur pouvoir*. (V. 10. 1311 a31).

Stasis c'est autre chose, et elle se situe souvent en corrélation avec *epithesis* : Aristote enploie parfois la formule :*staziazousi kai epitithentai*, provoquer une sédition et s'insurger, passer à l'attaque (on traduira la formule selon le contexte : v. V. 2. 1302 b25 et II 7. 1267 a 41).

Mache aussi est une forme d'action révolutionnaire qui n'est pas la *stasis*. C'est le combat au sens militaire, évidemment ; c'est le fait d'en venir aux mains avec quelqu'un, une bataille "souple" qui n'arrive pas à détruire l'adversaire ; enfin, c'est la querelle au sens rhétorique, le duel oratoire : là c'est l'action des démagogues, surtout en cas de démocratie extrême, qui divisent la cité, la communauté politique en deux ; si l'on veut il s'agit-là (comme le montre Contogiorgis) d'un stade prestasiotique - le stade que le bon politique devrait pouvoir maîtriser, comme le Solon d'Aristote :

> *il s'était opposé aux deux partis qui étaient en train de provoquer des changements, il pouvait se faire tyran en s'alliant à l'un des deux, mais il préféra se faire détester de tous deux en sauvant sa patrie.*

(Const. d'Ath., X 2). Et avec ces exercices on pourrait continuer.

A ce point, résumer le Vème livre de la

Politique aristotélicienne est tout à fait superflu ; on ne peut pas suivre ici l'analyse générale et détaillée des *révolutions dans les poleis et des voies et moyens de salut des différentes constitutions*. Tout le monde sait qu'il s'agit d'un texte admirable par ses vues sociologico-philosophiques et par ses détails historiques. Impossible de s'en passer si l'on veut comprendre le monde politique grec ancien.

Je voudrais finir en soulignant ce qui me paraît un trait essentiel de la réflexion d'Aristote sur la *stasis*. La *polis* est pluralité :

> *toute cité renferme plusieurs éléments (mērē pleiō)*,

éléments qui

> *diffèrent spécifiquement entre eux*. (IV, 3, au début).

Pluralité de parties : les familles ; pluralité sociale : riches, pauvres, classe moyenne - mais chacune de ces classes a en soi des différences et distinctions : dans les arts et métiers, dans la richesse, dans la vertu etc. ; enfin, pluralité idéologique, dirions-nous, et je pense qu'Aristote l'admettrait volontiers au moins en ce sens qu'il y a toujours et partout conflits, débats, confrontations d'opinions (v., par exemple, les thèses sur les deux constitutions fondamentales : démocratie et oligarchie : IV, 3).

Si la *polis* doit vivre, elle ne peut pas être <u>une</u> comme le pense Platon (qu'Aristote critique vivement au livre II), mais quand même elle doit viser une certaine unité. Aristote le dit un peu partout : la *politeia* est une certaine vie (*bios tis*) de la *polis* (IV 11. 1295 b1). La *politeia*, bien sûr, c'est-à-dire la communauté, mais aussi les lois, et la *paideia*, qui en fait et en droit sont une et la même chose que la *polis* et sa constitution. Donc, ce qui ruine les *poleis*, ce qui engendre la maladie ce sont surtout les *staseis* qui en arrivent aux *diastaseis*, aux oppositions, aux oppositions figées, mort de la pluralité :

> ...*une différence quelconque (diaphora) provoque tout naturellement des oppositions (diastasis). C'est entre la vertu et le vice qu'existe peut-être la plus grande opposition ; après cela viennent richesse et pauvreté, et ainsi de suite pour les autres différences, avec plus d'importance pour telle ou telle autre*. V 3, 1303 b12-18).

Il faut signaler ici : 1) *diaphora* a le même sens que *stasis*, ce que nous avons vu et qui résulte d'ailleurs du contexte ; 2) s'il y a *stasis-diastasis*, il n'y a plus de pluralité, au moins de pluralité vivante : elle est mauvaise, on pourrait dire avec Hegel, elle est malade, elle conduit à la mort de l'un des deux éléments, donc il n'y a plus de *polis* au sens aristotélicien du mot (passim, livre V) ; 3) les deux oppositions les plus grandes (*megistē*) sont : l'opposition morale, un conflit éthico-politique (vertu-vice) et l'opposition sociale (riches-pauvres). A bien y regarder de près les analyses aristotéliciennes de la *Politique* en général se développent en soulignant et en élaborant, historiquement et théoriquement, ces deux types d'oppositions. Mais on peut ajouter encore une considération. Nous venons de rappeler que les deux constitutions les plus communes sont l'oligarchie et la démocratie : elles sont des déviations (vices) de la seule constitution qui qui représente la vertu, l'aristocratie, où l'homme de bien et le bon citoyen d'identifient. Nous savons également que la démocratie a le plus de chance, si l'on réussit à contenir les riches et en même temps à ne pas avilir les pauvres (II, 7, cité ci-dessus) : mais c'est un fait que la démocratie vit de la lutte entre les riches et les pauvres - luttes et conflits que nous trouvons aussi dans les constitutions aristocratiques, et a fortiori dans les oligarchies (IV, 6-7). Ce qui signifie que l'opposition (sociale) riches-pauvres se trouve et se développe à l'intérieur même de chacun des deux termes de l'opposition (éthico-politique) vertu-vice. D'où l'on voit combien le texte aristotélicien est complexe et riche.

De ces réflexions on peut tirer, à mon avis, une conclusion, peut-être curieuse, mais en tous cas instructive : elle nous concerne, compte tenu des traditions et des données tout à fait différentes. A son origine la philosophie politique ou la réflexion philosophique sur la politique (il ne faut pas oublier que la *Politique* d'Aristote est une *pragmateia*, c'est-à-dire, un traité, son objet et la réflexion sur...) nous montre les deux traditions qui auraient traversé les siècles. L'une, celle de la vertu, et de son contraire, on peut l'appeler *grosso modo* "libérale" : elle vise surtout la société en laissant de côté l'Etat : Locke, l'Angleterre, un certain Rousseau, les Federalist Papers et la Constitution des Etats-Unis. Je sais bien qu'il n'y a pas de dialectique société-Etat chez les Anciens, mais ce qui compte ici c'est le rôle de l'éducation et des (bonnes) lois qui ne font qu'interpréter les besoins et idéaux d'une communauté saine, juste : donc, en fait, (déjà) bien élevée. Sinon, si on a de la chance, il y aura une discussion sans fin au sujet de l'éducation et des lois, donc il n'y aura plus ni éducation ni bonnes lois (discussion, justement un des sens de *stasis*). Selon cette tradition on a souvent soutenu (non sans quelque raison) que les démocraties naissent de la discussion, de la critique, mais en meurent aussi (Aristote disait quelque chose de pareil à propos de l'"époque moderne" :

> *Nos ancêtres, à qui la richesse donnait du loisir et plus de goût pour l'épanouissement de leurs capacités, s'intéressaient à tous les savoirs, dès avant les guerres Médiques, et après elles, énorgueillis de leurs exploits.* VIII 6.

1341 a29 sq : trad. R. Weil, *Aristote et l'histoire*, Paris, Klincksieck , 1960, p.350).

L'autre tradition vise surtout les conflits sociaux, les rapports société-Etat et se soucie des problèmes de l'Etat en tant que société vivante, en acte : on peut l'appeler tradition éthique au sens hégélien, mais elle remonte au moins à Machiavel et Hobbes, et après Hegel, à Marx : ou bien l'Etat est une totalité harmonique de parties, d'éléments, et de cette façon arrange ses conflits et réalise la morale ou bien il n'est pas un Etat, il n'est rien dès qu'il est en proie aux *staseis.* Tout le monde connaît la solution de Marx. Moins connue, peut-être, la position de Hegel qui d'une certaine façon adopte et élabore les deux traditions - en revenant ainsi (même sur ce plan) à Aristote : d'un côté la seule vertu est la *probité* qui fait que l'individu-citoyen

> *est simplement adéquat aux devoirs de la condition qui est la sienne.*(*Philo. du Droit.* § 150);

de l'autre, il y a lutte entre riches et pauvres, exploiteurs et exploités, et la société civile en est la cause, mais elle n'en est pas responsable, ne l'ayant pas voulu, mais aussi ne sait-elle pas y remédier (§§ 241, 244-5).

Je pense que, <u>en gros</u>, ces considérations et généralisations sont légitimes, et utiles pour nous tous. Mais je me demande à la fin si Aristote pouvait jamais y songer - songer à cette traversée de sa postérité.

Livio Sichirollo

Bibliographie essentielle.

H. RYFFEL : *Metabolē Politeiōn. Der Wandel der Staatsverfassungen*, Diss. Bern 1946 ; Lang, Bern 1949 ; *Noctes romanae*, 2, 1949.

G.D. CANTOGIORGIS : *La Théorie des révolutions chez Aristote*, L.G.D.J., *Paris, 1978* ("Bibliothèque Philos. Droit", XXII).

A. BERTHOUD : *Aristote et l'argent*, Maspero, Paris, 1981.

A. LINTOTT : *Violence, civil strife and revolution in classical city*. 750-330 BC, Croom Helm, London 1982.

K. GRIEWANK : *Der neuzeitliche Revolutionsbegriff. Entstehung und Entwicklung*, Europaische Verlagsanstalt, Frankfurt/Main, 1969 (avec bibliogr. générale et spéciale) : le texte discute aussi du Moyen-Age et de la Renaissance - (trad. ital. *Il concetto di rivoluzione nell'età moderna*, Florence, La Nuova Italia, 1979.

Quelques textes cités et discutés dans l'exposé :

ALCEE, frg. 46a et 31 (Diehl).

THEOGNIS, *Elégies*, vv. 51 sqq.

SOLON, *Eunomie*, frg. 3.

DEMOCRITE, 68 b 249 et 250 (DK).

PLATON, *Resp.* V. 470 bd.

ARISTOTE, *Politique* : II 6. 1265 b10-13 (la mi-

Révolution-Dissension (Stasis-Stasiazo)
dans le Monde Grec, et chez Aristote

sère).
II 7. 1266 b28-33 (sur Phaléas : désir-propriété-éducation).
II 7. 1267 a-b (riches et pauvres).
IV, 3, au début : la *polis* en tant que *pluralité*.
V, en général : *staseis* dans les *poleis*, voies et moyens de salut (violence ruse).
V 1. 1301 b28-29 (recherche de l'égalité).
V 3. 1303 b12 sqq (*stasis-diastasis* : différences et oppositions : vertu/vice ; riches/pauvres).

Eth. Nicomaque : IX 6. 1167 a22-b4. (homonoia-philia-stasis).

Athēnaiōn Pol. : XI 2. sur Solon : les deux partis et la *stasis*.

LES JACOBINS PENSEURS DE LEUR PROPRE RÉVOLUTION

Renaud BARRAL

La Révolution française va assurer la promotion décisive du terme révolution dans le langage politique. Avant 1789, cette expression ne se rencontre qu'exceptionnellement dans les écrits politiques, et le terme, sinon l'idée, apparaît comme marginal en regard de l'omniprésence qu'il va bientôt présenter.
Des écrits de quelques penseurs isolés, la révolution va passer dans le langage quotidien de la population. Nous allons voir quel sens a recouvert ce terme dans l'esprit de ses acteurs. Les Jacobins forment le groupe politique vraisemblablement le plus représentatif de la Révolution française puisqu'ils jouent un rôle décisif dans l'évolution des événements sous la Constituante, puis un rôle dirigeant sous la Convention. Nous utiliserons ici le terme de Jacobin au sens large, c'est-à-dire non seulement en pensant aux membres de la société politique siégeant rue Saint Honoré à Paris, ou aux membres de ses filiales de province, mais aussi pour désigner tous ceux qui dans la mouvance jacobine ont été conduits à s'interroger sur la nature du phénomène révolutionnaire. Pour retrouver ce que recouvrit l'idée de révolution sous la Révolution française, nous commencerons par préciser le sens politique que lui ont attribué les contemporains, nous verrons ensuite la façon dont ils ont rendu compte de son apparition dans l'histoire, nous relèverons enfin le caractère valorisant attaché à ce terme.

SIGNIFICATION POLITIQUE DE LA REVOLUTION.

Les acteurs de 1789 caractérisent leur action comme révolutionnaire en raison de son ampleur (par opposition à une simple révolte) et de sa finalité (le projet d'établir un nouvel ordre politique).

Le soulèvement populaire, la force physique de la foule élevés au rang de manifestations de l'unité nationale interdisent d'interpréter les désordres de 1789 comme l'action de factieux ou de minorités. La conséquence décisive du 14 Juillet auprès de l'opinion est qu'à partir du moment où la rébellion est présentée comme l'acte de la Nation, du Souverain, ce n'est plus l'autorité constituée, mais la révolte qui est légitime.

La conscience révolutionnaire s'appuie sur la conviction que la révolution est un moment de l'histoire où se lèvent tous les obstacles à la volonté populaire. Pour les Jacobins, il existe une nation homogène, riches et pauvres mêlés, d'où émane une volonté générale visant le bien de tous. La révolution est un moment extraordinaire où le peuple, le corps social dans son ensemble s'exprime et agit par lui-même. Elle représente une période d'immédiateté entre le corps social et le Pouvoir, entre le souverain et la loi. C'est le moment où le peuple réagit contre l'insuffisance du Pouvoir et la Nation, les Jacobins conçoivent la révolution comme l'instauration d'une transparence provisoire entre la volonté souveraine et l'autorité. Une conséquence de cette vision fut par exemple le chantage à l'émeute que les députés de la Montagne exercèrent sur les Girondins, en les prévenant que si les lois attendues par le peuple n'étaient pas votées, ce dernier saurait les imposer par ses propres moyens.

Dans l'imaginaire des contemporains, la Révolution apparaît comme un état de pureté politique où le peuple gouverne seul sans le truchement des institutions. Cet état ne peut être et ne doit être qu'exceptionnel, car la coïncidence entre le peuple et le Pouvoir opère la négation de l'ordre politique dont le but premier est de soulager le peuple de cette mobilisation en dégageant un gouvernement légitime.

La révolution est une suspension de l'ordre politique qui autorise à reconstruire un ordre nouveau sur une place nette. Comme le pacte social, elle se place en deçà de l'ordre politique qu'elle vise. Le soulèvement violent qui l'accompagne marque bien qu'il s'agit d'une période anormale ; elle est un temps d'exception, une phase prépolitique. Les Jacobins interprètent les soulèvements populaires comme la commotion qui doit rétablir l'ordre ; les émeutiers, agents de l'ordre, se dressent contre une autorité déficiente qui ne fait plus qu'entretenir un désordre institutionalisé.

Ainsi la révolution porte en elle-même sa légitimité car elle rend caduques les lois et règlementations en replaçant toute décision dans le peuple. Il est donc nécessaire qu'elle revête une large ampleur pour que la Nation entière puisse être impliquée dans ses décisions, car il n'est pas possible de la considérer selon les critères habituels. Lorsque la Nation se charge elle-même de décider du Droit, il est vain de se demander si un peuple a ou non le droit de changer sa constitution. Il serait toutefois incomplet de caractériser la révolution comme l'intervention de la Nation dans les affaires publiques, car c'est de sa finalité qu'elle tire sa justification.

Aspirant au gouvernement du Droit et de la Raison, les Jacobins ont privilégié un objectif qui en est une condition préalable : la liberté. Si la révolution s'accompagne de violences, c'est qu'elle relève d'un processus de libération contre les forces d'oppression. La révolution libère la volonté générale de la domination d'une minorité : la justice ne peut s'accomoder de la servitude, et selon la formule de Robespierre,

> *la révolution est la guerre de la liberté contres ses ennemis.* (25 décembre 1793).

Un texte met particulièrement bien en lumière l'interprétation de la révolution comme libératrice. Il s'agit du premier numéro du *Journal d'instruction sociale* de Condorcet (1er Juin 1793, éd. Arago, O. Connor, tome XII, p.615 sq.) Ce journal selon l'intention de son auteur se proposait de mettre à la portée du public le sens des principes de la Révolution afin que les gens privés d'instruction puissent en juger en connaissance de cause et ne se laissent pas abuser. Condorcet consacre ainsi son premier article au sens du mot révolution et commence par prendre acte de l'usage pléthorique qui en est fait depuis le début des événements en France. Il en retire qu'il est temps d'introduire quelque rigueur dans son usage. Ce terme explique-t-il, a été redéfini par son emploi et, appliqué à la Révolution française, renvoie à une lutte pour la liberté et l'égalité. La signification de ce terme est en définitive entièrement orientée par Condorcet, dans le sens d'une libération ;

> *Ainsi*, écrit-il, *le mot révolutionnaire ne s'applique qu'aux révolutions qui ont la liberté pour objet.*

On peut être surpris que Condorcet privilégie la revendication la plus ambigue de la Révolution et écarte les aspirations sociales ou économiques, mais il ne fait que prendre en compte la faveur particulière de cet objectif dans les préoccupations exprimées par les révolutionnaires. Quel que soit leur milieu social, tous les révolutionnaires acceptent de ranger leur action sous la bannière de la liberté. Seuls quelques clairvoyants comprendront, à l'occasion des troubles provoqués par la circulation des grains en particulier, que la liberté prend un contenu différent dans la bouche d'un bourgeois ou d'un sans-culotte. La démesure de la quête de la liberté était par elle-même attrayante pour les révolutionnaires car ils pouvaient rattacher à cet objectif les rêves les plus vastes.

Les Jacobins Penseurs de leur Propre Révolution

LA REVOLUTION DANS L'HISTOIRE.

Avant 1789, le terme astronomique de révolution transposé au langage politique signifiait un changement dans les affaires publiques sans caractérisation précise. De même que leur trajectoire ramène les astres à un même point, de même un état retrouve son équilibre après avoir subi des modifications. En 1789, le terme de révolution ne renvoit plus à une périodicité, celle par exemple d'une succession des types de gouvernements en raison de la corruption de leur principe, mais établit une hiérarchie ; la révolution est le bouleversement qui débouche sur une situation préférable à la précédente. L'idée de progrès remplace la vision circulaire de l'histoire par une vision linéaire selon laquelle la révolution, à son terme, doit effectuer le dépassement de son point de départ.

Il n'est pas lieu ici de s'arrêter sur la façon dont les Jacobins ont pensé l'idée de progrès, notons seulement qu'en héritiers de la pensée de leur siècle, ils pensent le progrès en rapport à la nature et que leur attitude est loin d'être unanime sur le sens à donner à l'évolution historique. On relèvera en passant les attitudes diamétralement opposées de Condorcet et de Saint-Just. Condorcet croit au progrès indéfini de l'espèce et que la nature humaine se réalise dans les progrès de l'esprit, s'éloignant toujours de son enfance naturelle. Pour Saint-Just au contraire l'histoire de l'humanité est un long déclin lié à l'altération de l'état primitif de l'homme. Comme Rousseau, Saint-Just voit dans l'artifice le moyen de retrouver la nature. Si des hommes comme Condorcet et Saint-Just ont pu s'accorder sur le contenu d'une action politique, les autres Jacobins occupant toutes les positions intermédiaires entre les leurs, c'est que malgré des convictions antithétiques, tous deux réfèrent la politique à la nature, que ce soit pour rechercher son dépassement ou un retour aux origines. Pour tous les Jacobins, l'action révolutionnaire , nécessairement innovatrice, doit restituer aux sociétés la justice naturelle. Sous la

Révolution comme pour tout le XVIIIème siècle, le progrès peut signifier un retour en arrière.

De même que le progrès a pu être pensé comme une régression, la Révolution n'a pas d'emblée été présentée comme tournée vers l'avenir. Au début des événements, si le mouvement se propose une amélioration, il n'est pas pour autant progressiste et se présente davantage comme une restauration. Beaucoup de ceux qui prennent part aux troubles de 1789 refusent l'évolution prise par la monarchie en faveur d'une royauté mythique reportée le plus souvent au règne d'Henri IV. Le sens de la Révolution serait le retour à une situation abandonnée à tort ; il inspirerait un engagement rétrograde lié au refus d'une évolution par attachement à une tradition ou des coutumes qui rassurent. Initialement, comme en témoignent les cahiers de doléances, les futurs révolutionnaires souhaitent que l'avenir prenne la forme d'une régression et non d'un progrès, leur critique du présent ne débouchant pas sur un projet élaboré, ils valorisent le passé.

La Révolution ne s'engageait donc pas a priori sur une voie créatrice, mais très tôt l'optimisme des mois qui suivent la réunion des Etats Généraux va favoriser une interprétation progressiste du mouvement. Comme le passé n'offrait pas de modèle à la mesure des réformes engagées durant l'été 1789, la Révolution va être interprétée dans une perspective d'avenir.

Une question ne s'en posait pas moins, comment expliquer la Révolution Française ? L'interprétation des événements était un élément du combat idéologique contre les forces conservatrices. L'opinion jacobine la plus répandue présente la Révolution comme une aurore mettant fin à la longue nuit de l'asservissement, une aurore dont la philosophie des Lumières avait préparé l'embrasement. Cette métaphore avait pour but de replacer la Révolution dans un contexte, celui de l'évolution des mentalités. La thèse la plus souvent formulée par les Jacobins situe la cause de la Révolution dans l'évolution des consciences ; elle résulte du refus d'un ordre politique sclérosé, dont l'injustice est devenue insupportable à une opinion gagnée par un sentiment plus aigu du Droit.

Si la Révolution s'est déclenchée en 1789, ce n'est pas que l'oppression ait été plus pesante que par le passé, mais qu'elle a été ressentie davantage du fait de la conscience qu'on en prenait. Comme le répètent les révolutionnaires, si les abus sont devenus intolérables, ce n'est pas qu'ils aient changé de nature, mais seulement parce que la nation ne les supporte plus. On est en présence d'une interprétation idéaliste qui fait découler la Révolution de l'évolution des mentalités, sans approfondir ce qui a conduit l'opinion à ressentir l'inadéquation d'un système politique. Dans un ouvrage qui fut un succès de librairie, *L'esprit de la Révolution et de la Constitution française*, Saint-Just consacre un bref chapitre aux causes de la Révolution et ne fait en définitive que reprendre l'idée largement dominante selon laquelle l'origine se trouve dans la philosophie qui a sensibilisé l'opinion à l'injustice.

Parmi les explications plus élaborées de la Révolution, nous nous arrêterons un instant sur celles de Barnave et de Babeuf, car d'un esprit opposé elles se situent aux extrémités de l'éventail des opinions. Barnave, jacobin de la première heure a déjà quitté cette Société lorsqu'en octobre 1791 il écrit son *Introduction à la Révolution française*, texte remarquable à plus d'un égard et en particulier par une perception rare , à l'époque, du rôle de l'économie dans l'évolution des faits sociaux. Pour ce qui touche à l'histoire, la Révolution est présentée par Barnave comme un terme, et non comme un commencement. C'est l'étape ultime d'un long bouleversement à l'échelle européenne. Barnave pense que l'histoire de l'Europe moderne a pour fait fondamental que le pouvoir politique tend de plus en plus à dépendre de la richesse mobilière et de moins en moins de la propriété des terres. Lecteur de Montesquieu, il ne rattache pas les événements à la volonté des peuples ou des hommes mais à l'influence du milieu. La nature qui détermine la société n'est pas seulement selon Barnave la nature physique, mais tout l'environnement formé des réalisations techniques (agriculture), l'organisation économique (la source des richesses) et la vie culturelle. Barnave affirme que de même que la propriété des terres est la base de l'aristocratie et du fédéralisme, la propriété mobilière est celle de la démocratie et de l'unité des états. Depuis la Renaissance une nouvelle distribution des richesses a provoqué une nouvelle distribution du pouvoir politique. La Révolution Française est un moment de crise ouverte dans la longue et progressive opposition du Tiers Etat à la Noblesse. Il ne s'agit pas pour Barnave de prendre en compte les divergences entre les sans-culottes ou la paysannerie et la bourgeoisie, il faut au contraire empêcher toute division du Tiers. Il n'envisage pas que la propriété industrielle puisse opposer la bourgeoisie à la sans-culotterie. La Révolution pense-t-il est accomplie en 1791 et dès lors, toute tendance à sa radicalisation est nuisible. Il pense même que les événements de 1789 auraient pu ne pas se dérouler ou se passer autrement. A la grande différence des Jacobins qui interprèteront 1789 et 1793 comme les deux étapes d'une libération opérée par la Nation, Barnave pense que la volonté de l'homme ne décide pas des lois et qu'elle ne peut presque rien sur la forme des gouvernements. Aussi des réformes efficaces auraient-elles pu éviter 1789. A contre courant de la vulgate jacobine, Barnave ne voit pas dans les luttes sociales l'opposition de deux camps irréductibles, l'aristocratie, l'oppression et le vice d'un côté, contre le peuple, la liberté et la vertu de l'autre, mais l'effet de modifications économiques qu'il est toujours possibles d'intégrer à un ordre politique existant en composant avec lui.

Pour les Jacobins, en 1793 encore plus qu'en 1789, le temps des réformes ne pouvait commencer qu'après une révolution. Parmi les premiers à saisir l'opportunité de la Révolution pour imposer les réformes qu'il souhaite, Barnave ne vit jamais en elle qu'un moyen. Après la fuite de Varennes, Barnave se fait le farouche défenseur de l'inviolabilité royale et le porte-parole de ceux qui tiennent à mettre un terme à la Révolution.

> *Allons-nous terminer la Révolution, allons-nous la recommencer ?*

demande-t-il le 13 Juillet 1789.

> *Un pas de plus serait un acte funeste et coupable, un pas de plus dans la ligne de l'égalité la destruction de la propriété.*

Deux jours plus tard, consommant la division du Tiers état, la fusillade du champ de Mars s'opposait à ceux qui tendaient à franchir ce pas.

A la différence de celle de Barnave, la pensée de Babeuf, après avoir applaudi à la chute de Robespierre, modifiera son attitude et rendant hommage à l'action de l'Incorruptible se voudra le continuateur du Jacobinisme. Comme Barnave, Babeuf accorde une place centrale à l'économie dans sa vision de l'histoire, mais il ménage aux hommes le pouvoir d'agir sur leurs destinées par une maîtrise de l'économie leur permettant d'échapper à son déterminisme. Il replace la Révolution dans une histoire entendue comme le champs des luttes sociales, et c'est l'interprétation des conflits sociaux comme aspects de la guerre des pauvres contre les riches qui le conduit sur la voie du communisme. Cette guerre responsable de l'injustice et du malheur public a pour cause la propriété privée, et Babeuf exploite l'idée timidement exprimée par les Jacobins selon laquelle la vertu républicaine est incompatible avec la préoccupation de la richesse privée.

Comme Barnave, Babeuf refuse la mystification idéologique qui fait prévaloir l'interprétation éthique de la Révolution. Pour les babouvistes, la misère, l'indigence du peuple n'ont pas pour cause la tyrannie, la corruption des riches ou le vice des anti-républicains, mais la propriété privée. La révolution est la guerre des riches contre les pauvres, guerre qui n'existe pas seulement lorsqu'elle est déclarée mais est perpétuelle et commence dès que les uns commencent à accaparer les richesses. Une révolution ne peut être évitée pense-t-il, c'est un événement fatal inscrit dans l'évolution des sociétés. L'insurrection est inévitable lorsque l'oppression devient trop lourde, et la Révolution Française, qui n'a pas mis un terme à la dépossession des pauvres ne fait qu'annoncer une autre révolution à venir qui sera définitive. A la différence de Barnave, Babeuf ne voit pas dans la République un pas de trop, mais un pas encore insuffisant.

LA REVOLUTION COMME VALEUR.

Le mot révolution s'est vu associer dans la pensée jacobine quelques idées dominantes ; celle d'un temps d'exception où, d'une désorganisation provisoire, doit naître une ordre nouveau, celle d'un engagement sans réserve pour la liberté, l'égalité et le Droit. Il convient enfin d'ajouter que ces caractères se sont accompagnés dès 1789, non d'une signification nouvelle, mais d'une dimension nouvelle, celle d'une valeur. La portée de l'idéal révolutionnaire est étroitement liée à cette proportion que les contemporains ont certes saisie mais qu'ils n'ont pas éprouvé le besoin de théoriser : le mérite attaché à la qualité de révolutionnaire. C'est une nouveauté dans la pensée politique que d'avoir considéré de façon générale qu'une révolution est ordinairement présentée comme une période d'instabilité qu'il est toujours préférable d'éviter. Jusqu'alors changement brutal dans la direction d'un Etat, accompagné ou non d'un soulèvement populaire, avec la République, la Révolution ne renvoit plus à des révolutions de palais ou à des troubles au terme desquels seules les figures changent sans modifier les options politiques de l'Etat. C'est parce que la Révolution est comprise comme une période libératrice et justicière qu'elle représente un moment ayant valeur en lui-même. Elle n'est pas seulement un moyen en vue d'un but, elle s'autonomise, car la diversité des tâches requises pour son déroulement conduit à la considérer comme un objet propre, interprétation à la diffusion de laquelle l'influence du discours jacobin oeuvra particulièrement.

Dans la pensée jacobine la Révolution recouvre deux idées distinctes ; c'est d'abord la Révolution française, commencée en 1789 et poursuivie en 1793, tout l'ensemble des mesures sociales et politiques adoptées depuis ses débuts, de l'émeute populaire aux débats législatifs. Or en même temps, la Révolution échappe à ses manifestations historiques pour être évoquée comme une entité renvoyant à une épreuve de force héroïque entre les tenants de la liberté et de la démocratie, et les conservateurs. Dès lors, la qualité de révolutionnaire ou le titre de défenseur de la révolution dépasse le cadre de la Révolution française. Ainsi, de même que l'on peut être démocrate sous une monarchie, on pourra se considérer comme révolutionnaire, après 1789, par simple adhésion intellectuelle à un mode d'action politique. C'est ici un legs du jacobinisme aux XIXème et XXème siècles que d'avoir donné naissance à la famille politique distincte de l'opposant ordinaire comme du conspirateur, que forment les révolutionnaires. Si la révolution a pu être présentée comme une cause se suffisant à elle-même, c'est qu'à cette époque, elle fut élevée par les Jacobins à une dimension épique. Son caractère singulier, la lutte, le danger, l'élévation soudaine des passions politiques, le contraste avec la vie quotidienne ordinaire ont transcendé le visage des individus comme des foules qui agissaient en sa faveur. Les Jacobins ont interprété la nation révolutionnaire comme la manifestation d'un héroïsme collectif.

Sans être strictement conceptualisée la révolution fut en revanche présentée de façon à forcer l'admiration, apparaissant comme l'occasion pour l'humanité de se manifester sous un jour grandiose. La révolution revêt une dimension métaphysique en particulier dans l'esprit des robespierristes lorsqu'ils développent une vision manichéenne des luttes politiques, présentées comme engagement de la vertu contre le vice. Capable de magnifier la collectivité, la révolution donne aussi l'occasion aux individus de développer ce qu'ils ont de meilleur en eux. La révolution est hautement respectable car elle a le pouvoir de provoquer l'homme à son propre dépassement. Cette conviction est favorisée par le caractère dramatique des événements, avec son cortège de héros, de martyrs et de traîtres. Le culte de certains dirigeants tels Robespierre ou Marat, traduit bien le caractère mythique que revêt la révolution dans la conscience collective, car il faut y voir la tentative de raccrocher à des personnes réelles les vertus que diffuse l'idéal révolutionnaire. Saint-Just figure mieux que tout autre l'homme révolutionnaire par la fusion, chez lui, de la vie publique et de la vie privée. Il est le modèle incarnant le révolutionnaire avec tout ensemble le lot des vertus civiques requises, plus l'intransigeance, la fierté, la pureté et le désintéressement. Alors que Robespierre incarne des vertus traditionnellement romaines, Saint-Just semble vouloir s'absorber totalement dans l'existence du révolutionnaire, avec le narcissisme qui perce sous ce perfectionnisme.

L'idéal révolutionnaire apportait un élément de cohésion en fournissant à ceux qui y communient des modèles de comportements. De la sorte, des hommes qui ne partageaient pas les mêmes objectifs à long terme ont pu se retrouver côte à côte des Jacobins, à son service. Le discours jacobin a façonné une image de la révolution cristallisant un ensemble d'idées et provoquant un complexe de passions et de sentiments à l'échelle des individus comme de la collectivité.

Les Jacobins n'eurent pas une théorie élaborée de la révolution qu'ils mettaient en oeuvre. Il est surprenant qu'ils se soient contentés d'un concept ne renvoyant pas à autre chose que des idées générales sans grandes conséquences pratiques. Si les Jacobins abordaient 1789 avec derrière eux une tradition libérale, et à moindre titre démocratique, la pensée révolutionnaire restait à créer. Or cette théorie ne s'élabore pas véritablement par la suite car elle est négligée au profit d'un usage flou, mais chargé d'un fort pouvoir évocateur, du terme révolution. Les Jacobins ont préféré jouer sur la confusion de ce mot et user sur leur auditoire de ses propriétés émotionnelles plutôt que d'en affiner la notion. Pour les Jacobins, dans le feu de l'action, la révolution était un terme plus efficace par sa charge affective que s'il renvoyait à un concept rigoureusement défini.

Notice bibliographique.

BABEUF : *Journal de la Liberté de la Presse*, et le *Tribun du Peuple*, Paris, Edhis, 1977, 2 volumes, 652 p. Nous nous référons en particulier aux n°34, 35 et 37 du *Tribun du Peuple*.

BARNAVE : *Introduction à la Révolution française*, texte établi par F. Budo, Paris, Colin, 1960, XVIII § et 80 p.

CONDORCET : *Sur le sens du mot Révolution*, in *Journal d'Instruction sociale*, 1er Juin 1793, *Oeuvres Complètes*, Paris, Arago O'Connors, 1847, tome XII, p.615 sqt.

ROBESPIERRE : *Discours du 25 décembre 1793*, *Textes Choisis*, Editions sociales, tome III.

SAINT-JUST : *Théorie politique*, Seuil, 1976.

Etudes particulièrement utilisées.

Hannah ARENDT : *Essai sur la Révolution*, N.R.F., 1967.

Jean-Marie GOULEMOT : *Le mot "Révolution" et la formation du concept de révolution politique*, in *Annales historiques de la Révolution française*, n°197, Octobre-Décembre 1967.

B. GROSPERRIN : *L'image historique du peuple dans la pensée de Barnave*, in *Cahiers d'Histoire* (publiés par les Universités de Clermont, Lyon, Grenoble), Lyon, 1969, t.14, n°12, p.211-217.

J. GUILHAUMOU : *L'Idéologie du Père Duchesne*, *Langage et idéologie*, Paris, Editions ouvrières, 1974.

Les Jacobins Penseurs de leur Propre Révolution

G. GUSDORF : *La conscience révolutionnaire. Les idéogues*. Payot, 1978. Ch.1.

A. SOBOUL : *Robespierre ou les contradictions du jacobinisme*, in *Annales historiques de la Révolution française*, 1978, n°231, p.1-19.

F. VERMALE : *Le testament politique de Barnave*, in *Annales historiques de la Révolution française*, 1965, n°180.

RÉVOLUTIONS SUR LA SCÈNE DE L'HISTOIRE SELON VOLNEY

Henry DENEYS

> *De nouvelles révolutions vont agiter les peuples et les empires. Des trônes puissants vont être de nouveau renversés, et des catastrophes terribles rappelleront aux hommes que ce n'est point en vain qu'ils enfreignent les lois de la nature et les préceptes de la sagesse et de la vérité.* (*Les Ruines*, ch.XI, p.58) (1)

Dans cette annonce de l'imminence de certaines *révolutions* (2), celles-ci sont simplement désignées comme des mouvements violents affectants l'ordre des institutions politiques existantes (monarchiques), mais, au-delà, elles paraissent ébranler tout le cosmos ; le lecteur, d'abord, ne perçoit pas si l'énonciateur, et l'Annonciateur - qui est désigné par le narrateur comme *Génie des ruines* (3) - en est terrifié ou les appelle de ses voeux ; par cette voix supra-humaine est exprimée une mise en garde contre une certaine "démesure" de l'homme social, consistant à violer le pacte avec la nature (la non satisfaction des besoins naturels des hommes dans les sociétés despotiques) ; l'assurance du ton oraculaire, les formes verbales utilisées désignent l'échéance de ces bouleversements comme absolument inévitable et nécessaire.

L'ouvrage le plus célèbre de Volney emprunte son titre métaphorique à l'intérêt de l'époque pour l'archéologie, qui atteste l'ancienneté et la précarité des constructions civiles ; et à une certaines peinture, celle d'Hubert Robert, par exemple, qui se veut un témoignage de l'état des chantiers et en tire des effets singuliers : résurrection savante des antiques ; opposition, dans l'art des jardins, entre les exigences de la géométrie et la recherche, moderne, d'une certaine irrégularité (4). Dans l'un et l'autre de ces arts, il ne s'agit qu'en apparence d'"antiquités", puisque le savoir et le plaisir contemporains sont maîtres de l'entreprise et du jeu.

Archéologie et peinture de ruines sont en tout cas des variations cultivées sur le savoir historique ; l'indication de l'intérêt scientifique, ornemental et "moral" que la société présente trouve à exhumer, dater, restaurer, "méditer" les vestiges de l'antique. Tel est également l'état d'esprit qui anime la très singulière narration historique de Volney, rivalisant avec ses grands modèles contemporains archéologiques et plastiques, avec un intérêt plus passionné encore pour le présent : le problème pour nous serait de déterminer si elle n'est qu'une expression de plus du *sic transit gloria mundi*, ou la proclamation politique du couchant d'*une forme de vie* et de régime qui *a vieilli et ne se laisse pas rajeunir* (5) ; une prophétie (laïque) vengeresse qui appelle une sanction immanente sur on ne sait quels excès et fautes de l'homme social, ou bien une préface - traditionnelle dans la forme et novatrice par l'objet - d'un savoir possible des mutations historiques (qui n'est jamais désigné comme "histoire") ?...

EST-CE SEULEMENT "ARTIFICE" QUE D'ANNONCER UNE REVOLUTION EN COURS ?

En fait l'ouvrage qualifie bien l'irruption de l'évènement révolutionnaire dans le présent - *la Révolution française au présent* puisque la publication a lieu en septembre 1791 - la prédiction en est d'autant plus aisée que l'évènement pour une part a déja eu lieu, que la nécessité en est consommée (Aristote remarquait que l'être-passé est une sorte de nécessaire). On pourrait même faire le décompte des évènements révolutionnaires déjà intervenus, à la date où paraît l'ouvrage, à la veille de la fin des travaux de l'Assemblée Constituante (6).

1. Narration historique et "convention" littéraire .

On est donc tenté de dire que c'est un artifice littéraire, sans plus, que d'annoncer au siècle après coup comme irrésistible et nécessaire l'entrée de la Révolution française sur la scène historique, alors que sans doute les contemporaines l'ont "reçue" dans le doute, comme contingente et mêlée de nombreuses incertitudes. De là à reconduire l'opposition entre l'exactitude souhaitable pour l'histoire, et les conventions "rhéthoriques" ou le plaisir propres aux textes littéraires, il n'y a qu'un pas ; mais nous ne voulons pas renvoyer *Les Ruines* aux études purement littéraires...

Ce partage de la réflexion philosophique ou historique, d'une part, et de la "littérature", de l'autre est intenable : quel pourrait bien être l'objet de cette dernière séparée des enjeux de l'histoire ? d'où peuvent bien provenir des "sentiments" nouveaux si ce n'est d'une existence en voie de transformation et d'une histoire plus dramatique ? Cette opposition, aucun des "philosophes" du XVIIIème siècle ne l'avait admise, ni Voltaire, ni Montesquieu, ni Rousseau. D'ailleurs, la réflexion morale, et éventuellement dans ce cadre, l'histoire, étaient enseignées, au titre des "humanités" par des professeurs de lettres... L'abbé de Mably, médiocre historien lui-même, avait, dans *De la manière d'écrire l'histoire* (1783), clairement posé les termes du problème littéraire de l'histoire, telle qu'on la concevait alors : s'il convient d'éviter d'introduire *le roman dans l'histoire*, car

> *le lecteur se défie de toutes ces harangues ; il sent qu'elles sont l'ouvrage de l'historien ; et dès lors l'histoire ne lui inspire plus aucune confiance ;*

par contre

> *jamais il n'y aura d'histoire à la fois instructive et agréable sans harangues (...) enfin...les harangues sont nécessaires quand l'historien raconte une action qui doit étonner et peut-être soulever les âmes ordinaires.*(7)

La Révolution française fut une telle action, et nul procédé reçu ne pouvait mieux convenir à Volney que les *harangues*, car il ne pensait pas plus que ses grands devanciers que la narration historique dût choisir entre émouvoir, "instruire" (ce qui veut dire aussi : provoquer une réflexion morale) et plaire. Ainsi notre question se renverse ; c'est une histoire visant seulement à transmettre un savoir, et évacuant les autres intérêts des agents historiques qui apparaît comme un artifice et une convention du discours "scientifique".

2. La prédiction clôt une analyse de la nécessité des "révolutions".

Ne nous hâtons pas d'accuser le narrateur d'imposture : d'abord, l'annonce catastrophique n'est pas un incipit du livre, elle clôt le ch.XI (p.58), qui présente

> *les clauses générales des révolutions et de la ruine des anciens Etats :*

remarquons l'immensité de la scène ; elle excède de beaucoup la scène révolutionnaire française (même si ce qui se passe sur cette dernière - *le siècle nouveau*, c'est le siècle français - a valeur exemplaire pour le monde entier). Ce théâtre est un lieu philosophique ; on y recherche des *causes générales*, des *principes*, ou, comme Volney et ses amis aimeront dire des *ressorts* non pas des choses humaines en général, mais des vicissitudes politiques en particulier : si certains besoins physiques et moraux des hommes ne sont pas satisfaits par les sociétés civiles ; si l'ordre des conventions civiles se met en contradiction avec les besoins naturels des individus (indépendance, intérêt matériel, travail d'utilité publique, propriété, développement des facultés et des talents) (8), alors la nature humaine (sociale) ou l'ordre des choses sociales "se vengent" de manière immanente ; les institutions seront tôt ou tard renversées ; ce n'est point affaire de temps, de dates, ni même de circonstances, mais indications d'une nécessité interne. L'indication d'une nécessité, lorsque celle-ci inclut une analyse suffisamment précise des mécanismes qui la commandent, ne peut plus être confondue avec un renversement de l'ordre de l'avant et de l'après, ni avec les prophéties d'un imposteur : il s'agit, sinon d'une "analyse" (comme diront les Idéologues), du moins d'une "réflexion" sur l'avenir historique en cours, fondée à la fois sur l'observation des faits politiques et sociaux et sur une comparaison ethno-politique ; elle cherche à dévoiler aux agents sociaux, aveuglés par *le bandeau des préjugés*, des *rapports* ou des lois de leur nature sociale qui ne peuvent être impunément violés, parce qu'ils constituent un ordre de nécessité universel.

3. Le texte de 1791 qualifie l'état politique et social de la France et les dispositions d'esprit de Volney avant et après le voyage en Orient.

Il est probable que l'annonce révolutionnaire qualifie l'état des choses dans la société française d'"Ancien régime" avant 1789, et les dispositions d'esprit du narrateur lorsqu'il retrouve, après *le Voyage en Egypte et en Syrie*, avec des sentiments contradictoires, avec la terre natale, (9) une autre sorte de "despotisme" : non point le despotisme théocratique oriental, qui écrase toute vie indépendante,et anéantit tout développement des arts et des sciences (10), mais un régime monarchique, dominé par une scission sociale et politique en deux corps inégaux, qu'il met en scène, au ch.XV des *Ruines*, dans le dialogue dramatique du peuple et des privilégiés :

Quoi, nous fatiguons et vous jouissez, nous pro-

> *duisons et vous dissipez. Les richesses viennent de nous, vous les absorbez, et vous appelez cela gouverner.* (p.95) ;

c'est donc une situation qui s'exprime par un antagonisme politique, lié au développement excessif de *l'inégalité d'institution,* au gachis économique, cette situation ne va pas manquer - il le sent - de conduire à un renversement violent, et redoutable des institutions politiques.

Nous avons un précieux témoignage de ses sentiments dans les extraits que J. Gaulmier a publié des pamphlets que le jeune érudit provincial, qui avait fréquenté naguère les Salons de Madame Helvétius et du baron d'Holbach, déjà signalé à l'opinion par le prestige de son voyage en Orient, lance clandestinement sous le titre de *la Sentinelle du peuple,* à Rennes en novembre 1788. Il y a dans ces textes fulgurants, outre la preuve de l'engagement révolutionnaire personnel de Volney, une indication précise du lieu de la scène sociale d'où il parle, et du public auquel il s'adresse : un petit propriétaire de province, aux *gens de métier* (art, commerce, sciences) ainsi qu'aux gens des campagnes (fermiers et metayers) ; certes, il prend quelques précautions de langage : il se défend d'être

> *un séditieux, un ambitieux, un philosophe, un enragé, un athée, un fanatique ;*

surtout, dans la perspective de la procédure monarchique compliquée de la Convocation des Etats Généraux, il formule avec une netteté,frappante, les revendications communes des différentes couches du Tiers état : égalité des citoyens devant l'impôt, contrôle par la nation des charges qu'elle subit, suppression de l'hérédité des fonctions et des *privilèges,* égalité du recrutement aux emplois et charges. Au-delà de ces revendications connues, il suggère la possibilité d'un *renversement* par lequel les roturiers, qui exercent *tous les arts utiles et nécessaires à la vie,* pourraient refuser leurs services aux privilégiés, et contraindre ainsi ceux-ci à des concessions politiques (11).

Quant à pénétrer les circonstances et les motifs qui l'ont antérieurement déterminé du voyage en Orient, ce n'est pas aisé, il n'était pas homme à en faire confidence (12). Peut-être, tout simplement, a-t-il découvert sa vocation à la lecture de la note X du *Discours sur l'origine et les fondements de l'inégalité parmi les hommes* (1755) ?

> *Toute la terre est couverte de nations dont nous ne connaissons que les noms et nous nous mêlons de juger le genre humain. Supposons un Montesquieu, un Buffon, un Diderot, un Duclos, un d'Alembert, un Condillac, ou des hommes de cette trempe, voyageant pour instruire leurs compatriotes, observant et décrivant la Turquie, l'Egypte etc...(...). Supposons que les nouveaux Hercules, de retour de ces courses mémorables finissent ensuite à loisir l'histoire naturelle moralee et politique de ce qu'ils auraient vu, nous verrions nous-mêmes sortir un monde nouveau de dessous leur plume et nous apprendrions à connaître le nôtre.* (13)

Tout le projet volneien est préfiguré dans ce beau texte : la subordination du voyage à l'enquête historique ; l'unité d'une enquête qui ne sépare pas le "moral" des sociétés, et donc leur législation, et l'étude des déterminations physiques où elles s'établissent (14) ; l'observation et la comparaison ethnographiques des variations propres à permettre de dégager des constantes physiques universelles et l'identité propre de la société à laquelle appartient l'observateur : la nécessité de trouver un mode d'expression littéraire approprié au compte-rendu de ces "observations".

Lorsqu'il retrouve son pays, l'auteur perçoit à la fois l'identité avec le régime *despotique*, la similitude du rôle des religions comme systèmes de *consolation* ou d'*indemnité* surnaturelles du politique (15), et les grandes différences avec le despotisme *oriental* :

en France depuis trois siècles, les arts et les sciences se sont développés (16) ; il existe une liberté relative des moeurs et des opinions (17) ; même dans la minorité privilégiée, *quelques hommes justes et généreux* souhaitent se joindre au peuple et mettent en discours ses justes revendications (18)... En somme, sur la scène française, l'activité de l'homme social n'est pas définitivement aliénée, contrainte à la léthargie, ou condamnée à subir des "révolutions" aveugles : *un peuple libre et législateur* peut, en se libérant de ses Maîtres et de ses préjugés, retrouver les principes, les buts, les conditions naturels de toute association civile visant à satisfaire les besoins des hommes vivant en société ; si ces principes ont été altérés par les hasards, désordres, arbitraires de l'histoire antérieure (19), le *philosophe* - ami du Peuple et de la vérité - peut les *démêler* dans la confusion apparente des *révolutions*...

UNE NARRATION INCLASSABLE, OU UN THEATRE NOUVEAU ?

Cet étrange ouvrage - à la rencontre de certains procédés de la tradition littéraire et de la Révolution - a été jugé hybride, quand il n'a pas été passé sous silence ou renvoyé au genre inférieur de la littérature de propagande. Comment est-il possible de se livrer à une activité littéraire "traditionnelle" quand les institutions, les opinions, les moeurs, et jusqu'à la possibilité matérielle de se livrer à l'activité littéraire sont profondément ébranlées ? Comment trouver un public pour une oeuvre d'inspiration révolutionnaire quand ce sont les *privilégiés* qui constituent le public, et que les patriotes sont illétrés ? L'ouvrage relève plutôt de ce qu'on a plus justement nommé, récemment : *l'écriture de l'évènement* (20). Il faudrait distinguer entre ceux qui "faisaient" l'évènement et qui ne l'écrivaient pas (le peuple parisien du 14 juillet et des "journées") ; ceux qui ont participé à l'évènement révolutionnaire et qui se trouvaient capables en même temps de le parler ou de l'écrire, pour la foule sans voix (les orateurs des clubs, des Assemblées, les "journalistes" qui éditent *l'Ami du peuple* ou *le Père Duchêne*, dans le flux même du présent et de l'action - ce sont souvent déjà des hommes de lettres, ou des avocats, en tout cas des *idéologues actifs* au sens de Marx ...).Incontestablement, Volney est proche de ceux-ci, par son engagement personnel (*la Sentinelle du peuple*), par son expérience d'érudit, par sa conscience politique. Mais son type d'intervention "littéraire" ne sera pas de l'ordre des libelles ou des témoignages, ou des discours directement liés à l'actualité. Comme s'il était conscient de ce problème, il distinguait dans la troisième séance de ses *Leçons d'histoire* (21) plusieurs sortes différentes d'historiens, selon le caractère plus ou moins direct de leur témoignage sur l'évènement (ou l'action) : - les historiens-acteurs, simplement témoins ; ou, avec une médiation supplémentaire, seulement auditeurs de témoins. Il est certain qu'il écrit *sub specie temporis* et qu'il est un historien-acteur et pas seulement témoin, mais avec une *distance* ; peut-être celle d'un certain tempérament (on sait, par exemple que les Assemblées bruyantes le fatiguaient) sûrement la distance que le genre de *la réflexion philosophique et morale* intercale entre l'évènement et l'observateur. On comprend mieux ainsi l'adéquation de l'ouvrage aux objectifs qui peuvent être ceux de l'homme de lettres et du révolutionnaire.

Nous allons montrer qu'il est possible de qualifier de manière assez précise la singulière narration des *Ruines* : dans son objectif *philosophique et historique* fondamental, elle est une réécriture de l'évènement révolutionnaire ; sous couvert de l'annoncer, elle en est une mise en scène, une dramatisation, et tend à le constituer au rang d'évènement inaugural et paradigmatique pour l'histoire mondiale ; il est également possible d'étudier les procédés particuliers qui sont utilisés pour cette fin.

Pour le dire de manière peut-être trop

synthétique, *Les Ruines* - ouvrage littéraire qui articule une *leçon d'histoire* (non désignée par ce nom) sur un récit de voyage - nous apparaissent comme : - un récit en première personne qui va être intégré à une *scène* plus vaste ; - une narration composée presque exclusivement de *harangues*, de dialogues ou de discours ; ceux-ci proviennent à chaque fois de certaines *scènes* déterminées et de sujets sociaux aux intérêts précisément désignés.

1. Un récit en première personne qui "ouvre"- sans que cette modalité de l'énonciation soit levée - sur une scène plus large :

Le récit débute à la première personne, relatant au moyen des temps passé, les observations, pensées, *rêveries* du narrateur, au temps de son voyage dans l'empire ottoman (déc.1782-avr.1785) :

> *La onzième année du règne d'Abd-ul-Hamid (...) je voyageais dans l'empire des ottomans, et je parcourais les provinces qui jadis furent les royaumes d'Egypte et de Syrie* (22) ;

il y a donc au départ deux temporalités (au moins) : le temps passé propre au récit de voyage et, à l'intérieur de ce temps, un temps prospectif - angoissé - concernant l'avenir de la terre natale (23). Les discours du narrateur dégagent une inquiétude qui est en rapport avec l'étrangeté ou la "grandeur" des objets perçus ou évoqués (24), avec ses émotions et réflexions concernant les destinées de l'Europe :

> *Qui sait, me dis-je, si tel ne sera pas un jour l'abandon de nos propres contrées ?* (25)

Mais la particularité de ces émotions, liée à un tempérament mélancolique, au caractère extraordinaire du voyage en des contrées lointaines et, alors, quasi-fabuleuses, à la "secondarité" du souvenir s'intègre, sans être supprimée, à une "vue" plus vaste, plus universelle (matériellement indiquée par l'*élévation*

du narrateur dans les airs, par les soins du Génie) ; cette subordination du particulier à l'universel, du local au mondial, des passions "aveugles" à une réflexion totalisante, opère de quatre façons :
1/ *L'Invocation* liminaire adressée aux *Ruines* en général, riche en apostrophes, prête, peut-être trop généreusement, les sentiments du narrateur à des choses inertes ; mais elle annonce *de grandes affections embrassant la scène des peuples et des temps* (26).
2/ D'entrée de jeu, le narrateur indique les motifs généraux, *philosophiques*, et point simplement privés, du voyage :

> *Portant toute mon attention sur ce qui concerne le bonheur des hommes dans l'état social, j'entrais dans les villes et j'étudiais les moeurs de leurs habitants (...) et l'observais la conduite de ceux qui gouvernent...* (27)

Les *charmes* de l'exotisme ne *reviennent* pas vers le moi mais s'intègrent à l'enquête sur les conditions de réalisation du bonheur dans les sociétés civiles, c'est-à-dire à une enquête *politique* (28).
3/ *La méditation* va se développer à partir du procédé complexe d'une certaine "comparaison" ethnologique, (et donc politique) du régime du Moyen-Orient et de la situation et de l'avenir prévisible de l'*Europe* : nous l'analysons ci-dessous ;
4/ les énoncés en première personne se limitent aux deux premiers chapitres (*Le voyage, La Méditation*) ; à partir du troisième, où la voix du Génie répond aux doléances et aux fictions du narrateurs (29), les interventions de ce dernier prennent fin, ou presque, ou se "fondent" à l'intérieur d'une succession de "harangues" (au sens de Mably), de dialogues, de discours, caractéristiques de diverses "régions" du politique, et qui paraissent "occuper" tout l'espace sonore du texte, comme les sujets sociaux, dont ils proviennent, occupent la scène de l'histoire.

Dans cet élargissement de l'observation,

à partir des sentiments d'un certain moi, à partir du lieu déterminé d'un voyage et au-delà d'eux, la "comparaison joue un rôle important (il ne faut pas oublier que, dans l'épistémologie de Condillac, juger, c'était "comparer" des "idées" différentes - Kant disait *lier* : primat de la relation) : le sens le plus général de la comparaison dans *Les Ruines* se fonde sur *la mémoire des temps passés, la comparaison de l'état présent* (30) : cette confrontation fondamentale contient deux comparaisons subordonnées : - une comparaison dans le temps entre deux états d'une même civilisation : *Palmyre* dans sa splendeur d'antan, et sa misère présente ; - une comparaison dans l'espace de deux civilisations différentes; Empire ottoman/Europe, comparaison d'ordre ethno-politique ; reprenons chacune de ces comparaisons en détail : 1/ l'Empire ottoman aujourd'hui (Egypte, Syrie - *Palmyre*):

> *Chaque jour je trouvais sur ma route des champs abandonnés, des villages désertés, des villes en ruines*(31) ;

le même, dans sa prospérité ancienne :

> *En ces murs où règne un morne silence, retentissaient sans cesse le bruit des arts et les cris d'allégresse et de fête* (32) ;

cette comparaison entre deux états contraires dans le temps d'une même civilisation induit deux pensées : l'une, assez vague et traditionnelle encore, nommé "révolutions" (*funestes révolutions*) ces vicissitudes plus ou moins incompréhensibles qui font se succéder splendeur et gloire, destruction et misère (33) ; la seconde pensée est beaucoup plus précise, historique : elle est double : d'une part est exprimée l'opinion que la prospérité de ces Etats coïncidait avec leur *infidélité*, que leur déclin suit l'adoption du monothéisme (34) ; d'autre part, est brièvement notée une espèce de transmission du *sceptre du monde* successivement à des civilisations différentes, qui dominent tour à tour, comme domine aujourd'hui l'Europe (35). C'est donc,

2/ cette association de noms prestigieux qui réveille - par contiguïté - sur un mode angoissé dans l'esprit du voyageur, *le sentiment de la patrie*, et provoque une autre évocation, toujours dans le temps, mais en sens opposé de la prospérité présente de l'Europe à l'imagination de sa destruction possible dans l'avenir, sous l'action des mêmes *causes générales* qui ont emporté les autres grandes civilisations ; la comparaison se fait donc entre le présent de l'Europe et un à venir, mais dont l'échéance est ressentie comme inévitable, et que le rêveur s'imagine comme un présent réalisé (mais sans lui) : reproduisons ce texte pour son étrangeté :

> *Qui sait si sur les rives de la Seine, de la Tamise ou du Sviderzees, là où dans le tourbillon de tant de jouissances, le coeur et les yeux ne peuvent suffire à la multitude des sensations ; qui sait si un voyageur comme moi ne s'assoiera pas un jour sur de muettes ruines, et ne pleurera pas solitiare sur la cendre et la mémoire de leur grandeur* (36).

Si l'on écarte, comme invérifiable, l'hypothèse de la morbidité "mélancolique" de l'auteur, il nous semble que *la mélancolie profonde* (37) de ces textes révèle une double signification : "rhétorique" d'abord : le narrateur s'efforce de communiquer au lecteur les *grandes affections* - l'amour, l'effroi, l'espérance - qu'il ressent lui-même au spectacle des drames de la scène historique, surtout lorsqu'ils intéressent l'avenir de sa propre nation (et en fait son présent, puisqu'en septembre 1791, à la date où paraissent *Les Ruines*, une partir importante du drame révolutionnaire est entrée dans le présent). Ensuite cette "mélancolie" révèle autre chose qu'un sens existentiel vague ou des "artifices" littéraires ; dans son ambivalence même, elle n'est pas sans objet : elle est chargée d'histoire : d'une part, elle est liée de manière précise aux "observations" du *Voyage en Egypte et en Syrie* ; d'autre part, comme inquiétude de l'avenir politique, elle annonce les "révolutions" du présent, et amorce une réflexion sur un dépassement possible du "despotisme" en France.

2. Une narration composée de "harangues" de dialogues, de discours, liés à diverses "scènes", et provenant de certains sujets sociaux.

C'est un des traits les plus apparents des *Ruines*, et des plus surprenants pour le lecteur prévenu qui attendrait un Traité *de philosophie naturelle*, ou une *leçon d'histoire* chronologique ; quant à celui qui souhaite y vérifier on ne sait quel vague "sentiment romantique", il risque d'éprouver quelque humeur , d'y découvrir trop de philosophie, trop d'"histoire", et beaucoup de théâtre (il est imprudent de soumettre l'appréciation des oeuvres à des codifications de genres ; en certaines périodes, elles n'ont plus aucun sens...). Une analyse fine pourrait distinguer quatre sortes de dialogues différents : 1/ le dialogue entre le narrateur et le Génie des ruines et des tombeaux, qui s'adresse non seulement au premier, mais à toute l'humanité (38) ; dans ce dialogue, c'est le Génie qui a l'initiative du discours, et celui-ci porte sur un objet d'abord "historique" (mais également métaphysique) : la discussion des notions d'*aveugle fatalité* et des *décrets d'une justice céleste*, les deux préjugés dominants qui cachent aux hommes les conditions de leur propre histoire (39) ;

2/ au ch.XV, vient s'insérer, dans une série de chapitres philosophiques de *droit naturel et civil*, dans l'esprit de d'Holbach, et après un chapitre de politique étrangère, un véritable dialogue politique à plusieurs voix, imprimé comme une pièce de théâtre, entre : le Peuple, les privilégiés, les nobles, les prêtres, mise en scène très poche de *la Sentinelle du peuple* et surtout des discussions des Etats généraux (40) ; 3/ un dialogue implicite, à la suite, au ch.XVI, entre : *le peuple libre et législateur* et le Législateur, centré sur le discours de ce dernier, représentant comme indispendable une délégation du pouvoir à des gens compétents en état de l'exercer (41) : c'est une transposition soit des discussion sur les principes d'une Constitution à l'Assemblée constituante, soit de la séance historique sentimentale de la nuit du quatre août (42), soit des journées de ferveur révolutionnaire (43) ; 4/ les ch.XX à XXIV confrontent (en pas moins de 130 pages) le narrateur (et le Législateur) au grave problème politique des "contradictions religieuses"; la scène est donc occupée désormais presque exclusivement par la cacophonie et la violence des discordes des diverses religions révélées, en face d'une espèce de Tribunal de la raison, instituant

> *une controverse solennelle, une recherche publique de la vérité, en matière religieuse, morale et métaphysique.*(44)

L'élargissement des dialogues à une scène finalement planétaire et métaphysique ne doit pas suggérer un effacement de la subjectivité du narrateur : elle s'investit dans la majesté des scènes et du spectacle ; ses sentiments propres s'identifient toujours aux sentences et arbitrages rendus par les instances de l'Universel.

Mais on ne peut rendre compte du caractère "dialogique" de l'ensemble du texte, sans relier les discours aux diverses "scènes" où ils résonnent, aux personnages qui y jouent certains rôles symboliques et y tiennent certains discours ; la nature de chacune de ces scènes est caractérisée par des indications spatiales précises, ou certains objets emblématiques ; le texte comporte également des notations sur le volume sonore de la parole (45) : il y a trois scènes principales : a) la scène "exotique" et ethnologique des *ruines* de Palmyre, nocturne et fantômatique, dans le genre du fantastique oriental ; elle fournit son cadre au soliloque ou au dialogue du voyageur avec ses propres pensées (ou avec le Génie) (46) ; elle s'ordonne autour de la "comparaison" que nous avons analysée plus haut ; b) la seconde est celle que le narrateur, enlevé par quelque puissance extraordinaire du Génie et des éléments aperçoit au-dessous de lui :

> *Là du haut des airs, j'aperçus une scène nouvelle. Sous mes pieds, nageant dans l'espace, un globe.* (47) ;

cette position privilégiée permet d'embrasser un immense espace et la durée des siècles, en même temps qu'elle permet de dégager les principes des sociétés, et d'anticiper les "révolutions" à venir ; elle permet d'"agrandir", comme au moyen d'un télescope, un épisode meurtrier de politique étrangère contemporaine : la guerre russo-turque de 1768, perçue de haut comme affrontement absurde de troupeaux d'insectes (48) ; bref, l'*élévation* permet de dresser un "tableau d'instruction" encyclopédique, qui embrasse toute la scène de l'histoire, depuis la "base" géographique des sociétés jusqu'aux épisodes de leur politique extérieure et intérieure, -saisis dans leurs "ressorts" internes et leurs développements prévisibles (49) ; c) la troisième scène est une enceinte législative et juridique, qui se retranche des bruits et désordres extérieurs - un amphithéâtre immense, autour d'un *autel nouveau*, où la Nation s'asseoit *toute entière pour entendre la publication de la Loi* (50) ; puis pour recevoir la sentence métaphysique qui oppose les vérités sensibles universelles d'intérêt général et les objets, inaccessibles, des croyances religieuses, qui n'engendrent que des discordes (51).

3. Investissement passionnel dans la narration ; affaiblissement du temps chronologique ; valeur d'action plutôt que d'"information" des énoncés et des "représentations".

Ce discours dialogué, composé à partir des discours sociaux existants, rapportés à des "lieux" historiques et symboliques déterminés, introduit dans notre notion de narration historique d'importantes perturbations (52) : 1/ d'abord, le narrateur, dans le cas des *lieux* , n'est pas l'observateur impartial dont on assurait souhaitable qu'il ne soit d'aucun temps, d'aucun pays, d'aucun parti... C'est un pari impossible à toute époque, mais davantage encore dans les temps de "révolution" ; on peut d'ailleurs se demander si cette exigence ne provient pas elle-même d'un lieu politique bien déterminé : "modéré", et d'une formule épistémologique fort discutable : l'application à l'histoire de l'idéal du sujet "contemplateur", distinct de l'objet étudié, qui a fait les succés de certaines sciences de la nature... Le narrateur volnéien, lui, est *fils de son temps* (53), et penseur du présent, de la Révolution française au présent ; après avoir voyagé et observé d'autres contrées, lu beaucoup de livres et "médité", il est revenu à la scène française :

> *Un bruit immense s'éleva du côté de l'Occident ; et y tournant mes regards, j'aperçus à l'extrémité de la Méditerranée, dans le domaine de l'une des nations de l'Europe un mouvement prodigieux* (54).

Comme nous l'avons montré ci-dessus, l'ouvrage révèle une absorption progressive de la parole privée dans le dialogue social antagoniste (le fait est "anti-romantique", si l'on prend comme critère le romantisme de l'individualité "séparée" et du retranchement : *René* ?) ; le narrateur fait écho par son texte aux voix qui tendent à "remplir" tout l'espace sonore de la scène sociale - celle des agents des métiers utiles et des professions éclairées - dont il mettait naguère, à l'époque héroïque de *la Sentinelle du peuple,* les revendications en discours. (55). Ce n'est pas opportunisme, ou habileté, ou *basse servilité* (56) ; le fils de Chasseboeuf est des leurs, il reconnaît comme sienne leur protestation véhémente et *juste* contre l' *oppression* du *despotisme* des *tyrans* (57) : comme lettré et "philosophe", il s'efforce d'exprimer leurs revendications égalitaires dans la tradition - devenue subversive - d'un certain discours de la Loi naturelle et civile, qui provient de Rousseau, de d'Holbach... On pourrait s'attendre, dans une telle époque de bouleversements, à ce que l'individu - le philosophe - "rentre" dans son moi ou le fasse taire sous les pression de l'évènement extérieur : *Les Ruines* ne révèlent rien de tel : engagé dans la cause révolutionnaire universelle, le narrateur ne mortifie point son moi, il ne fait pas taire ses sentiments ; il ne cesse de les retrouver dans les passions et actions du drame commun et de les "investir" dans les "spectacles" émouvants de la scène historique (58).

Il y a toutefois une limite à cet investissement passionnel dans la cause du *Peuple libre et législateur* : d'abord celui-ci présente une figure idéale, issue d'une certaine "écriture" de l'évènement révolutionnaire, plutôt qu'une figure sociale. C'est le "privilège" d'un certain savoir ethnologique et philosophique, que le peuple affairé ne possède pas, qui permet à l'homme de lettres à la fois d'*embrasser la scène des peuples et des temps* et d'apercevoir que les peuples peuvent y être agents, pas seulement sujets ; privilège dans l'ordre politique également, puisque, selon le discours du Législateur, il est donné à une élite de gens instruits, de représenter par délégation la volonté générale (59). Enfin, les sentiments propres du narrateur tendent à s'identifier aux instances de l'Universel, c'est-à-dire à l'Etat, plutôt qu'aux revendications et passions populaires (60). (Peut-être l'élévation du narrateur dans les airs, "au-dessus" de la scène de l'histoire, symbolise-t-elle matériellement cet effort vers une certaine impartialité passionnelle de la nouvelle élite plébéienne).

2/ Soit maladresse, soit superposition dans un même texte de plusieurs projets initiaux différents, soit utilisation trop indiscrète des procédés rhétoriques à la Mably *pour écrire l'histoire*, la narration d'ensemble - jamais ennuyeuse - présente une grande complexité, tout en restant "lisible". Cette complexité, pour l'essentiel, dépend de l'entrecroisement dans le texte de modalités différentes d'énonciation : en effet, aux citations entre guillemets des discours provenant des diverses instances symboliques (dans une certaine mesure les *Ruines* elles-mêmes, le Génie, le Législateur, l'Orateur des hommes qui ne croient pas à des puissances surnaturelles - discours qui s'adressent soit potentiellement à toute l'Humanité soit à toute la nation - s'ajoutent des énoncés simplement informatifs, rapportant soit des faits historiques soit des actes symboliques ; sur ces deux sortes d'énoncés en quelque manière objectifs s'"investissent" les énoncés en première personne provenant du moi du narrateur, réagissant à ces faits et à ces discours, vivant, sur le mode d'une certaine distance, les passions des acteurs historiques (61). Cette superposition d'énoncés de significations différentes, et cette subjectivation additionnelle que constitue l'expression des sentiments du narrateur produisent un affaiblissement du temps chronologiques des évènements ; d'autant plus qu'aucune allusion n'est faite à leur ordre de succession, à leur désignation historique conventionnelle : *Etats généraux, prise de la Bastille, Séance du jeu de paume, Assemblée constituante,* ou par des dates. Ces traits du récit aboutissent à

> *compliquer le temps chronique de l'histoire en l'affrontant à un autre temps, qui est celui du discours lui-même et que l'on pourrait appeler par raccourci le temps papier.*

pour utiliser de précieuses indications de R. Barthes (62). Disons pour notre part : ce qui se trouve retiré à l'exactitude du compte-rendu (dans l'histoire en cours, comment l'exactitude pourrait-elle constituer la vérité ?) vient renforcer la charge émotionnelle et symbolique propre au discours sur l'évènement ; les procédés de la mise en scène, de la dramatisation et du discours lui-même (63) - tous procédés de théâtre - bref "l'écriture de l'évènement "révolutionnaire, débouchent sur un certain "montage" de ce dernier, sa représentation et interprétation à un point de vue déterminé (64) ; l'idéologie, qui inspire ce montage, au lieu de rester camouflée,

comme c'est le cas dans d'autres textes ou à des époques plus paisibles, s'exhibe avec une certaine naïveté elle fait la preuve qu'elle est capable de tenir un vrai discours ; s'il n'est pas de l'ordre d'un savoir, il ne relève pas non plus seulement des circonstances ou de passions aveugles (65).
On remarquera enfin, 3/ la fréquence des formes rhétoriques vocatives : prières, invocations, interpellations, mises en garde, annonces plus ou moins prophétiques : autant d'indices que ce discours - qui n'est pas encore une "leçon d'histoire" - ne vise pas principalement à procurer un savoir, mais surtout à émouvoir, à témoigner, à entraîner... En reprenant la distinction de J-L. Austin dans *Quand dire c'est faire* on pourrait montrer que les énoncés y ont moins valeur "informative" que "performative" ; les paroles rapportant certains discours sont une forme d'engagement, de serment, elles sont déjà des actions (66), provoquent un vaste public à les imiter, et peut-être surtout à communier dans la répétition de la célébration de ces serments (la fête de la Fédération du 14 juillet 1790 ?). On croyait lire un ouvrage emprunté au rayon "philosophique" (*les Idéologues* ?...) on se retrouve sur un théâtre.

GENESE INTRA-HISTORIQUE DES REVOLUTIONS, ET LIBERTE EN ACTE.

Au centre des *Ruines*, dans la partie non-dialoguée du texte - dans une espèce de pause entre les sombres interrogations du narrateur et l'entrée en scène du *Peuple libre et législateur*, en France (au chapitre XV) - les chapitres V à XI et XIII-XIV (67) peuvent être considérés comme le noyau philosophico-historique conceptuel de l'ouvrage (68). L'analyse répond aux inquiétudes sur l'avenir des sociétés européennes et aux "prédictions" sur l'inévitabilité des "révolutions" exprimées au début de l'ouvrage ; la fréquence des occurrences, en des sens divers, de la notion de révolution est sensible (elle fait le sous-titre du livre :

Révolutions sur la Scène de l' Histoire
selon Volney

Méditation sur les révolutions des Empires, constitue l'objet de tout le chapitre XI : *Causes générales des révolutions des anciens Etats*) (69). La pensée vise à "embrasser", depuis quelle transcendance théorique et sociale ? Toute l'étendue de l'histoire, présentée, dans ses effets (les maux sociaux et les révolutions) que la réflexion s'efforce de rapporter à leurs *mobiles*, *principes internes*, *causes générales* ; l'ensemble de l'enquête est explicitement subordonné à un objet "politique" : fonder des sociétés justes et stables sur les principes naturels mêmes, dont la violation engendre les bouleversements qu'on constate (70).

Nous pressentons ici une économie assez rigoureuse de concepts même si, dans cet ouvrage populaire, elle n'est pas développée de façon technique. Mais Volney n'est pas Hegel, il a peut-être visé à se présenter, dans sa narration historique, comme une espèce d'anti-Bossuet (71). Bien que nous manquions de certains savoirs pour apprécier l'originalité de ses vues, nous allons tenter de lire ces ch. V à XIV, fondamentaux afin de vérifier dans quelle mesure Volney ordonne son récit autour d'une notion moderne déterminée des révolutions, ou, comme nous dirions, des mutations historiques ; comment il en analyse la nature et la genèse (on prendra comme point de comparaison l'antique notion des "révolutions" conçues comme des vicissitudes fatales des choses humaines, ainsi que l'explication psychologique de ces "révolutions") (72).

1. Un nouveau genre de *méditation* : la notion de "révolution" dans *Les Ruines* .

Il n'est pas sans signification que la narration des *Ruines* se présente comme une *Méditation* (le mot fait le sous-titre de l'ouvrage et le titre du chapitre II). Le genre de la méditation métaphysique, dans lequel l'âme reconnaissait sa nature spirituelle, avait été profondément transformé par Rousseau ; ordonné à des "conjectures", *des raisonnements hypothétiques et conditionnels* permettant de retrouver, sous les corruptions sociales - sans le secours des livres d'histoire - une nature humaine originaire et libre, dont

> *il est nécessaire d'avoir des notions justes pour bien juger de notre état présent* (73).

Chez Volney qui ne justifie pas gnoséologiquement l'emploi du mot, la méditation porte sur un objet exclusivement historique (immanent) : *les révolutions des Empires* (74).

L'effet complexe des révolutions (dont le discours philosophique s'efforce de retrouver, par un certain type de méditation historique, les *causes générales* et les principes) est pris dans *Les Ruines* en un sens profond, dramatique, dont nous allons nous efforcer de démêler les fils ; a) le mot est pris le plus souvent à partir d'une anticipation angoissée et en un sens négatif, lié à des inquiétudes, de l'effroi : il s'agit de *funestes révolutions*, de *catastrophes terribles* (75) ; une seule fois il est question d'une *heureuse révolution*, mais c'est parce que le narrateur nie qu'il puisse s'en produire (76) ; toutefois l'ambivalence des sentiments paraît évidente : les *catastrophes terribles* sont annoncées comme inévitables en général, imminentes dans certaines conditions politiques, redoutées pour leur violence, mais désirées (77) ; b) le peuple porte *le bandeau des préjugés* qui lui représentent les évènements de la scène de l'histoire comme produits par hasard, fatalité, ou par les décrets d'une Providence surnaturelle - trois fictions qui rendent impossible toute narration historique véritable et condamnent les hommes au faralisme (78) ; les récits de politique extérieure et intérieure présents dans l'ouvrage prouvent qu'une histoire des révolutions n'apparaît pas impossible à l'auteur (79) (plus tard, dans *Les Leçons d'histoire*, présentant *l'histoire analytique et philosophique, l'histoire biographique* des peuples, il désignera cette histoire des révolutions comme une étude *physiologique* des *lois d'accroissement et de décroissement* des corps sociaux (80) ; c) reste que ce sont les idées de *sort*, de *concours fortuit de circonstances*, de *révolutions de la fortune* qui l'emportent dans la soudaineté des révolutions et dans nos sentiments ; l'idée de *grande secousse* sur les habitudes, les opinions, les situations paraît irréductible (81) ; d) plusieurs textes rapportent explicitement les maux sociaux à des passions de l'âme humaine :

> *C'est la folie de l'homme qui le perd : tel est l'arrêt de la nature... les maux des sociétés viennent de la cupidité et de l'ignorance* (82)

(nous nous demanderons plus loin dans quelle mesure un tel type d'explication psychologique ramène à la conception traditionnelle des révolutions). e) ce qui désespère le narrateur, c'est qu'

> ***il faudrait un concours inouï** d'heureuses **circonstances***
> *comment tant de conditions pourront-elles jamais se rassembler ?* (83) :

par suite la révolution - du moins la révolution au sens positif, une *heureuse révolution* - bien que déclarée théoriquement inévitable - apparaît comme un évènement très rare, exceptionnel, improbable (il est vrai que cette indication est également destinée à mettre en valeur la chance historique exceptionnelle que représente l'irruption du *Peuple libre et législateur* sur la scène française) ; ainsi f) la révolution "idéale" est clairement désignée comme une initiative constituante et législative absolue, qui devrait résulter de procédures d'arbitrage (on remarquera que cette initiative et ces procédures ne sont point nommées "révolutionnaires" : la Révolution française de fait (pour la période des Etats généraux et de l'Assemblée constituante et législative jusqu'à la fin de 1791) est identifiée à cette révolution idéale (84) ; enfin, g) selon l'explication qui en est fournie, les révolutions ne proviennent pas de la surface de l'évènement, mais du régime politique et social des Etats (*le despotisme*), c'est-à-dire, en dernière analyse, des principes observés ou violés dans la législation de ces Etats (85).

Puisque dans cette genèse complexe du phénomène révolutionnaire, n'interviennent ni la Providence divine, ni une raison supérieure, ni quelqu'autre sujet que ce soit, mais seulement les déterminations anthropologiques, passionnelles, les circonstances et l'effet des régimes politiques, l'ouvrage présente incontestablement une "explication intra-historique" des faits sociaux (86). Le tableau des vicissitudes politiques s'appuie sur des narrations historiques assez précises (87), et sur les travaux d'histoire ou de sociologie de l'époque. Enfin, à l'intérieur de la critique du despotisme - au-delà des déclamations contre la tyrannie de... l'Empire ottoman et de l'annonce de son prochain renversement (88) - nous découvrons un tableau réaliste des rapports sociaux sous l'Ancien Régime :

> *Sous des apparences d'union et de paix civile (la cupidité) fomenta, au sein de chaque état, une guerre intestine, dans laquelle les citoyens divisés en corps opposés de professions, de classes, de familles tendirent éternellement à s'approprier, sous le nom de pouvoir suprême, la faculté de tout dépouiller et de tout asservir au gré de leurs passions.* (89)

2. Les difficultés du système d'explication : d'où provient l'inversion de *l'amour de soi* en *cupidité*, *égoïsme* ? - impossibilité d'une libération dans l'histoire ?

Dans les chapitres philosophiques centraux V à XI, l'analyse ne se tire pas de la chronique historique ni du tableau des antagonismes sociaux ; tout le discours s'ordonne autour de l'opposition dans la nature des hommes, leur psychologie, leurs actions de deux *mobiles*, deux *principes* : *l'amour de soi / la cupidité*, *l'égoïsme*. Ne nous hâtons pas de comprendre... De nombreuses recherches seraient nécessaires pour établir la généalogie culturelle de ces concepts, l'originalité de leur statut psychologique et éthico-politique dans l'oeuvre de Rousseau (mais Volney ne suit pas Rousseau), leur infléchissement matérialiste chez d'Holbach ; l'originalité ou pas de leur emploi dans *Les Ruines*. Disons simplement que l'amour de soi dans lequel les théologiens plaçaient la racine de tous les péchés, désigne ici, de manière inversée, le principe de tous les biens sensibles accessibles aux hommes. Ne nous hâtons pas d'identifier l'opposition *amour de soi / égoïsme* à celle d'un bon principe naturel et des vices d'une sociabilité corrompue ; Volney ne l'admet pas davantage (90).

Solidaire d'une certaine "philosophie naturelle" et d'une anthropologie matérialiste, l'amour de soi désigne la tendance de tous les êtres vivants à rechercher spontanément, par tous les moyens donnés ou acquis, leur propre conservation et leur jouissance ;

> *ainsi l'amour de soi, le désir du bien être, l'aversion de la douleur ont été les lois imposées à l'homme par la nature même... semblables à celles du mouvements dans le monde physique* (91)

une téléologie bénéfique est à l'oeuvre dans la nature universelle et dans l'organisation particulière des vivants, de sorte que

> *l'homme est régi par des lois naturelles, régulières dans leur cours, immuables dans leur essence... source commune des biens et des maux* (92).

Il y a visiblement dans cette notion de la nature et de l'organisation un substitut à demi-laïcisé d'une Providence à laquelle on ne croît plus, mais dont on transfère les fonctions à la nature (93). C'est parce que les hommes cherchent d'abord leur conservation et leur plaisir qu'il y a, dans leur organisation, primat du sentir : non seulement les sens leur indiquent l'existence et l'utilité des objets extérieurs, mais leur conscience, leur intelligence se trouvent ainsi "averties" de ce qui convient à l'individu (94) et préparées à rechercher par les moyens et facultés donnés, mais aussi par les talents, arts et savoirs qui peuvent être acquis et développés, le bonheur dans l'état civil (95). Si la valorisation de l'amour de soi dépend d'un certain dispositif théorique et si la notion est d'abord d'ordre physique, l'autre terme de l'opposition *l'égoïsme, la cupidité* semble relever de l'observation de certains effets dans la conduite effective des hommes et, contradictoirement, apparaît comme d'ordre éthique : égoïsme et cupidité apparaissent comme une espèce de transformation historique mal élucidée du mobile du bien (pour Volney l'opposition ne ramène pas, comme c'est le cas chez Rousseau, pour *l'amour de soi* et *l'amour-propre*, à la séparation entre une bonne nature humaine - abolie - et une sociabilité présente, corrompue : pour Volney comme pour d'Holbach, la société est le seul lieu où les besoins naturels liés au principe de l'amour de soi peuvent être satisfaits, et sont déjà en partie satisfaits ...) (96). Le texte de Volney affirme, sans doute à partir de l'observation de certains effets moraux et sociaux, la transformation du premier principe : *l'amour de soi* dans le second : *l'égoïsme, la cupidité*, mais ne l'explique pas : d'une part on ne comprend pas, si l'amour de soi est principe universel et irrésistible des actions des hommes et principe de l'obtention de tous les biens (accessibles), pourquoi il peut cesser d'être bon et produire les sombres effets sociaux de la concentration excessive des richesses, de la rapine, de l'arbitraire et de la sujétion (98) ; d'autre part, si égoïsme et cupidité n'étaient que des jugements éthiques extérieurs, on voit mal à quel titre de tels concepts interviendraient dans un tableau "objectif" de l'histoire...

D'un côté, pourrait-on croire, une détermination purement physique et fixiste de la nature humaine , de l'autre des jugements moraux divers sur les actions effectives des hommes en société ?... Le soupçon naît du fait que nous nous trouvons en présence d'un essai contestable et fort académique tendant à ramener les phénomènes objectifs du devenir historique aux déterminations "éternelles" des passions humaines, ou à les aborder à partir de jugements de valeur. Si Volney abordait l'histoire dans les termes d'une psychologie et d'une morale de l'éternité des passions et des vices sociaux ; s'il devait par suite, se représenter la scène historique comme soumise à des vicissitudes fatales ; alors, la recherche d'une maîtrise et d'une liberté législatrice - dans un tel monde - n'aurait point de sens, ou apparaîtrait comme une cause désespérée.(99).

3. Explication de ces difficultés et esquisse d'une solution : - la théorie du *despotisme* équilibre le psychologisme apparent de certaines explications ; - le fait de la Révolution française est une preuve de la possibilité de la Liberté dans l'histoire :

1/ Explicitation de ces difficultés : Dans la maladresse et la subtilité de ces textes - au demeurant peu lus et pas commentés dans la tradition philosophique idéaliste - ces difficultés, inexprimées, ne paraissent que sur le mode de manques, d'affirmations péremptoires ou d'amplifications émotionnelles et rhétoriques : dégageons- les avec une certaine précision. Dans l'enquête sur les causes des maux sociaux et des révolutions, nous nous trouvons devant une formule simple, en apparence traditionnelle, empruntée à une certaine psychologie des passions humaines : la cause des maux sociaux de l'Homme, qui sont son propre ouvrage, réside dans l'homme même : *il la porte dans son coeur* (100) ; le contexte indique que ce sont les passions des hommes, leur *folie* (101).

Il y a ici deux difficultés : la première concerne le caractère psychologique de telles explications et d'abord l'obscurité de l'inversion du mobile éternel de l'obtention de tous les biens (l'amour de soi) en *cupidité*, *folie*, et les vicissitudes fatales qui en sont les suites ; la seconde difficulté concerne l'affirmation sans preuve de la liberté des hommes dans leurs maux historiques et la possibilité, pour eux, de trouver une issue hors de la "misère" historique dans une Liberté civile raisonnable.

Touchant le mécanisme de l'inversion de l'amour de soi et son caractère psychologique deux textes nous permettent de poser le problème : ch. VIII, p. 35 :

> *Ce même amour de soi qui, modéré et prudent, était un principe de bonheur et de perfection, devenu aveugle et désordonné se transforma en un poison corrupteur ; et la cupidité, fille et compagne de l'ignorance, s'est rendue la cause de tous les maux qui ont désolé la terre :*

le narrateur ne fait pas beaucoup plus que constater l'inversion mauvaise de l'amour de soi, c'est-à-dire la perversion du bon égoïsme en mauvais, cause de tous les maux sociaux ; l'altération est rapportée à une passion déterminée : la cupidité, et on nous fournit une précision, qui n'est pas développée : l'ignorance est impliquée dans la corruption historique du bon principe (102). Le second texte a un poids philosophique plus considérable : ch.VII, p.33 :

> ... *Par une imprudence fatale, ayant tantôt méconnu, tantôt transgressé sa limite, l'homme s'est lancé dans un dédale d'erreurs et d'infortunes, et l'amour de soi, tantôt déréglé et tantôt aveugle, est devenu un principe fécond de calamité.*

Comment identifier cette mystérieure *transgression de limite*, responsable de tous les maux sociaux : il ne s'agit pas seulement de l'affirmation de la présence d'une liberté et d'une responsabilité de l'homme dans ses propres malheurs sociaux (c'est Rousseau qui avait réconcilié le dogme de la liberté, d'origine chrétienne, et l'analyse des maux sociaux) (103) ; la transgression ne fait qu'un avec la cupidité et avec l'*ignorance* : le titre du chapitre étant *le principe des sociétés*, il semble que la cupidité désigne certains comportements de l'existence sociale (et pas seulement une passion éternelle) ; et l'*ignorance*, non pas le défaut de certains savoirs, mais l'ignorance des limites dans lesquelles doivent demeurer en société la satisfactions des besoins naturels, et l'accumulation des richesses ; certains indices suggèrent que la "limite" désigne une satisfaction sociale modérée et égale des besoins, une "prudente" modération de la quantité des biens et des richesses des particuliers (104) ; lorsque, par suite de *l'entassement des jouissances* et des richesses, cette "limite" (physique ? métaphysique ?...) est franchie par l'homme social, alors on peut dire, de façon plus théorique, que l'amour propre s'est inversé en *cupidité égoïsme* et que toutes les conditions sont réunies pour l'apparition des maux sociaux, dont les ch.XI et XII font un tableau précis, et des révolutions.

La seconde difficulté - plus considérable encore - concerne, non seulement l'intelligibilité de l'affirmation du libre arbitre dans les maheurs historiques des hommes (105), mais les chances de la recherche d'une Liberté civile - dans un cosmos régi par *un ordre immuable et éternel* et une histoire qui échappe aux "prises" de l'homme social : il est remarquable que, dans le ch.V où sont exposées les déterminations physiques fixes des *mobiles* de la nature humaine (*Condition de l'homme dans l'univers*), l'auteur juxtapose à cette théorie de "la loi naturelle" et à cette téléologie d'autres sortes d'énoncés bien différents : il avait déjà indiqué que les hommes étaient par leurs passions les agents de leurs maux sociaux (106) il affirme ici qu'ils peuvent devenir les *arbitres de leur sort*, *les artisans de leur destinée* (107). Le fait, le fiat et le désiteratum d'une certaine liberté - même en partie

inintelligibles - sont opposés au déterminisme physique et aux "révolutions" de l'histoire ; ce n'est certainement pas entièrement cohérent dans le détail, mais l'orientation philosophique est claire : comme Rousseau, comme Diderot, qui avait réfuté le déterminisme éducationniste extérieur d'Helvétius (108), Volney pose que la Liberté doit advenir dans l'histoire, et qu'elle n'est pas en contradiction avec la nécessité naturelle.
2/ Esquisse d'une "solution" de ces difficultés : En fait si certaines formules sont maladroites, si elles paraissent nous ramener aux conceptions traditionnelles (l'ensemble du lexique et de la langue est traditionnel), elles voisinent avec d'autres qui sont d'un esprit authentiquement historique et en rapport avec l'émergence de la nouvelle mentalité révolutionnaire ; ces formules coexistent parfois dans un même passage ... Aussi allons-nous ré-interroger les textes, en leur faisant, au-delà de leur maladresse, un certain crédit, de manière à montrer que les deux thèses des *Ruines* que nous avons isolées dans nos analyses antérieures (=la tendance à chercher une explication psychologique des maux sociaux ; l'impossibilité d'une Liberté raisonnable dans un cosmos immuable et dans une histoire en dérive) ont un contenu résolument "moderne".
Première formule : les causes des révolutions se trouvent dans *le coeur humain* : nous allons montrer que le "psychologisme" apparent de la formule est en fait contre-balancé par une analyse sociale et politique du *despotisme*, qui lui donne un contenu bien différent. Les expressions de *coeur humain*, de *folie* humaine peuvent induire en erreur, mais la nature passionnelle, ici, n'est point du tout identique à la nature pécheresse chrétienne, ni la démesure des passions sociales analogue à celle qui fait l'objet de l'inquiétude augustinienne et malebranchiste : pour marquer la distance, reproduisons un texte de la fin du 17ème siècle, caractéristique de ces inspirations, que nous empruntons au remarquable travail de J. Deprun sur *La philosophie de l'inquiétude en France au 18ème siècle* :

Révolutions sur la Scène de l'Histoire
selon Volney

> *Toutes nos inquiétudes viennent de ce que nous sentons que nous sommes faits pour quelque chose de grand (...). C'est ce qui nous fait aimer le changement, et c'est la cause de toutes ces grandes révolutions qu'on lit dans les histoires, où l'on voit les traits de l'ambition et des inquiétudes des hommes* (109) :

point n'est besoin de longuement commenter ce texte pour faire apparaître la différence de l'analyse volnéienne des passions sociales. Le P. Lamy s'efforce de rattacher les révolutions des "histoires" (comme goût du changement) en général à l'inquiétude psychologique (nous dirions à une certaine insatisfaction), celle-ci témoignant, dans l'esprit de l'oratorien, de la disproportion des aspirations des hommes, qui en droit visent toujours Dieu, par rapport à tout bien matériel et fini... L'analyse volnéienne est tout à fait opposée : le *coeur* humain désigne le fait des passions, tel qu'on peut l'observer sur la scène historique, en l'éclairant d'autre part par l'analyse théorique de l'inversion de l'amour de soi en cupidité ; ce ne sont ni l'orgueil, ni de vagues *inquiétudes* transcendantes qui sont en cause, mais une passion économique et sociale : la cupidité, dont on a rappelé le sombre tableau des effets sociaux. Nous pourrions dire : le *coeur* volnéien - que les pascaliens nous pardonnent - ne recèle aucune potentialité surnaturelle, il ne désigne que des passions sociales, point nécessairement des passions éternelles ; et ces effets de la cupidité sont encore accrus et rendus plus redoutables dans les régimes "despotiques" ; en effet : a) il faut replacer la formule dans son contexte :

> *La source de ces calamités n'est point reculée dans les Cieux ; elle est près de (l'homme) sur la terre ; elle n'est point cachée au sein de la divinité ; elle réside dans l'homme même ; il la porte dans son coeur* (110) ;

la référence au coeur a donc pour fonction de permettre

d'écarter une explication supra-historique et théologique au bénéfice d'une explication anthropologique et passionnelle des actions des hommes, vérifiable par l'observation et par l'histoire ;
b) il n'est pas évident que la cupidité, l'avidité effrénée en richesses et jouissances soient des passions sociales éternelles : le ch.XII décrit un régime ancien de l'empire ottoman alors prospère et vertueux, où ces fléaux n'existaient pas (111) ;
c) le ch.XI qui expose *les causes générales des révolutions et de la ruine des anciens Etats* s'ouvre par un repérage d'ordre apparemment psychologique de la responsabilité de la cupidité (112), mais enchaîne sur le tableau de ses effets ou de la succession de ses formes en société, tableau qui ne fait qu'un avec l'analyse du despotisme.

Le *despotisme* , c'est donc d'abord simplement la cupidité, l'avidité effrénée et l'arbitraire en acte dans le régime politique, concentrés du côté du Prince et de la minorité, et la soumission de toute l'existence sociale et morale à la domination de mobiles passionnels qui n'observent plus aucune "limite" qu'aucune autorité légale ne règle plus. Même si la cupidité, l'égoïsme sont des tendances de toute vie passionnelle (113), ces tendances ne jouent jamais comme pures passions séparées de leurs conditions sociales d'exercice ; leurs effets se trouvent amortis ou au contraire exacerbés et monstrueusement "grossis" selon la nature du régime politique et social ; le régime despotique fondé d'abord sur la domination et la cupidité absolues (sans frein constitutionnel) de la couche dirigeante (114) ne suscite pour les sujets que des occasions d'exercer à leur tour leurs passions de *rapine*, d'*usurpation*, de *dépravation* dans la soumission : cette analyse n'est pas seulement d'ordre politique (115), elle prend également en compte de manière fort précise - sous les noms de *cupidité* et d'*usurpation* - la concentration économique des terres et des richesses entre quelques mains et la déperdition de la production générale :

toutes les forces et les richesses des nations
furent détournées à des dépenses particulières

(par exemple, les Pyramides) (116). Ces explications permettent, croyons-nous, d'établir que la désignation des mobiles passionnels comme causes des maux sociaux ne constitue pas nécessairement, pas plus dans *Les Ruines* que dans *La République* de Platon, une explication extra-historique, puisque selon ce type de "psychologie" sociale, les modalités de l'expression des passions sont fonction de la nature du régime politique et social ; les passions sont par là affectées d'un certain indice historique (117).
La seconde formule que nous devons interroger à nouveau c'est celle qui,- dans l'exposé physiologique et théorique général du ch.V - exprimait une espèce de commandement de la nature à l'Homme :

Sois l'arbitre de ton sort (118) ;

ce n'est donc pas la notation d'un fait, mais d'un desideratum, l'expression rhétorique de la difficulté "désespérée" de la recherche de la liberté dans un cosmos immuable et dans une histoire en dérive.

En effet, l'exposé philosophique et physique général (la *condition de l'homme dans l'univers*) a montré que la nature physique, sensible et morale des hommes est régie par

un ordre régulier de causes et d'effets,

constituant

des lois naturelles, régulières dans leur cours, conséquentes dans leurs effets, immuables dans leur essence (119),

celles de l'amour de soi. L'analyse psychologique (*source des maux des sociétés, causes des révolutions et de la ruine des Etats*)(120) a montré que les passions, expression dans l'homme de cet ordre régulier de causes et d'effets et de ses rapports sociaux, dépendantes de l'amour de soi dans leur *racine* physiologique, peuvent engendrer un déterminisme passionnel aveugle *un cercle éternel de vicissitudes* politiques naissant d'un *cercle éternel de passions* (121), résultant en réalité de l'inversion, dans certaines conditions, de l'amour de soi en cupidité (122). L'analyse politique ou ethno-politique (*origine des lois et gouvernements*, analyse de l'établissement du "despotisme") a montré que l'effet des passions en société était variable, qu'il dépendait pour une large part de la nature du système de législation des Etats (et de leur religion) (123) : si la Législation observe et respecte les lois de l'égoïsme bien compris des membres de la société, satisfait leurs "droits naturels", alors la société trouve justice et équilibre ; si la Législation concentre tout le pouvoir et les richesses dans quelques mains, impose une humiliante sujétion à la majorité, exacerbe l'inégalité de rang, viole les droits naturels d'égalité, d'indépendance, de sécurité des propriétés et ne permet pas le développement des facultés des particuliers, alors la *limite* sacrée de ce que peut supporter la nature des hommes en société est franchie ; par réaction violente contre les obstacles intolérables qu'on lui oppose, cette nature ne manquera pas d'entraîner une *heureuse* révolution et d'exiger un changement de la Législation (124).

Où trouver l'issue d'une Liberté, à l'intérieur de ces contraintes - une liberté qui ne se perdrait pas dans des "imaginations mystiques, mais demeurerait sur le plan de l'histoire et de la maîtrise raisonnable de l'existence sociale ? Diderot avait juxtaposé au déterminisme physiologique et à celui de l'éducation, le sentiment et l'exigence de la morale ; Rousseau, utilisant l'opposition établie par Buffon entre instinct et sensation animaux matériels d'une part et spiritualité ou liberté de l'esprit de l'autre, avait fait non pas exactement de la liberté, mais de la perfectibilité, le cadre purement virtuel de l'histoire de l'homme, qui supposait en outre la réunion de circonstances matérielles contingentes (125). Volney n'admet pas, semble-t-il, ces dualismes : l'homme moral, l'homme social sont dans le prolongement de l'homme physique et sensible ; c'est parce qu'il évite la douleur, recherche le bien-être et le plaisir qu'il se réunit en société (126) ; mais, en même temps, dit le ch.V, il veut être *l'arbitre de son sort* ; le texte précise *l'homme est déjà devenu l'artisan de sa destinée* (127). Qu'est-ce que signifient ces expressions si elles sont autre chose qu'une réaffirmation du libre arbitre ? Plusieurs choses qu'indiquent le contexte immédiat, puis les ch.XIII et XIV sur la perfectibilité humaine et sociale : devenir *artisan de sa destinée, par l'unique secours de ses facultés* (128) et à partir de l'unique mobile de l'amour de soi, c'est 1. développer son entendement avec son *industrie* pour satisfaire ses besoins, développer les arts et les sciences (129) ; aussi 2. quand l'homme est dit (ch.VI, p.30) *homme créateur*, il est précisé que c'est en tant qu'il est, comme homo faber, *artisan de son bonheur* : il ne s'agit pas d'une faculté métaphysique de création, mais d'abord de l'acquisition des moyens de l'aménagement matériel et technique de son milieu, pour ce qui concerne le vêtement, l'habitation, l'agriculture, les métiers (130). l'hommage va aux oeuvres que l'humanité, par le seul développement de ses facultés et de ses moyens en société, *ajoute* à la nature donnée, non pas à une transcendance supra-naturelle et supra-historique ; ces possibilités sont donc conçues, 3. en termes d'*usage* et d'utilisation nouveaux des moyens et facultés donnés plutôt qu'en termes de *création* de moyens ou de pouvoirs inconnus - ce qui devrait conduire à tempérer la portée de l'hymne à *l'homme créateur* : bref, l'homme technicien et le citoyen réunissent, (poussés par les mobiles bénéfiques de l'amour de soi et de l'amour-propre qui multiplient les inventions utiles à la vie) des *pouvoirs d'alléger* les maux naturels inévitables (par exemple, la maladie), d'*augmenter* les biens donnés (par exemple, les plaisirs de la sympathie) ; ce texte assez général s'éclaire si on le rapporte aux capacités de ce que les

Idéologues nommeront *l'art social* (morale et politique, avec les arts afférents : par exemple la pédagogie),

> *l'art délicat et profond de procurer à l'homme ses vraies jouissances, et d'asseoir sur des bases solides sa félicité* (131) ;

ce qui ne peut être obtenu qu'en société ; ce ne sont pas des voeux chimériques, le texte dit (contre Rousseau) :

> *maintenant sa vie (la vie de l'homme) est semée de jouissances*

(*maintenant* = dans les sociétés développées contemporaines d'Europe par opposition avec la barbarie des temps reculés et du despotisme oriental) ; 4. les ch.XIII et XIV sur la perfectibilité (et les obstacles qui peuvent l'entraver) précisent non seulement en général

> *quelle échelle progressive d'expérience et d'instruction*

s'établit en société ; quelles acquisitions matérielles, sociales et intellectuelles ont déjà été conquises, dans le cadre même de la Monarchie, durant *les trois siècles précédents* (132).

Finalement, la figure emblématique du *Peuple libre et Législateur* apparaîtra, au ch.XV et XVI, sur cet horizon gnoséologique et sociologique de la perfectibilité, l'initiative politique révolutionnaire paraissant prendre le relais de toutes les acquisitions techniques, scientifiques, sociologiques antérieures de l'humanité, en en dégageant les véritables conditions de possibilités politiques ; cependant la mise en scène des épisodes révolutionnaires n'est pas explicitement rattachée aux discussions historiques et philosophiques antérieures ni à la recherche d'une liberté civile ; le discours théorique de Droit naturel, la psychologie des vicissitudes historiques d'une part, et l'action révolutionnaire de l'autre restent juxtaposés. De plus, l'initiative constituante et législative du Tiers-état n'est pas explicitement désignée comme une "révolution", comme si les expériences que recouvre ce mot étaient renvoyées à la misère historique ancienne et considérées désormais comme caduques. Cependant, il faut bien que ce que le texte a nommé une seule fois *une heureuse révolution* s'identifie à la démarche du Peuple libre et législateur ; la Révolution française est, par certains de ses épisodes, la preuve par le fait de la possibilité d'une révolution positive - théoriquement impossible - et de la possibilité de la libération de l'*animal politique*. Par suite, la révolution prise en un sens positif désignerait : a) un renversement de l'oppression du despotisme, renversement dont on n'explique pas comment il a triomphé (ni comment il résistera aux *conspirations des tyrans*) sa force paraît se fonder sur le nombre, le sentiment du Droit et la préférence donnée à la morale sur l'emploi de la violence populaire, *une attitude imposante* (133) ; elle consiste b) en un acte législatif par lequel le Peuple confie par un contrat explicite, et selon un "code" la représentation de la puissance publique, *en dépôt, non en propriété ni en héritage* à quelques hommes éclairés (134), pour qu'ils gouvernent comme on le dira beaucoup plus tard après le renversement de Robespierre, *au nom du peuple, pour le peuple, mais pas par le peuple* (135) (ici le texte prend le contre-pied de toute la construction rousseauiste, selon laquelle la volonté générale ne se divise pas, ne se représente pas)(136) ; en un dernier sens, plus radical, l'initiative révolutionnaire constitue c) une véritable re-fondation de l'état-civil, opérée *de dessein réfléchi* et échappant par là aux *hasards, violences, fraudes* qui ont présidé aux pactes de l'histoire antérieure (137) - re-fondation conforme aux buts, principes et moyens de toute véritable association civile, puisqu'elle réalise une réconciliation de la Législation et des droits naturels que le despotisme bafouait.

Nous avons pris au sérieux la teneur de sens de l'ouvrage de Volney, oeuvre de "philosophie populaire" et savante, qui utilise, dans une langue admirable, toutes les ressources du mythe, du discours, du théâtre lui-même, réconciliées avec celles du concept.

Finalement quelle originalité pouvons-nous reconnaître à la théorie des révolutions que nous avons analysée dans *Les Ruines* ? Il faut l'avouer, la thématique des vicissitudes fatales des Etats - et la rhétorique qui lui était attachée - étaient fort traditionnelles. Mais *Les Ruines* ne sont nullement un substitut plus laïc de la Théophanie du *roman juif* de Bossuet. Chez Voltaire, Rousseau, Raynal, Mably... la théorie des révolutions s'était déjà liée à des narrations historiques, sociologiques et même économiques assez précises ; d'autre part, sur la scène française, le rapport social domination/servitude "bougeait", n'était plus accepté.

Chez Volney, l'analyse "sociologique" et politique précise des effets du "despotisme" sur les passions l'emporte décidément sur la tendance, parente elle aussi, à proposer une psycho-genèse des maux sociaux et des révolutions (le point le plus perspicace, dans cette analyse sociologique, se trouve dans la critique pour Volney, dans le *voyage* de la thèse de Montesquieu de l'influence déterminante des climats sur les tempéraments nationaux).

Est-ce à dire que Volney, qui contribue ainsi, avec d'autres, à promouvoir le récit de l'histoire au 18ème siècle, en reconnaisse sans réticences toute l'importance politique et "scientifique" ? On est stupéfait de lire, dans la 4ème séance des *Leçons d'Histoire* à l'Ecole normale - au lieu même où il explique magistralement *l'utilité politique et sociale* de l'histoire - un recul non seulement pédagogique, mais incontestablement politique devant l'enseignement de l'histoire au peuple :

Révolutions sur la Scène de l'Histoire
selon Volney

Si la majeure partie des enfants des Ecoles primaires est destinée à la pratique des arts et métiers, qui absorberont tout leur temps pour fournir à leur subsistance, pourquoi leur donner des notions qu'ils ne pourront cultiver, qu'il leur sera indispensable d'oublier, et qui ne leur laisseront qu'une prétention de faux savoir, pire que l'ignorance ?... (138)

Notes.

(1) *Les Ruines* ne figurant chez aucun éditeur classique français, nous citons le texte d'après sa réédition dans la collection *Ressources*, Slatkine, Genève, 1979, qui reproduit la pagination, la Notice et les notes de l'édition Bossange de 1822.

(2) L'annonce de bouleversements, de *catastrophes terribles* mais bénéfiques par leurs effets est un procédé fréquent de Volney : par exemple dans le chapitre XII, leçon de politique étrangère contemporaine (p.75), en marge des *Considérations sur la guerre des Turcs et des Russes* que l'auteur avait publiées en février 1788 :

> *L'arrêt en est porté ; le jour approche où ce colosse de puissance, brisé, s'écroulera sous sa propre masse ; oui, j'en jure par les ruines de tant d'empires détruits, l'empire du Croissant subira le sort des états dont il a imité le régime.*

(= les Théocraties - sauf indication contraire, les passages soulignés le sont par nous). ch.XIV, p.92 : *Eh bien, anticipons le temps à venir ; dévoilons à la vertu le siècle étonnant près de naître, afin qu'à la vue du but qu'elle désire, ranimée d'une nouvelle ardeur, elle redouble l'effort qui doit l'y porter ;*

p.85, ch.XIII :

> *Déjà les présages de cet avenir se déclarent ...*

Aux p.83-85 de ce chapitre sur la perfectibilité humaine à l'époque moderne, nous n'avons pas recensé moins de 31 verbes au futur sur une soixantanne de formes verbales.

(3) ch.III, p.12-13 ; ch.IV, p.19.

(4) J. Deprun a montré dans *La philosophie de l'inquiétude en France au XVIII° siècle*, Vrin, 1979, comment l'art des jardins lui-même participe de certaines mutations du goût : *le jardin à la française "ennuie"*, on préfère *Kent à Le Nôtre*; *les jardiniers-moralistes* tendent à opposer à la géométrie du premier le sinueux, l'imprécision des limites, certaines surprises, le macabre propres au jardin anglo-chinois, c'est-à-dire la perception de la diversité, le sens du temps, l'inquiétude de l'avenir (ch.III, *La métaphysique des jardins*, p.48-49).
Diderot goûtait *la poétique des ruines* d'Hubert Robert ; le texte suivant des *Salons* est troublant pour le lecteur de Volney :

> *Nous attachons nos regards sur les débris d'un arc de triomphe, d'un portique, d'une pyramide, d'un temple, d'un palais et nous revenons sur nous-mêmes. Nous anticipons sur les ravages du temps, et notre imagination disperse sur la terre les édifices mêmes que nous habitons (...) Nous restons seuls de toute une nation qui n'est plus ; et voilà la première ligne de la poétique des ruines.* (Oeuvres esthétiques, Garnier, édition P. Vernière, p.641).

C'est la métaphore initiale de l'ouvrage de Volney ; mais l'esthétique du sentiment tend à revenir vers le moi et ne se déploie pas en une méditation historique. *La poétique des ruines* dont participe l'ouvrage de Volney introduit dans l'espace des paysages une dimension supplémentaire, symbolique, de temps et d'histoire, qui est également une forme du macabre.

(5) Hegel ; *Principes de la philosophie du Droit*, Vrin, traduction R. Derathé, Préface, p.59 (Hegel connaissait *Les Ruines* de Volney ; cf. G. Besse, *XVIII° Siècle*, Garnier, 1970, p.132).

(6) Avant la publication des *Ruines* ont déjà eu lieu : en mai-juin 1789, la Convocation des Etats généraux à Versailles par "ordres" séparés ; la séance historique du Jeu de paume du 20 juin 1789 et la constitution de l'Assemblée du Tiers Etat en Assemblée Nationale et Constituante ; la grande peur des privilégiés et la nuit du 4 août 1789 - pour ne retenir que les évènements dans lesquels Volney, député du Tiers Etat de l'Anjou, a été personnellement engagé et qui se trouvent dramatisés dans l'ouvrage ; d'autre part, la prise de la Bastille par le peuple le 14 juillet 1789 ; les tergiversations du Roi vis à vis des décrets promulgués par l'Assemblée, et le soutien public (et secret) que Sièyès et Mirabeau apportent au veto royal, propre à leurs yeux à permettre de contrebalancer les excès du mouvement populaire (Volney a été lié à Mirabeau mais il est en désaccord avec plusieurs de ses positions) ; en juin 1791, la fuite du Roi son arrestation à Varennes, après la mort de Mirabeau en avril 1791 et le discrédit de la réputation du tribun ; la révision de la Constitution, et la fin des travaux de l'Assemblée Constituante en septembre 1791... Sur tous ces faits, on consultera avec intérêt les travaux de J. Gaulmier, qui a contribué à éclairer plusieurs aspects peu connus de la biographie de Volney et à rendre plus sympathique sa figure, très dénigrée sous l'Empire et la Restauration, par les adversaires des "philosophes" et de la Révolution : cf. J. Gaulmier : *L'Idéologue Volney*, ...Beyrouth, 1951 et : *Un*

grand témoin de la Révolution et de l'Empire, Volney, Hachette, 1959, ch.VI, *Député des communes d'Anjou*, p.88-111. - De quel lieu politique Volney observe-t-il la scène française à l'époque des *Ruines* ? Qu'en retient-il ? Comment stylise-t-il et met-il en scène les épisodes paradigmatiques qu'il "choisit" dans le cours impétueux de la Révolution ? Telles sont les questions à résoudre : en premiere approximation, on peut remarquer qu'il tend à valoriser davantage les scènes législatives et constituantes que les "journées" populaires, encore que le *peuple innombrable*, qu'on voit *s'agiter et se répandre à flots dans les rues et les places publiques* (ch. XV, p.39), ne cesse d'être présent. Plusieurs scènes semblent solidaires des *illusions conciliatrices* qui tentèrent d'accorder, lors de la Fête de la Fédération du 14 juillet 1790, la Nation, la Loi, le Roi ; mais la *conspiration des tyrans* est évoquée avec précision.

(7) Texte de Gabriel Bonnot de Mably, extrait de *Comment écrire l'histoire*, publié sous le titre : *L'historien, le romancier, le poète* in : *Poétique*, n°49, fév.1982. - Quand Volney avait présenté l'objet de son *Voyage en Egypte et en Syrie* en 1787, il avait écrit :

> *Dans ma relation, j'ai tâché de conserver l'esprit que j'ai porté dans l'examen des faits ; c'est-à-dire un amour impartial de la vérité. Je me suis interdit tout tableau d'imagination, quoique je n'ignore pas les avantages de l'illusion auprès de la plupart des lecteurs ; mais j'ai pensé que le genre des voyages appartenait à l'histoire et non au roman.* (*Voyage en Egypte et en Syrie*, Préface, p.23, éd.J. Gaulmier; Mouton) :

c'est l'expression même de Mably ; mais dans la mise en scène des *Ruines*, il n'a plus à suivre sa déclaration du *Voyage* : il ne s'agit plus, ici, d'établir des "faits" ; il assume les risques de l'introduction d'un certain type de roman dans l'histoire, et utilise pleinement les procédés de la "harangue", réglementés par Mably.

(8) Cf. la liste qu'il dresse des besoins naturels qui se trouvaient satisfaits dans *la prospérité des anciens Etats*, ch.X, p.43-46 : manière de rapporter au passé l'avenir politique désiré, qui, au moment de la publication des *Ruines*, a commencé d'entrer dans le présent.

(9) Ch.II, p.11 :

> *Ce nom d'une terre natale réveilla en moi le sentiment de la patrie (...) Je me plaisais à retrouver*, etc. Infra : *A ces mots mes yeux se remplirent de larmes* ...etc

Bonheur de retrouver un haut niveau de développement matériel ; douleur liée à l'anticipation des "révolutions" inévitables.

(10) *Voyage en Egypte et en Syrie* : cf. le titre du ch.XVIII sur l'état politique de la Syrie : *Des arts, des sciences, de l'ignorance* : p.393 (éd. J. Gaulmier, Mouton) :

> *Ces deux nations n'ont présentement ni géomètres, ni astronomes ni musiciens, ni médecins ; à peine y trouve-t-on un homme qui sache saigner avec la flamme*...

De tels effets dépendent de la nature de la législation et de la religion, non du climat.

(11) Cf. les extraits de *La Sentinelle du peuple* in J. Gaulmier, *Un grand témoin de la Révolution et de l'Empire*..., ch.V, p.65-79. L'expression

trop hégélienne de "renversement" dont nous usons désigne, dans le texte de Volney, un passage dont l'esprit se retrouve dans l'apologue des abeilles laborieuses (les professions utiles) et les frelons (les groupes privilégiés et improductifs, vivant aux dépends des premières) chez Saint-Simon. (cf. aussi *Les Ruines*, ch.XV, p.94).

(12) Selon J. Gaulmier, il n'est pas impossible que Volney ait été chargé d'une mission officieuse d'information concernant l'état de l'Empire ottoman, cf. *L'Idéologue Volney*, p.43-63. Il ne faut pas oublier, qu'à l'issue de la Guerre des Sept ans (1756-1763), le Traité de Paris avait sanctionné l'enlèvement à la France du Québec et des possessions indiennes : la politique étrangère française visait donc à une reconstitution de l'Empire colonial, dans d'autres contrées ; l'Empire ottoman, officiellement allié de la France, avait été très affaibli par la guerre avec la Russie.

(13) Oeuvres de J.J. Rousseau ; La Pléiade, III, p.213 -214.

(14) Sur la signification de la géo-anthropologie de Volney, cf. surtout l'étude exhaustive de Sergio Moravia, *Philosophie et anthropologie à la fin du 18° siècle*, in Studies on Voltaire and the eighteenth century, Genève, 1967, repris en 140 p. dans la somme : *Il pensiero degli Ideologues*, Firenze, La nuova Italia, 1974 ; et G. Gusdorf : *L'Anthropologie culturelle* (Section III, ch.III, p.477-539) de *La Conscience révolutionnaire, les Idéologues*, tome VIII des *Sciences humaines et la pensée occidentale* (1978).

(15) *Les Ruines*, ch.XXII, p.198 :
Ce système spirituel et mystique acquit

d'autant plus de crédit que... le faible opprimé y trouva l'espoir d'une indemnité, la consolation d'une vengeance future...

(16) Ch.II, p.11 :
Ses campagnes si richement cultivées, ses routes si somptueusement tracées...
etc.

(17) Cf. ce qui est dit dans *le Voyage*, Etat politique de la Syrie, ch.XIX, p.407-408, de la profonde opposition entre l'orient et la France, pour ce qui concerne *la communication des deux sexes*, et par suite *l'enjouement et la gaieté*, de toute la vie sociale.

(18) *Les Ruines*, ch. XV, p.96 et ch.XVI, p.100-101.

(19) *Ididen*, ch. XVI, p.101.

(20) G. Benrekassa a dirigé en 1983 à l'Université de Paris VII un Séminaire de recherche sur le thème "l'écriture de l'évènement révolutionnaire".

(21) Volney : *La loi naturelle*, *Leçons d'histoire* (pour ce qui concerne ces dernières, il s'agit des leçons enseignées par V. à l'Ecole normale créée par la Convention, à partir d'octobre 1794); le titre doit s'entendre = leçons sur la nature de la connaissance historique, les divers genre d'histoire, l'*utilité morale et sociale* de l'histoire : éd. J. Gaulmier, *Les Classiques de la Politique*, Garnier (1980), (3ème séance, p.95-96).

(22) *Les Ruines*, ch.I, p.3.

(23) Ch.II, p.11 :
Ce nom d'une terre natale éveilla en moi

Révolutions sur la Scène de l'Histoire selon Volney

*le sentiment de la patrie (...) j'arrêtais toutes mes pensées sur la situation où je l'avaix quittée...*etc.

(24) L'étrangeté : la voix du Fantôme désigné comme *génie des tombeaux et des ruines* (p.19) ; la grandeur : l'objet d'une réflexion sur *la ruine des ouvrages des hommes* (p.7).

(25) Ch.II, p.11.

(26) Invocation, p.1-2 :

C'est vous qui, lorsque la terre entière asservie, se taisait devant les tyrans, proclamiez déjà les vérités qu'ils détestent, et qui, confondant la dépouille des rois avec celle du dernier esclave, attestiez le saint dogme de l'EGALITE (p.1) :

ce serait une prosopopée si c'étaient les Ruines elles-mêmes qui tenaient ce discours, mais c'est l'auteur lui-même qui a su *consulter* leurs *utiles leçons* ; quant au thème de l'égalisation des conditions dans la mort, c'est un motif de l'éloquence sacrée, qui permettait d'"humilier" l'orgueil des grands (Bossuet) ; ici, c'est l'idée de la fatalité de la destruction des édifices civils qui est sensée "enseigner" l'absurdité de l'inégalité excessive de rang, et l'égalité naturelle des hommes. Qui ne voit que cette fatalité "catastrophique" pourrait tout autant conduire à se résigner à l'inégalité politique ?...

(27) Ch.I, p.3.

(28) *Le bonheur est un état accidentel qui n'a lieu que dans le développement des facultés de l'homme et du système social*, (*La loi naturelle*, éd. J. Gaulmier,

III, p.45 ; le prétendu bonheur des Sauvages n'est qu'un mythe misanthropique et antisocial ; la "politique" est la science et l'art de la réalisation du bonheur des hommes en société, par la satisfaction de leurs besoins physiques et le développement de leurs facultés :

> *Il est temps de prouver aux hommes que les mobiles de leur perfectionnement se tirent de leur organisation même, de l'intérêt de leurs passions, et de tout ce qui compose leur existence.*

(id.*La loi naturelle*, Avertissement, p.40). La propriété économique individuelle, fondée sur l'individualité physique et l'indépendance, est présentée comme l'un de ces besoins "naturels" que l'état social doit satisfaire. (*Les Ruines*, ch.X, p.43-46).

(29) Ch.III, p.12 etc. Les "fictions" présentes dans les plaintes du narrateur concernant la destruction universelle des Etats sont : le hasard, *une aveugle fatalité*, *les décrets d'une justice céleste* (fin. ch.II, p.12 : il s'agit en somme de modes de narration erronés, vulgaires ou savants, des véritables mécanismes de la nécessité historique.

(30) Ch.I, p.6.

(31) Ch.I, p.4.

(32) Ch.II, p.6-7 ; le narrateur fera un tableau particulièrement élogieux de la prospérité, de la justice et de vertus de l'empire ottoman ancien, fin ch.XII, p.69-70 ; c'est une manière de représenter un état ancien, antérieur à l'adoption de la religion révélée islamique, qui satisfait les besoins de ses membres.

*Révolutions sur la Scène de l'Histoire
selon Volney*

(33) Ch.II, p.9 ; dans ce même sens, ch. IV, p.25 :

> *Lieux témoins de la vie de l'homme en tant de divers âges, retracez-moi les révolutions de sa fortune.*

(34) Ch.II, p.9 : ce jugement permet l'ironie : à quoi a servi à ces nations d'être *les peuples élus du Ciel* (p.10) ? et prépare le lecteur à comprendre pourquoi la critique des imaginations religieuses est partie intégrante de la réflexion sur les révolutions des Etats.

(35) Ch.II, fin de la p.10 - J. Gaulmier dit que Volney n'a pas visité le site de "Palmyre", qui n'est donc qu'un nom prestigieux symbolique des phases d'apogée et de déclin des civilisations.

(36) Nous ne voudrions pas ouvrir un problème stylistique qui est hors de notre compétence, mais nous sommes étonnés de lire dans une Histoire de la philosophie très connue (E. Bréhier, tome II, La philosophie moderne, 3, *Le XIXème siècle, période des systèmes (1800-1850)*(p.610) :

> *Il n'y a pas de grands penseurs parmi les Idéologues ; ce sont de médiocres écrivains, usant de ce style terne et parfois emphatique qui n'a pas été touché du souffle romantique et conserve les plus mauvaises traditions du XVIIème siècle finissant* :

on peut juger à la lecture effective des *Ruines* du bien fondé d'une telle appréciation, qui doit reproduire une opinion courante après Chateaubriand qui n'écrira pas de façon très différente...

(37) Fin Ch.II, p.12.

(38) Ch.II, p.13 : Le génie, qui se réfère *au cri de la raison, au tribunal d'un sain entendement,*

interpelle :

Jusques à quand l'homme importunera-t-il les Cieux d'une injuste plainte ?

(39) Fin ch.II, p.12.

(40) Ch.XV, p.93, *Le Siècle nouveau* (la construction bien que forte et subtile dans le détail, n'est pas entièrement cohérente : en effet, le Génie qui avait paru disparaître au ch.XV, p.93, avec l'irruption d'un *peuple innombrable*, reparaît fugitivement p.116, mais l'initiative du discours est définitivement passée au Législateur).

(41) Ch.XVI, p.100.

(42) Ch.XVII, p.104.

(43) Le rôle de la violence populaire dans les "journées" est assez peu indiqué ; les actes symboliques de délégation du pouvoir ou d'arbitrage juridique et métaphysique tendent à occuper toute la scène : "ré-écriture" de l'évènement.

(44) Fin ch.XIX, p.115.

(45) Notation spatiale : un *amphitéâtre immense, un spacieux demi-cercle*, p. ex. ch.XX, p.116 : on peut d'ailleurs se demander si le tribunal pour l'examen érudit et "historique" des contradictions religieuses et l'espace législatif sont un seul et même lieu ? - Objets emblématiques : ch.XVII, p.105 : la balance d'or, l'épée, le Livre de *la Loi égale*. - De nombreuses notations sonores, p. ex. Ch. XV, p.93, *Le Siècle nouveau* : ...*un mouvement prodigieux, des cris poussés jusques aux Cieux*... La 4° Séance des *Leçons d'histoire* de 1794 comporte un long développement sur l'utilité d'une architecture civile propre à accueil-

lir de vastes Assemblées et sur l'acoustique (nous savons par ailleurs que l'orateur Volney avait une voix fort insuffisante) (4° séance, p.110-111).

(46) *Tout égare mon jugement et jette mon coeur dans le trouble et l'incertitude* (p.9), *il me sembla voir* (p.13) : ces expressions rapportent clairement les perceptions concernant le Génie aux affections et états d'un individu, et pas à la réalité de l'objet. Ce serait un étrange rationalisme que celui qui ne voudrait pas connaître des affections et des rêves des hommes... Dans la théorie de la religion de Dupuis, Volney trouve un essai d'explication du processus par lequel l'homme substitue un monde "fantastique" au véritable et se constitue des *êtres d'opinion, pour l'épouvantail de son esprit*. (Ch.XXII, p.170).

(47) Ch.IV, p.21.

(48) Ch.XII, p.59.

(49) C'est au fond, sans le mot, la notion de "l'histoire universelle", mais rattachée à des déterminations matérielles : dans la 4° Séance de ses *Leçons d'histoire*, Volney sera plus sévère pour l'ambition excessive de tels "tableaux" : *La loi naturelle et les Leçons d'Histoire*, p.113 :

> *L'Histoire, prise dans son universalité, est un immense recueil d'expériences morales et sociales que le genre humain fait involontairement et très dispendieusement sur lui-même (...) Il n'est pas besoin de faire sentir l'utilité d'un pareil travail. Malheureusement, il est soumis à beaucoup de difficultés (...), dans l'histoire, ce ne sont pas*

tant les faits majeurs et marquants qui sont instructifs que les faits accessoires et les circonstances : autocritique des *Ruines* ?...

(50) Le ch.XVII, p.105 précise *des millions d'hommes.*

(51) On peut s'inquiéter de la cohérence de la 4ème partie de l'ouvrage, consacrée à la critique des "idées" religieuses (ch.XX à XXIV), par rapport à l'objet des *Ruines*... Le problème des imaginations, "superstitions" religieuses (des *créations fantastiques de l'entendement*, p.164) n'est pas en lui-même politique, il est gnoséologique et métaphysique. Volney, comme Dupuis, est tiraillé entre l'hypothèse physicaliste (ch.XXII, I) et l'hypothèse politique sur l'origine des religions révélées :

> *La religion égarée d'objet ne fut plus qu'un moyen politique de conduire un vulgaire crédule.* (P.209).

Il essaie de les relier, soit au moyen de la notion de "puissance", qui désigne à la fois des agents physiques supérieurs et le sentiment d'un assujettissement humain (p.169) ; soit en notant que, si l'origine des "idées" religieuses est psychologique, autant que physique, elle est politique par les moyens de sa propagation et par ses effets : les discordes civiles en matière de croyances (ch.XXIII, p.222-223).
Si nous avions à formuler une critique sur ce point, nous dirions : si *les Ruines* sont une narration sur la genèse des destructions historiques, l'auteur aurait dû retenir surtout la généalogie politique des religions, comme formes de l'hétéronomie civile (cf.p. ex,ch.XXIII, p.234), et suivre de moins près la "filiation" des idées de la divinité selon Dupuis. D'ailleurs, si ces notions sont d'origine physique, on devrait les

reconnaître comme universelles et nécessaires (cf. ch.V, p.27). Mais si on les considérait exclusivement comme une dimension des faits politiques et sociaux, il faudrait également leur reconnaître le titre de "faits" à part entière, peut-être liés à la nature des rapports politiques, et on ne pourrait plus les "critiquer" comme *délire de la superstition* et du *fanatisme* (p.ex, p.91). Enfin, il semble que ce discours, qui approuve la déchristianisation révolutionnaire, transfère la violence, peu analysée au niveau politique, au phénomène religieux lui-même.

(52) Non pas à l'intérieur du genre de la narration tel qu'il existe au XVIIIème siècle, car, cette époque, et même plus tard, chez Michelet, le genre n'en est pas un, il n'est pas codifié ; il se cherche, comme nous pouvons l'apercevoir ici entre : récit, réflexion morale et philosophique et politique. La narration des *Ruines* ne peut donc choquer que notre préjugé d'une histoire définitivement séparée des humanités, que notre attente d'une narration historique objective, alignée sur tels modèles, postérieurs, d'histoire "positiviste"...

(53) Hegel, *Principes de la philosophie du Droit*, Préface, Vrin, p.57.

(54) Ch. XV, p.93 : métaphore sonore ; noter le retour à un récit en première personne pour présenter l'entrée en scène du Peuple.

(55) Ch. XV, p.94 :

> *Le grand corps était composé de laboureurs, d'artisans, de toutes les professions laborieuses utiles à la société (...), le petit groupe... des ministres du culte, gens de finance, d'armoirie,*

des chefs militaires et autres salariés du gouvernement.

(56) Amabilité dont use Damiron, plus tard, pour désigner le rôle des Idéologues par rapport au pouvoir politique lors du Directoire (Picavet, Les Idéologues, p.397).

(57) Ch. XV, p.99 :

Nous voulons vivre sans oppresseurs ; nous n'abuserons pas de notre force, nous ne voulons que nos droits :

écriture de l'évènement par des juristes.

(58) Sur le mode de l'inquiétude, de l'effroi, de la colère (p.ex. contre l'absurdité des guerres "idéologiques" : ch.XII, p.63), de l'enthousiasme (p.ex, lors de l'abandon des privilèges, ch.XVII, p.104-105) etc. Le mouvement général de la réflexion volnéienne à partir d'un mouvement passionnel est bien exprimé par la formule (à propos de la guerre russo-turque) :

Frappé de ce tableau contrastant des mêmes passions et m'affligeant de leurs suites funestes, je méditai... p.63.

(59) Le Peuple fait sien ce discours de la délégation de la volonté générale :

Occupés chacun de nos travaux, nous ne pouvons vaquer à de telles études ni exercer nous-mêmes de telles fonctions.

ch.XVI,p.100). Le discours de la démocratie directe n'est point exprimé.

(60) Ainsi le narrateur "investit"-il dans le discours des gens compétents en matière législative (ch. XVII), dans le discours de *l'orateur des hommes simples*, qui ne croient qu'à une religion naturelle (p.162, p.224-225, p.241). En général, les

sentiments sont d'autant plus positifs qu'ils visent des actions d'arbitrage juridique.

(61) Discours des instances symboliques ; p. ex.

De nouvelles révolutions vont agiter les peuples et les empires(*Le Génie*, fin ch.XI, p.58), ou au nom d'un *nous*, dans la bouche du Législateur :

Aujourd'hui nous voulons, de dessein réfléchi, former un contrat régulier (ch.XVI, p.101-) ces énoncés sont suivis de la formule : *ainsi parla*, p. e , *le Législateur*. (P.109).

Enoncés décrivant en 3° personne, soit des faits : ex. ch.XII, p.61 (à propos de la guerre russo-turque) :

Et un mouvement général de guerre s'établit dans les deux empires ;

ou mettant en scène des actes législatifs paradigmatiques ; ch.XVI, p.101 :

Et ce peuple éleva un trône immense en forme de pyramide.

Enoncés en 1° personne, traduisant la participation émotionnelle du narrateur à l'action en cours : p. ex. début ch.XVI, p.99 :

Alors considérant (après une espèce de prise de la Bastille sans violence : note du commentateur) *que toute puissance publique était suspendue, je fus saisi d'effroi*...

L'exemple est intéressant parce qu'il montre que les émotions du moi investissent des questions d'utilité générale ou des débats théoriques, pas seulement des sensations privées.

(62) R. Barthes, *Le discours de l'histoire*, in *Poétique*, n°49, p.15.

(63) Que le discours soit de l'ordre du "montage", le

Discours sur l'origine et les fondements de l'inégalité parmi les hommes, de Rousseau, en propose un "démontage idéologique" très remarquable : le discours du riche aux pauvres :

> *Unissons-nous, leur dit-il, pour garantir de l'oppression les faibles...* (*le projet le plus réfléchi qui soit entré dans l'esprit humain.*) Pleiade, III, p.176-177.

Il n'est pas possible que Volney ait ignoré ce texte ; le sien propre, pour ce problème de la désignation de l'autorité publique, ne fait aucune allusion au soupçon de R. sur l'innocence et la valeur du discours :

> *Unissons-nous : Aujourd'hui, nous voulons, de dessein réfléchi, former un contrat régulier* (ch.XVI, p.101) :

le texte de Volney est une contre-écriture, plébéienne mais plus "propriétaire", du discours rousseauiste - interprétation favorable à la démocratie représentative et au parlemantarisme, alors que R. soutenait que la volonté générale *ne se représente pas*.

(64) Il faudrait déterminer avec précision le point de vue de Volney, sur la scène révolutionnaire et dans son texte. Il ne semble pas possible d'annexer Volney à l'idéologie de la Gironde : J. Gaulmier a procuré des faits qui permettent de reconsidérer la légende intéressée, diffusée par Bossange - au prix d'un truquage sur la date de certains textes de Volney - de l'opposition farouche de ce dernier à la Convention (ici nous sortons de l'époque des *Ruines*) (*Un grand témoin* ch. IX, p.145-146).

(65) *Les Ruines*, ch. XVIII, p.108 :

> *Aidez-nous, dans ce labyrinthe (...), dans le choc de tant d'opinions qui se*

disputent notre croyance à démêler le caractère propre et distinctif de la vérité...

(66) Cela ne veut pas dire que le livre ait eu l'action à laquelle il visait, dans la période où Volney l'a publié (fin 1791) : en fait il semble qu'il ait influencé surtout la génération 1820-1830...

(67) Les ch. V à VII sont une espèce de traité de droit naturel et civil présentant, dans l'esprit de d'Holbach la condition physique et "métaphysique" de l'homme ; les ressorts physiques de ses facultés, de ses talents et de son bonheur ; les principes de la sociabilité (utilité commune et sentiments) ; les ch. VIII à XI : traité de Droit politique et Histoire : analyse des principes des gouvernements , sources de la prospérité ou des maux des sociétés, et donc dans ce cas des révolutions ; ch. XII : vérification pratique des principes ci-dessus indiqués sur un cas de politique étrangère contemporaine : c'est le despotisme qui nourrit dans son sein les révolutions et les guerres ; ch.XIII-XIV : la perfectibilité humaine, la possibilité pour l'Homme d'échapper à la logique des révolutions.

(68) Nous avons supposé connues les divisions de l'ouvrage : sommairement, 1) L'Invocation et les ch.I à IV : la rêverie sombre du voyageur sur l'avenir des civilisations européennes, provoquant la méditation sur l'histoire. 2) ch.V à XI,XII et XIII-XIV (cf. note 68 ci-dessus). 3) une représentation et mise en scène d'épisodes majeurs, surtout législatifs de la Révolution Française : on peut apercevoir deux contrastes : ch.XI : représentation réaliste de la guerre russo-turque et des effets du despotisme / ch.XV

-XX : représentation idéale des épisodes législatifs de la Révolution française ; ch.XIII-XIV/ ch.XV : la Révolution française couronne le mouvement de la perfectibilité des sociétés, presque sans violence -. 4) ch.XX-XXIV : tableau des contradictions religieuses, des dissensions qu'elles engendrent ; recherche d'un arbitrage rationnel et séparation entre objets sensibles et naturels, sur lesquels les hommes peuvent s'accorder, et *êtres mystiques et surnaturels* sur lesquels les croyances divergent, et inconnaissables (cette dernière partie d'après Dupuis).

(69) Empires = groupes de nations, la Turquie, l'Europe ? ou les royaumes ? ou façon de traiter de problèmes nationaux brûlants dans des décors étrangers ? Même remarque pour anciens états...

(70) ch.IV, p.20 :

> *...Par quels mobiles s'élèvent et s'abaissent les empires ; de quelles causes naissent la prospérité et les malheurs des nations ; sur quels principes enfin doivent s'établir la paix des sociétés et le bonheur des hommes.*

(71) J. Gaulmier cite un mot de Volney en 1814 sur Bossuet :

> *Il y a de ma part combat à outrance contre les compilateurs depuis deux cents ans. Si j'ai raison, ils iront tous chez l'épicier, y compris le roman juif de Bossuet tant prôné* ; il

remarque très justement :

> *Les Ruines c'est un Discours sur l'histoire universelle laïc. Volney comme Bossuet cherche dans l'histoire du monde la révélation d'une vérité : Bossuet y aperçoit une suite de théophanies,*

Révolutions sur la Scène de l'Histoire selon Volney

Volney une affirmation de l'effort humain, Un grand témoin, ch.VII, 123.

(72) Chez Volney, c'est le contraire : la théorie des révolutions renforce le prix d'une Politique capable d'établir une société stable et juste ; le Politique est la gloire et l'orgueil de l'humanité (cf. la figure du Législateur).

(73) Sur la position du Second Discours par rapport à la tradition du Droit naturel, et par rapport à l'histoire - et sur la solidarité de la méditation rousseauiste avec un raisonnement "hypothétique et conditionnel" - nous renvoyons à l'ouvrage exhaustif de V. Goldschmidt, *Anthropologie et politique*, Les principes du système de Rousseau, par ex. p.117-118. La formule fondamentale définissant l'état de nature *comme un état qui n'existe plus* etc. se trouve, dans les Oeuvres complètes de Rousseau, Pleiade, t.III, Préface, p.123-125.

(74) Cf. supra notre note 69 ; ch.XI, p.51, l'auteur décrit un mécanisme de réunion de cités en provinces, de provinces en royaumes, de royaumes en Empires, soit par agglomération soit par conquête ; il n'enferme pas l'histoire dans des limites nationales étroites, mais c'est parce qu'il veut embrasser toute la "scène" de l'histoire connue.

(75) *Les Ruines*, ch.II, p.9 ; fin ch.X, p.58.

(76) Ch.XIV, p.88 :

> *Plus je médite sur la nature de l'homme, plus j'examine l'état des sociétés...en aucun lieu je n'aperçois le germe ou ne pressens le mobile d'une heureuse révolution.*

Funestes révolutions = des révolutions causées

par des vicissitudes non-maîtrisées de l'état social ; heureuse révolution = celle qui représenterait une re-fondation de l'état civil sur des principes naturels et universels, établie sur la sagesse du Peuple libre et législateur et la délégation de son pouvoir à des gens compétents : ch.XVI.

(77) Ch.XII, p.74 :

> *Ah, en voyant la cruauté et l'orgueil des puissants j'ai été transporté d'indignation et j'ai dit dans ma colère. Eh quoi, il ne s'élèvera pas sur la terre, des hommes qui vengent les peuples et punissent les tyrans... O peuples avilis, connaissez vos droits.*

(c'est le Génie qui parle).

(78) Fin ch.II, p.12.

(79) Ch. de politique extérieure : ch. XII ; de poli- intérieure, et ch.XI et XII, p.70 et suivantes dans un décor ottoman.

(80) *Leçons d'histoire* éd. J. Gaulmier, 6° Séance, p.130.

(81) *Les Ruines*, ch.IV, p.25 ; *une grande secousse*, ch.XVII, p.104.

(82) Fin ch.XII, p.76.

(83) Ch.XIV, p.91-92 :

> *Pour dissoudre des entraves si fatales, il faudrait un concours inouï d'heureuses circonstances ; il faudrait qu'une nation entière, guérie du délire de la superstition, fut inacessible aux impulsions du fanatisme... Qu'un peuple*

s'imposât lui-même (le joug) de la vraie morale et de la raison. ;
on voit ainsi comment la critique de la religion est impliquée dans l'apparition d'une révolution "positive" ; mais si le peuple doit être éclairé et moralisé avant de pouvoir se libérer, ces deux exigences rendent cette révolution encore plus improbable.

(84) On remarque que dans sa narration symbolique des grandes journées révolutionnaires de 1789-1790, au ch.XV, l'auteur supprime toute allusion à la violence populaire, à deux exceptions près, notables, il est vrai : l'emploi du mot *sédition*, une seule fois (p.97) et la mention du refus des soldats de se tourner contre le peuple, dont ils font partie ; la violence semble confinée dans le despotisme de l'Empire ottoman ; la guerre russo-turque dans l'antagonisme des religions révélées sur la scène religieuse . Le Peuple doit incarner une force tranquille et morale :
Si nous sommes éclairés, nous n'abuserons pas de notre force ; nous ne voulons que nos droits (p.99) :
mais comment le Peuple pourrait-il se trouver *éclairé* avant de se libérer, dans l'oppression et l'ignorance auxquelles il se trouve soumis ?...

(85) Ch.XII, p.68-69 :
Voilà par quels principes sont jugés les peuples, voilà la vraie religion qui régit le sort des empires :
le problème politique est donc, sous cet aspect, un problème "idéologique" (qualificatif jamais utilisé par Volney) en tant qu'il requiert une réflexion sur les principes des systèmes de Législation ; sur la violation de tout principe "naturel" d'égalité, de liberté, de sécurité sous le despotisme oriental, cf. ch.XII, p.70 s;

(86) Nous avons emprunté le terme d'"explication intra-historique" au remarquable ouvrage de J. Deprun sur *La Philosophie de l'inquiétude en France au VIIIème siècle*, Vrin, 1979 : au ch.VIII, l'auteur étudie le récit (et les récits) de l'histoire au 18°s. pour l'importance, et les significations diverses qu'ils prêtent à la qualification de l'inquiétude comme mobile des actions des hommes.

A certains égards, la question de l'inquiétude et la *théorie des révolutions* ont partie liée : car d'une part les révolutions désignent un défaut de stabilité et un bougé des choses historiques ; d'autre part certains penseurs rapportent la périodicité des révolutions à l'inquiétude éternelle des hommes, à leurs passions (selon J. Deprun, de telles vues ramènent toujours plus ou moins à l'*inquiétum cor nostrum* augustinien et malebranchiste.)

Le prétendu principe dernier d'explication des désordres sociaux (l'inquiétude) peut lui-même être expliqué à partir de divers types de faits, physiologiques, politiques etc. De même, il serait imprudent de constituer la notion de révolution en principe dernier d'explication des choses historiques : Volney ne procède pas ainsi puisqu'il entend par révolution un certain effet - la stabilité et l'ordre des sociétés étant un autre effet - que la réflexion historique s'efforce de rattacher à leurs "principes" immanents.

L'opposition entre des types d'explication procédant à partir de principes extra-historiques (les décrets de la Providence chez Bossuet ; la Raison logique absolue chez Hegel : mais le cas est beaucoup plus compliqué) et explications intra-historiques, nous paraît très utile ; de même que la distinction, à l'intérieur de ces dernières entre : physio-genèse (p.ex. la théorie des climats selon Montesquieu) psycho-genèse (p. ex. l'explication platonicienne des régimes politiques par les traits d'un certain type d'"âme" ?), socio-genèse (p.ex. la liaison chez Rousseau, Mably etc, entre l'inégalité des richesses et les luttes sociales). Un point obscur et difficile cependant : une psycho-genèse des révolutions (Platon, Volney) est-elle nécessairement une explication extra-historique ? (ouvrage cité p.114-120).

(87) Au ch.XI sont étudiés un certain nombre d'effets qui manifestement qualifient ce que nous nommons la société d'Ancien Régime en France (après un exposé de la succession des régimes politiques, p.48-50) p.51-55 : détournement des richesses pour les dépenses des Cours ; des pouvoirs ; privation de personnalité imposée aux peuples ; concentration des terres et des richesses entre quelques mains ; privilèges ; utilisation politique de l'ignorance et des superstitions...; au ch.XII il reprend un tableau semblable mais dans le cas, historique cette fois et non pas théorique, comme dans le ch. précédent, du despotisme et de la tyrannie dans l'empire ottoman (si ces textes ont été rédigés avant 1789, en marge des Considérations sur la guerre russo-turque, on peut comprendre l'utilité du costume ottoman, p.70-76) p.70 :

> *Tous les vices du pouvoir arbitraire se sont développés...*

En ce qui concerne la politique extérieure des Etats, l'auteur note le rapport existant entre despotisme à l'intérieur et bellicisme nationaliste à l'extérieur (ch.X, p.52) : il n'est pas analysé ; l'analyse sociologique "dévie" vers la critique de la responsabilité "idéologique" des religions révélées dans les guerres entre Etats (p.61, les prêtres musulmans et orthodoxes s'écrient : *Armons-nous, courons aux combats pour venger la gloire de Dieu et notre propre cause.*

(88) Ch.XII, p.75 :

L'arrêt en est rendu, le jour approche

etc.

(89) Ch.XI, p.47.

(90) Au ch.XIII, p.79-81, la critique de la misanthropie et de *la prétendue perfection rétrograde*, rousseauiste prélude à l'affirmation de la perfectibilité de l'homme dans ses acquisitions sociales, appuyée sur un tableau des progrès déjà intervenus des arts, des sciences et de la communication des lumières (l'imprimerie) en Europe durant *les trois derniers siècles*.

(91) Ch.V, p.28.

(92) CH.V, p.26.

(93) Sur ce point on peut consulter le remarquable ouvrage de R. Mauzi : *L'Idée de bonheur au XVIII ème siècle*, A. Colin, 1967, p.208.

(94) *Les Ruines*, ch.V, p.27, 1°ligne : est-ce à la fois une théorie de l'instinct et de la conscience "intérieure" ?

(95) Cf. supra notre note 28. L'amour de soi n'est pas seulement principe de notre être sensible, mais aussi

le principe simple et fécond de tout ce qui s'est passé dans le monde moral

ch.V, p.28 ; nous pouvons ajouter ; de toutes les acquisitions intervenues dans les sociétés sur cette "base" de l'égoïsme bon ; ainsi l'amour de soi est-il

principe de tout art et de tout raisonnement (p.32).

base nécessaire de toute association

(p.38 ; les particuliers se réunissent en vue de l'utilité, par sympathie, par attrait sexuel et pour des travaux d'intérêt public) ; p.44 : dans les anciens Etats, antérieurement à l'établissement du despotisme et des religions révélées,

> *chacun s'empressait d'être utile et l'amour-propre multipliait les talents et les vertus civiles*

(on voit ici qu'il n'oppose pas, comme le faisait Rousseau, amour de soi naturel et "amour-propre" "relatif", social et corrompu : l'amour propre n'est qu'un développement fécond de l'amour de soi ; tous les ressorts naturels issus de l'amour de soi ont leurs effets en société et leur développement, ou pas dépendent du régime politique des sociétés : bref, l'amour-propre est considéré comme poussant au développement des talents et des inventions. Conclusion générale p.45, Ch.X :

> *Les anciens Etats prospérèrent, parce que les institutions sociales y furent conformes aux véritables lois de la nature, et parce que les hommes y jouissant de la liberté et de la sûreté de leurs personnes et de leurs propriétés, purent déployer toute l'étendue de leurs facultés, toute l'énergie de l'amour de soi-même* :

un état civil juste et stable serait donc celui qui au moins laisserait s'exprimer au mieux, stimulerait ces besoins naturels, formes de l'amour de soi, c'est-à-dire du bon égoïsme : on sera attentif à la liste de ces besoins naturels : liberté personnelle (il oublie d'indiquer : égalité naturelle des personnes indépendantes), sûreté des propriétés particulières, développement des facultés et des talents (ce qui ne peut avoir lieu que dans l'état-civ l). Le régime despotique contrarie et réprime les exigences de ces besoins naturels de l'amour de soi ; c'est pourquoi il doit nécessairement être renversé par des révolutions, émanant, dans leur "racine", des droits sacrés de la nature humaine.

(96) Cf. p.80 et suiv. ch.XIII, le bilan des progrès sociaux *depuis trois siècles*, c'est-à-dire intervenus dans le cadre politique même de la Monarchie absolue.

(97) Ch.VIII, p.35.

(98) Le texte du ch.XI, p.46 et suiv. décrit tout un cycle de transformations "historiques" de l'amour de soi : *le droit du **plus fort*** **qui** n'est *qu'un accident de la nature* (p.46-47) s'exprime d'abord dans le despotisme paternel puis politique,

> *l'effet des mauvaises habitudes passant dans les lois et les gouvernements*

(p.46 : cela veut dire que les lois et gouvernements par eux-mêmes n'instituent pas le rapport despotique) ; ce droit du plus fort s'exprime ensuite dans l'appropriation abusive des terres, des richesses, des pouvoirs et de privilèges exorbitants (p.48) ; dans le pouvoir absolu des Princes, puis, à la limite, dans la cupidité et la tyrannie absolues du despotisme (p.49-50). Ainsi est consommée dans ce régime-limite *le cercle éternel des vicissitudes* de l'amour de soi s'inversant (p.50) dans l'hubris du luxe et la pléonexie.

(99) Début ch.XIII, p.77 :

> *Ah c'est maintenant que j'ai désespéré du bonheur de l'homme. Puisque ses maux procèdent de son coeur, puisque lui seul peut y porter remède, malheur à jamais à son existence. Qui pourra en effet mettre un frein à la cupidité du fort et*

du puissant ?
Recherche désespérée d'une issue hors de la misère et de l'anannkè des révolutions inévitables éternellement causées par les passions des hommes, recherche d'une Liberté civile et d'une maîtrise rationnelle de l'histoire (c'est nous qui proposons ces expressions, pour rendre compte du mouvement du texte : l'auteur n'emploie pas le mot de liberté en un sens philosophique général, mais seulement au travers de la mise en scène du *Peuple libre et législateur* (ch.XV) et dans la définition des "libertés" et droits naturels et civils. Il nous semble cependant que le contraste entre le désespoir du narrateur touchant le caractère fatal des désordres sociaux et l'improbabilité d'une révolution "positive" (à la fin du ch.XII) et la mise en scène optimiste de la levée du *Peuple libre et législateur* (au ch. XV) ne peut pas s'interpréter autrement que par l'idée d'un effort pour dépasser une historicité subie dans une Liberté civile raisonnable et morale en acte (Le *Contrat social* de Rousseau en avait proposé une certaine représentation).

(100) Ch.III, p.16 :

> *La source de ses calamités... n'est point cachée au sein de la Divinité ; elle réside dans l'homme même ; il la porte dans son coeur* :

c'est ce que tend à confirmer l'exposé par l'auteur du cycle des transformations catastrophiques de l'amour de soi : cf.supra note 98.

(101) Fin ch.XII, p.76.

(102) L'*ignorance*, ici, selon nous, ne désigne pas le défaut d'instruction mais l'ignorance de la sagesse, de la prudence, c'est-à-dire l'ignorance de *la limite* au-delà de laquelle l'expansion illimitée de l'amour de soi, bénéfique, sinverse en cupidité effrénée, arbitraire etc.

(103) Rousseau :

> *Ce n'est pas tant l'entendement qui fait parmi les animaux la distinction spécifique de l'homme que sa qualité d'agent libre.*

Oeuvres Complètes, Pleiade, III, p.141-142. On ne trouve pas d'affirmation allant dans ce sens dans *Les Ruines*.

(104) Ch.XI, p.52-53 ; ch.XII, p.70-73.

(105) Ch.III, p.16 : la source de ses maux est en lui-même, dans son coeur.

(106) Ch.XI, p.57 : formule complexe de Volney qui exclut l'idée d'un libre arbitre de l'homme dans son histoire, bien qu'il en soit l'auteur :

> *Agités par leurs propres passions, les hommes... ont eux-mêmes été les éternels instruments de leurs infortunes* :

les agents n'en sont pas moins des patients, en tant qu'ils sont mus par leurs passions.

(107) Ch.V, p.28-29 : les ch.XIII et XIV sur la perfectibilité sociale des hommes sont un développement de cette idée de l'homme *artisan de sa destinée*.

(108) Diderot : *Réfutation d'Helvétius* ; cf. J. Chovillet : *Diderot* Sedes, p.233-235, et R. Mauzi : *L'idée du bonheur au XVIIIème siècle*

> *Au niveau de plus bas tournoie le cycle de la nécessité naturelle qui emporte l'homme, sans liberté ni repos. C'est le stade anti-humaniste de la pensée de Diderot. Il ne saurait alors être question de morale : l'homme n'est rien de plus qu'un animal associé au déferlement universel, dont ses instincts tout puissants lui renvoient l'image. Mais le déterminisme de la matière est transcendé -*

sans qu'on sache comment - par la liberté de l'homme, qui fonde son ordre propre nommé vertu.

(les vues de Volney sur l'articulation d'une certaine liberté sur les besoins de l'amour de soi apparaissent plus fermes : ch.V, p.28).

(109) Le P. Oratorien B. Lamy, auteur de *L'Entretien sur les sciences*, (1694) - cité par J. Deprun, ouvrage cité, p.111.

(110) *Les Ruines*, ch.III, p.16.

(111) Ch.XII, p.69-70.

(112) Début du ch.XI, p.46 :

Cependant, la cupidité avait suscité entre les hommes une lutte constante et universelle...

Suit une analyse de la genèse du despotisme, qui n'est plus exclusivement d'ordre psychologique (cf.p. ex. p.50).

(113) Ch.XI, p.50 :

...cet esprit <u>*constant*</u> *d'égoïsme et d'usurpation.*

(114) Ch.XI, p.50 :

Sous le nom d'Aristocratie, l'Etat fut tourmenté par les passions des grands et des riches.

(115) Ch.XI, p.55 :

L'art de gouverner ne fut plus que celui d'assujetir au plus petit nombre le plus grand,

et p.51-52.

(116) Id. p.52-54 : dans le
Volney avait déjà traité des Pyramides, établi qu'elles n'étaient pas des observatoires astronomiques mais des tombeaux :

> *L'on croira que les despotes d'un peuple superstitieux ont pu mettre de l'importance et de l'orgueil à bâtir pour leur squelette une demeure impénétrable...*

Etat politique de l'Egypte, ch.XIV, p.11-53.

(117) Le sens de la notion de "despotisme" dans *L'Esprit des Lois* était déjà assez précis : elle désignait le gouvernement de l'Empire ottoman, de la Perse, de la Chine, mais un gouvernement-limite, qui se serait fondé exclusivement sur les passions et n'aurait plus comporté aucune loi, aucun code, sauf les lois non-écrites de l'arbitraire et de la sujétion, ainsi que la Théocratie. Montesquieu tendait à expliquer l'établissement de ce régime-limite par l'influence directe de la chaleur du climat sur l'activité humaine (cf.*L'Esprit des Lois*,, L.XIV, §II). Volney réfute de manière fort perspicace cette théorie physique du politique au ch.XIX et dernier du *Voyage*, p.400-405 : chez Volney, la notion de despotisme perd le caractère quelque peu spéculatif qu'elle revêtait chez Montesquieu ; d'une part ce régime est devenu objet d'information lors du voyage ; d'autre part, la "comparaison" fait ressortir les traits communs aux Monarchies européennes et à l'empire ottoman, ainsi que les différences ; le despotisme européen a permis un développement de la sociabilité, des arts et des sciences.

(118) *Les Ruines*, ch.V, p.28 : C'est la nature - *la puissance secrète qui anime l'univers*, p.27 - qui s'adresse à l'Homme : *Faible ouvrage de mes*

mains : c'est donc la nature qui appelle l'homme à la maîtrise de son sort, aux inventions utiles, à la liberté.

(119) Ch.V, p.26.

(120) Ch.VIII, p.35 ; ch.XI.

(121) Ch.XI, p.50 :

> *Ainsi un même mobile variant son action sous toutes les formes, attaqua sans cesse la consistance des Etats, et un cercle éternel de vicissitudes naquit d'un cercle éternel de passions* :

mais en fait, sur cette base "psychologique", le ch. décrit une succession de formes politiques et sociales, liées à d'autres causes que psychologiques : p.ex. p.51 : la notation du renforcement du pouvoir en fonction de la masse des peuples à administrer.

(122) P. ex. la concentration des terres et des richesses en quelques mains (ch.XI, p.53), la conquête militaire d'un peuple par un autre (p.55) etc.

(123) Tel est le principe directeur de la remarquable critique par Volney de la théorie physique des caractères nationaux ; Montesquieu avait écrit :

> *Le chaleur du climat peut être si excessive (en certaines contrées) que le corps y sera absolument sans force ; aucune curiosité, aucune noble entreprise, aucun sentiment généreux ; les inclinations y seront toutes passives.* (*Esprit des Lois*, L.XIV, §II).

Volney, qui avait lu *l'Histoire des deux Indes*, de Raynal, *Le Despotisme oriental* de Boulenger, rétorque brillamment :

A quel degré du thermomètre Montesquieu détermine-t-il l'aptitude d'une nation à la liberté ou à l'esclavage ? Voyage, Etat politique de la Syrie, ch.XIX, p.401. Conclusion finale :

Il faut le reconnaître, le moral des peuples dépend surtout de l'état social dans lequel ils vivent, puisque nos actions sont dirigées par des lois civiles et religieuses, puisque nos habitudes ne sont que la répétition de ces actions... (p.405) :

des effets au niveau des habitus et des moeurs, constituant apparemment une quasi-nature (p. ex. la paresse) qu'on est tenté de rapporter à des tempéraments physiques fixes, sont en fait des conduites affectées d'un certain caractère social et historique puisqu'elles sont tributaires du mode de législation et des croyances religieuses.

(124) *Les Ruines*, fin ch.XII, p.76.

(125) V. Goldschmidt, *Anthropologie et Politique*, p.288 292.

(126) *Les Ruines*, ch.VII (*Principes des sociétés*)

Les hommes s'associent pour assurer leur existence, pour accroître leurs facultés, pour protéger leurs jouissances ; et l'amour de soi devint le principe de la société. (p.31).

(127) Ch.V, p.29.

(128) Fin ch.VII, p.33.

Révolutions sur la Scène de l'Histoire
selon Volney

(129) Ch VI, p.30 :

> *Les impressions qu'il reçut de chaque objet éveillant ses facultés développèrent par degré son entendement et commencèrent d'instruire sa profonde ignorance ; ses besoins suscitèrent son industrie* : le ch.XIII parlera

le ch.XIII parlera d'*une échelle progressive d'expérience et d'instruction.* (p.80)

(130) Ch.VI, p.30.

(131) Sur les notions d'*usage* et d' *utilisation* des moyens naturels donnés et de simple *augmentation* des biens donnés (ou d'*allègement* des maux naturels), cf. ch.V, p.28. Volney n'admet donc pas l'idée de production sociale, de forces ou de moyens nouveaux par rapport à ceux de la nature, l'art social ne consistant qu'en manières de varier l'utilisation des capacités naturelles : les conditions naturelles sont donc déterminantes mais jusqu'à un certain point seulement, puisque l'action humaine est stimulée ou paralysée par le mode de gouvernement et la religion (cf. notre note 123 ci-dessus).
L'expression *art de procurer à l'homme ses vraies jouissances* est placée dans la bouche du Génie (fin ch.III, p.19) qui ne précise pas s'il entend par là la morale ou/et la politique : ch.XIII :

> ... *le bonheur particulier est lié au bonheur de la société* (p.84) - *Maintenant sa vie est semée de jouissances* (ch.VI, p.30) :

parodie de la formule religieuse de *la vallée de larmes* terrestre...

(132) Ch.XIII, p.80-82 : Outre l'invention de l'imprimerie (*une masse progressive d'instruction*, p.83), le texte apprécie positivement les progrès dans

l'ordre politique intervenus dans le cadre politique même de la Monarchie, dans les trois derniers siècles : concentration et unification du pouvoir, diminution de l'isolement et de la division des peuples, du caractère meurtrier des guerres, du risque d'explosion révolutionnaire (?) ; phrase étonnante mais réaliste : *Le despotisme même les a servis* (ces progrès), (p.81). Si tant d'acquisitions techniques, politiques et intellectuelles sont déjà intervenues, qu'est-ce qui peut rendre nécessaire et inévitable une révolution politique ? C'est la nature du rapport domination/servitude et l'absurdité économique et sociale de la sujétion *des professions laborieuses et studieuses utiles à la société* (Ch.XV, p.94). Le schéma continuiste de la perfectibilité et le catastrophisme de la notion de révolution politique ne s'articulent pas parfaitement l'un sur l'autre : l'idée d'aménagements réformistes dans le cadre même du despotisme monarchique est loin d'être exclue par le présent texte.

(133) Ch.XV, p.94, p.99 :

Nous n'abuserons pas de notre force ; nous ne voulons que nos droits... nous ne voulons qu'être libres.

(134) Ch.XVI.

(135) Selon la formule de Cabanis, caractéristique de la positions des "patriotes" modérés : nous n'identifions pas la position de Volney en 1791, à celle qu'exposera Cabanis, après le coup d'état de Bonaparte de brumaire an VIII : cf. Cabanis ; *Quelques considérations sur l'Organisation sociale en général*. (25 frimaire, an VIII). *Oeuvres philosophiques*, éd. Lehec et Cazeneuve, 1956, P.U.F., p.475.

Révolutions sur la Scène de l'Histoire selon Volney

(136) Rousseau : *Contrat Social*, L.II, ch.I : Que la Souveraineté est inaliénable :

> *Je dis donc que la Souveraineté n'étant que l'exercice de la volonté générale ne peut jamais s'aliéner, et que le Souverain, qui n'est qu'un être collectif, ne peut être représenté que par lui-même.*
>
> *Si le Peuple promet simplement d'obéir, il se dissout par cet acte, il perd sa qualité de peuple.* Aubier, éd. M. Halbwachs (p.135-136).

Au ch.XVI des *Ruines* Volney semble ne pas distinguer l'acte par lequel le Peuple se constitue comme souverain (expression théorique absente du texte) et le contrat de délégation du pouvoir à un gouvernement ; il ne subordonne pas clairement le second au premier.

(137) Ch.XVI, p.101.

(138) *La loi naturelle*, *Leçons d'Histoire*, 4° Séance, p.112-114. *Les Classiques de la politique*, Garnier, éd. J. Gaulmier.

CHARLES NODIER ET LA RÉVOLUTION FRANÇAISE : BIOGRAPHIE, FICTION ET IDÉAL

Jean RICHER

Il n'est pas facile de traiter de l'attitude de Nodier à l'égard de la Révolution française : on risque à la fois de paraître injuste envers l'écrivain et de mal mesurer l'importance de la Révolution. A l'occasion de la célébration du deuxième centenaire de la naissance de Nodier, plusieurs études ont été consacrées à cette question.(1) Pour éviter de les répéter, nous avons choisi une approche particulière, celle des relations de la biographie de Nodier avec les évènements de la période révolutionnaire afin d'essayer de discerner ce qu'il peut y avoir de véridique dans ses récits et la part, considérable, croyons-nous, que l'invention y occupe. Nous parlerons ensuite de ce que, selon Nodier, devait être la vraie révolution.

I

Il faut partir évidemment des données de la biographie : Charles Nodier est né à Besançon, en 1780, hors mariage, il ne sera légitimé par le mariage de ses parents qu'à l'âge de onze ans. Cela en soi, suffirait à expliquer ce besoin, peut-être excessif, d'ordre et de "légitimité" qui caractérisera le Nodier de l'âge mûr.

Un fait capital est qu'en 1790 (le jeune Charles a alors dix ans), son père, l'avocat Antoine-Melchior Nodier, élu pour une année maire de Besançon, est appelé le 28 août aux fonctions de Président du Tribunal criminel du Département du Doubs. Il exercera ces fonctions pendant un an. Ce fut, semble-t-il, un président fort peu sanguinaire, Charles Weiss a dit à ce propos,

> *qu'il était faible, qu'il n'aurait pas demandé mieux que d'acquitter tous les accusés déférés à son tribunal.*

Cela dit, seul l'examen des archives du Tribunal permettrait de savoir exactement combien de personnes il a, en un an, envoyées ou laissé envoyer à la guillotine. Ce qui est certain c'est que le fait qu'il ait occupé une telle fonction a été pour un fils sensible et déjà enclin à la névrose une expérience troublante et même traumatisante. Il nous a toujours semblé que les extraordinaires scènes de tribunal qu'on trouve dans *La Fée aux miettes* trouvent leur origine dans les souvenirs de cette époque.
Les psychanalystes ne se font pas faute, naturellement, d'appliquer leurs schémas stéréotypés à Nodier, présenté tantôt comme s'identifiant à son père, tantôt comme s'opposant à lui, ou même l'un et l'autre en même temps. D'après une lettre de l'écrivain à Kératry (de 1824 environ), Antoine-Melchior, peu avant sa mort, survenue en 1808, lui aurait dit :

> ..*rachètes les erreurs d'un coeur trompé. Tu ne seras pas un homme remarquable par ses facultés, mais tu jouis d'une grande force physique, et d'une puissance d'âme que j'ai éprouvée souvent. Fais contre la Révolution ce que j'ai fait pour elle ; ne l'embrasse jamais dans quelques mains qu'elle tombe ; ne lui prête jamais ni ta voix, ni ta plume, ni ton épée. Je meurs dans cette espérance, car la Révolution vient de l'enfer.* (2).

Dans le premier volume des *Souvenirs de la Révolution et de l'Empire*, on trouve plusieurs textes que nous examinerons brièvement. Alexandre Dumas ne s'est guère trompé sur leur valeur historique et il en a tiré tout le début d'un roman historique peu connu, intitulé *Les Blancs et les Bleus*, dont le personnage principal se nomme Charles Nodier.

Charles Nodier et la Révolution Frnaçaise :
Biographie, Fiction et Idéal

Il y a probablement une part de vérité dans le chapitre *Euloge Schneider ou la Terreur en Alsace*. En effet le jeune Nodier fut bien envoyé par son père à Strasbourg en 1793, pour y apprendre le grec sous la férule du redoutable capucin défroqué, (au nom sinistrement significatif), qui faisait alors régner la terreur dans cette région de France, avant d'être déféré à Paris, pour y rendre compte de ses excès de pouvoir et de ses crimes.

Le personnage de Saint-Just a exercé sur Nodier une sorte de fascination. Dans *Saint-Just en mission*, il le peint faisant sa toilette avec méticulosité tout en rendant des arrêts de mort. Nodier a aussi consacré une étude aux *Institutions républicaines* de Saint-Just où on lit :

> *...ce malheureux Saint-Just (...) n'était pas un un homme sans entrailles. Au fond de sa vie artificielle, il lui était resté un coeur de jeune homme, des tendresses et mêmes des convictions devant lesquelles notre civilisation perfectionnée reculerait de mépris. Il s'occupait des enfants ; il aimait les femmes ; il respectait les cheveux blancs ; il honorait la piété ; il croyait, ce qui est bien plus fort, au respect des ancêtres et au culte des sentiments. Je l'ai vu pleurer d'indignation et de rage, au milieu de la société populaire de Strasbourg, lui qui ne pleurait pas souvent et qui ne pleurait jamais en vain, d'un outrage à la liberté de la foi et à la divinité du Saint-Sacrement. C'était un philosophe extrêmement arriéré au prix de notre siècle.* (3).

Nodier fait aussi un éloge ambigu et paradoxal de Robespierre dans la partie de l'essai *De l'éloquence révolutionnaire*. Il le loue en effet principalement pour sa tentative de restauration religieuse. Il décrit en détail et comme s'il en avait été le témoin oculaire la fête religieuse du 20 prairial et il cite longuement le discours du 7 prairial *chant du cygne* dans lequel Robespierre convoquait la France aux pieds de l'éternel Auteur des choses et où il suppliait la République de rappeler parmi les mortels la Liberté et la Justice exilées.(5)

Avec son *Dernier banquet des Girondins*, d'abord inséré dans le tome VII de ses *Oeuvres* en 1833, Nodier fut l'un des premiers à édifier cette légende des Girondins qui, dix ans plus tard, fournira un si beau sujet à Lamartine pour son *Histoire des Girondins*. Il faut d'ailleurs situer les écrits que nous avons nommés dans une conjoncture politique précise, en fonction du constant souci de Nodier de faire la cour au pouvoir en place : les *Souvenirs de la Révolution* datent du début de la Monarchie de juillet, donc de la dernière période de la vie et de la carrière de Nodier, (qui entre à l'Académie française précisément en 1833).

II

Toutefois, il nous semble que l'originalité de Nodier dans le traitement des évènements de la Révolution française se situe sur un autre plan. Une fois qu'on a compris qu'il s'agit pour lui seulement d'une variété de *contes*, il ne faut pas s'étonner de l'y voir introduire les ressorts et les ressources du *fantastique*. Et, à cet égard deux procédés ou deux convictions reviennent assez régulièrement pour être considérés comme des constantes de l'art de Nodier historiographe.
Une première façon d'introduire le fantastique dans le récit des événements de la Révolution, c'est de recourir aux ressources de la parapsychologie : vision à distance, concomitances inexplicables, intuitions merveilleuses.
Et ce n'est sans doute pas l'effet du hasard si le conte *Jean-François les Bas-bleux* et le récit *Charlotte Corday* datent de la même année 1833, déjà mentionnée. On sait que le conte fait écho au *Louis Lambert* de Bal-

zac, le héros est un visionnaire qui assiste à distance à la mort de la reine Marie-Antoinette et qui meurt, le 29 prairial, au moment même où périt sur l'échafaud la jeune femme qu'il aimait.
De même, dans *Charlotte Corday*, Madame Bassal et le narrateur dans un étrange moment d'exaltation, après l'annonce de la mort de Marat prient *sainte Charlotte Corday* :

> *Je tombai à genoux à côté d'elle et je répétai ses paroles :*
> *SAINTE CHARLOTTE CORDAY, PRIEZ POUR NOUS !*
> *Le courrier était venu en quarante-deux heures. Ceci se passait le 17 juillet, il était sept heures du soir ; et le 17 juillet à sept heures du soir la tête de Charlotte Corday roulait sur l'échafaud.*
> *Voilà l'étrange rapprochement qui m'a autorisé peut-être à écrire quelques lignes sur Charlotte Corday.*(6).

On voit que ce qui est décrit dans *Charlotte Corday* est, pour l'essentiel, identique à ce que ressent Jean-François. Dans un cas comme dans l'autre, une ou plusieurs exécutions capitales sont perçues à distance, au moment où elles ont lieu.
Pour faire bonne mesure, le narrateur se montre ensuite, quelques années plus tard, occupant la chambre où Charlotte Corday avait logé à Paris, à l'*Hôtel de la Providence*, rue des Vieux-Augustins, avant d'aller tuer Marat.
Par ailleurs, il est incontestable que Nodier a été séduit par la notion que l'histoire offre la répétition d'événements analogues ou le retour des mêmes cycles ; par moment il semble même aller jusqu'à accepter l'idée de *l'éternel retour*.
C'est ainsi qu'à plusieurs reprises il considère que la Révolution d'Angleterre et l'exécution de Charles Ier ont constitué la préfiguration et comme la répétition générale de la Révolution française, avec le procès et la mort de Louis XVI. Cette idée, qui d'ailleurs ne lui

est pas personnelle, se trouve exprimée dès 1816 dans un compte rendu d'un ouvrage consacré au procès de Charles Ier, inséré dans le *Journal des Débats*, recueilli dans les *Mélanges*.(7).
Dans le *Dernier banquet des Girondins* il prête à Jean-Louis Carra l'idée d'éternel retour ; il y revient plusieurs fois, on lit, par exemple :

> *Carra continuait à développer devant deux ou trois auditeurs assez inattentifs, son abstruse doctrine de l'éternelle reproduction des êtres et des éternelles probabilités de la métempsycose physique (...) de sorte, par exemple que les GIRONDINS devaient nécessairement se retrouver au même banquet dans quelques milliards de siècles plus ou moins, et une innombrable multitude d'autre fois, pour porter leur tête en sacrifice au glaive des mêmes assassins*...(8).

Une note nous informe d'ailleurs du fait que Carra empruntait ses idées à un illuminé allemand *le fameux docteur Seyffer*.

Au nombre des illustres victimes de la Révolution figure Jacques Cazotte. Nodier ne l'a probablement jamais vu mais, à l'en croire, il était l'ami de son père qui l'aurait rencontré à Dijon. Or le récit intitulé *Jacques Cazotte* a cet intérêt de faire appel à la fois aux deux procédés que nous avons décrits. La donnée en est d'ailleurs voisine de celle de *La Neuvaine de la Chandeleur*. Jacques Cazotte aime une jeune fille, Angélique qui sait, par la prédiction d'une voyante, qu'elle mourra avant de pouvoir se marier. Il rend visite à cette voisine inspirée et voici la réaction de celle-ci :

> *- O mon Dieu ! mon Dieu ! s'écria-t-elle en se renversant sur son dossier et en se couvrant le front de ses mains (...) serait-il possible que*

> *votre justice tolérât ce crime encore une fois ! Toujours, toujours ô mon Dieu !*

Et, plus loin :

> *Et on dit depuis si longtemps qu'Armand-Jean Duplessis ne règne plus ! Il n'y a cependant pas à s'y tromper, murmura-t-elle d'une voix qui s'affaiblissait de plus en plus, de manière à n'être entendue que de moi, et dont les dernières articulations expirèrent dans mon oreille... - A celui-là le destin de l'autre ! Encore une tête pour Mataboeuf !*
> *(...)*
> *Par quelle fatalité suis-je condamnée à revoir ce que j'ai vu, comme si je le voyais encore...*

Tout le monde a été assez déconcerté par le récit de Cazotte mais le narrateur ajoute :

> *Quatre mois après le bon Cazotte avait porté sa tête sur l'échafaud de la terreur toute jeune encore. A peine sortie du berceau elle dévorait des vieillards.*(9).

Ainsi on trouve là conjoints les deux motifs indiqués : Angélique n'épousera pas Cazotte puisqu'elle va mourir. Et Cazotte lui-même, ultérieurement, périra sur l'échafaud. Les excès de la Terreur font en quelque sorte pendant à la Terreur exercée par Richelieu sous le règne de Louis XIII, en particulier à partir de 1626. (Cette prétendue analogie historique n'est guère convaincante, il faut le reconnaître.)

On peut également rappeler qu'il existe un récit de Nodier *Zerotochthro*, publié par P.G. Castex, qui est construit sur le thème de l'éternel retour, c'est le fragment intitulé *Zerotochthro-Sha*, qui commence ainsi :

> *Mon Dieu ! mon Dieu ! que la vie est une chose*

> *instructive et amusante quand on est revenu ! Il n'y avait guère plus de dix mille ans et quelques centaines d'années que j'étais mort, quand un beau lendemain de la Toussaint, bon jour, bonne oeuvre, il m'arriva au chant du coq ce que je vais avoir l'honneur de vous raconter.* (10).

Nodier n'avait aucune des qualités de l'historien impartial. Un égocentrisme naïf le conduisait à essayer toujours de se placer au centre des événements qu'il prétendait décrire du dehors, alors même qu'il se trouvait confronté à des impossibilités chronologiques. C'est ainsi, par exemple, qu'il prétendra avoir croisé à la Bastille le marquis de Sade (11), ce qui est, historiquement, impossible.
Il n'a cessé de raconter sa jeunesse en l'arrangeant ou en la déformant et il en a tiré, à côté de livres vraiment publiés comme étant des romans ou des contes et où le narrateur se présente en général sous la figure d'un "proscrit" d'autres récits qui doivent, en fait, être également tenus pour des fictions ; à cette catégorie se rattache une grande partie des *Souvenirs de la Révolution*.

III

Les positions intellectuelles et politiques de Nodier n'ont cessé d'osciller et ne peuvent même pas être ramenées à ses propres déclarations. Par tempérament, comme beaucoup d'artistes, Nodier est, fondamentalement, un anarchiste. Comme toute sa génération, il est marqué par la lecture de Rousseau et il a trop de générosité naturelle pour n'être pas tenté au moins par certains aspects des utopies alors préconisées.
Mais ses personnages favoris échappent à l'Histoire ce sont des innocents, des fous, des voyants, des persécutés, des proscrits, des fantaisistes, en un mot des

marginaux.
C'est pourquoi, pour essayer de situer Nodier par rapport à la Révolution française, il faut discerner quelles sont les notions, communément associées à l'idée de Révolution qui, selon lui, représentent des valeurs positives, ou bien celles qu'il rejette.
Nous examinerons brièvement, à ce point de vue les notions de *législation* et d' *institutions*, celle de *révolution populaire* et celle de *perfectibilité*.
On lit au début des *Miscellanées* (1832) :

> *Les nations sont si convaincues que les lois constitutives des états ne procèdent pas de l'homme, qu'elles ne croient fermement à une législation que lorsque le législateur n'y est plus.* (12).

et il ajoute :

> *Chez nous ce sont les législateurs qui restent et les législations qui s'en vont.* (12).

Et, à propos des *Institutions républicaines* de Saint-Just, il dit :

> *Or ce n'est pas le génie qui fait les institutions, ce n'est pas le génie qui fait le langage : c'est le temps.* (13).
>
> *(...)*
>
> *Les formes du gouvernement ne sont rien, si elles ne sont l'expression d'une longue suite d'institutions qui ont pris depuis longtemps racine dans le coeur du pays.* (14).

Il reprend dans les *Souvenirs de la Révolution* un compte rendu des *Mémoires du cardinal de Retz*, remontant à 1818, dans lequel il établissait un parallèle entre *La Fronde et la Révolution* et il brosse un tableau assez sombre de l'état d'esprit qui préside aux révolutions populaires. (15).
Il faut citer également l'étude sur *Les sociétés popu-*

laires qui commence ainsi :

> *Stupide est la foule qui s'ingère de participer aux grands mouvements des affaires politiques ; stupide, aveugle et insensée, car elle n'entrera jamais pour rien dans leurs résultats. Toute révolution qui échoue tourne au profit des pouvoirs qu'elle avait menacés ; toute révolution qui réussit au profit des avocats. Dans le premier cas, vous n'avez fait que river votre chaîne, dans le second ce que vous croyez avoir conquis sur les aristocrates vous est repris par les sophistes*...(16).

Et, au début de *Charlotte Corday*, on lit :

> *Quand Paris eut fait ses premières révolutions, on ne savait pas trop bien dans les provinces éloignées ni pourquoi ni comment on faisait les révolutions. Ce n'est plus maintenant un mystère pour personnes. Cette place est à moi ; ces honneurs me sont dus, ces palais m'appartiennent. Enfants, retirez-vous de mon soleil, comme dit Pascal. Laissez-moi passer ou je vous tue ! Voilà l'expression tout entière de ces grands mouvements des peuples qui leur coûtent si cher, qui leur rapportent si peu ; et c'est pourquoi la partie saine des peuples ne s'en mêle plus.* (17).

Ce que Nodier reproche surtout aux révolutionnaires, doctrinaires et utopistes, c'est de croire à la *perfectibilité* de l'homme ; on pourrait ici multiplier les citations car l'écrivain n'a cessé de tourner en dérision cette notion.

IV

L'idée de derrière la tête de Nodier est que, si l'homme actuel n'est pas perfectible, c'est parce qu'il est appelé à être remplacé par un *surhomme*, différent de lui dans son essence même, et qui le supplantera ; cette doctrine se trouve exposée dans plusieurs des essais réunis dans les *Miscellanées* et, en particulier dans les pages intitulées *De la Palingénésie humaine et de la Résurrection* où Nodier livre l'essentiel de ce qu'il avait à dire aux hommes, et où il définit la seule Révolution vraiment importante à ses yeux :

> *L'homme n'est pas une fin de la création,(...) il n'en est qu'un épisode passager dont le dénouement se cache dans celui de l'action universelle.*(18).
> *(...)*
> *La progression inaccomplie que sollicitent les instincts de l'homme, c'est la compréhension de la vérité. L'être compréhensif arrivera.*(19).
> *(...)*
> *L'homme n'est pas l'être compréhensif. La création n'est pas finie.*(20)

C'est dans cette grandiose perspective qu'il convient de se placer pour comprendre l' "Epilogue" des *Souvenirs de la Révolution et de l'Empire* (qui date de 1831) et où Nodier a choisi d'adopter le point de vue de la tolérance et de la sympathie universelle :

> *Il est assez indifférent, peut-être, que le maniement des affaires soit abandonné à des mannequins en bas de soie et en talons rouges, ou à des pédants en robe noire et en bonnet carré ; et si c'était dans une autre combinaison que résidât le seul principe organique possible de la société, la société périrait, car cette allure est celle du monde. Ce qui est indispensablement social, c'est l'harmonie des honnêtes gens, sous quelque drapeau que le hasard des circonstances et la nécessité des positions les aient placés.*(21)

Et, plus loin :

> *Ce n'est pas l'habit, c'est le caractère et l'intelligence qu'il faut juger. Les hommes à repousser, c'est le stupide qui ne sait ce qu'il fait ; le sot, qui croit que tout ce qu'il fait est bien fait ; le méchant, qui fait le mal pour le faire.* (22).

Si Nodier a traité assez légèrement, en apparence, des révolutions des sociétés humaines et, en particulier, de la grande Révolution française, c'est bien parce que, de toute son âme, il espérait une révolution bien plus importante, celle qui devait aboutir à la disparition des hommes actuels, remplacés avantageusement par des *êtres compréhensifs,* fins, intelligents et bons.

Charles Nodier et la Révolution Française :
Biographie, Fiction et Idéal

Notes.

(1) Voir, en particulier dans *Lendemains*, 25/26, Berlin, 1962, les deux articles d'Eckart Schroeder-Buys *Charles Nodier une die Revolution* et de Hans Peter Lund *Note sur Nodier face à l'histoire des historiens et des mémorialistes.* Ce deuxième article souligne l'intérêt des pages regroupées dans les deux volumes de *Mélanges de littérature et de critique* en 1820).

(2) *Bulletin du bibliophile*, 1849, p.295.

(3) *Souvenirs de la Révolution et de l'Empire (S.R.)* 2 vol. Nous citons d'après l'édition Charpentier de 1872. Partout, nous avons modernisé les terminaisons des imparfaits de l'indicatif. Citation I, 334.

(4) *S.R.*, I, 285.

(5) *S.R.*, I, 288-295.

(6) *S.R.*, I, 100.

(7) *Mélanges de littérature et de critique*, II, p. 180 sq.

(8) *S.R.*, I, 233-234 ; note sur le maçon Seyffer I, 260-261. Voir aussi 177, sur l'éternel retour.

(9) Edition Garnier des *Contes*, 617-618. (Il résulte du contexte que Mataboeuf était le bourreau au service de Richelieu.)

(10) *Ibid*, 440.

(11) *S.R.*, II, 23.

(12) *Miscellanées*, 12.

(13) *S.R.*, I, 329.

(14) *S.R.*, I, 331-332.

(15) *S.R.*, I, 156.

(16) *S.R.*, I, 314.

(17) *S.R.*, I, 93.

(18) *Miscellanées*, 343-345.

(19) *Ibid*, 355.

(20) *Ibid*, 370.

(21) *S.R.*, II, 364.

(22) *S.R.*, II, 365.

EN 1789, LA RÉVOLUTION FRANÇAISE ÉTAIT DÉJÀ FAITE... SELON A. DE TOCQUEVILLE

Pierre GOUIRAND

Ce titre paradoxal n'exprime en fait qu'une partie de la pensée de Tocqueville. S'il estime en effet que la majorité des réformes que l'on attribue à la Révolution étaient accomplies lorsque celle-ci commença, il considère d'autre part que la Révolution ne s'est pas achevée avec la proclamation de la République, mais qu'elle continuait encore lorsqu'il écrivait et que vraisemblablement le bouleversement commencé de longues années avant 1789 se prolongerait encore bien au-delà du XIXème siècle.

Il convient donc d'expliciter ce qui nous permet de dire que pour Tocqueville en 1789 la Révolution était déjà faite.

Tout d'abord, il constate que dès la fin du Moyen-Age un profond mouvement qui les a poussé à détruire l'inégalité en leur sein a saisi toutes les vieilles nations d'Europe.

Mais alors que ces idées marchaient péniblement dans les autres pays, la France a pris la tête de deux grandes Révolutions : Politique et Philosophique, Nationale et Intellectuelle.
Notre pays a donc beaucoup plus canalisé des courants existants qu'il ne les a créés.
Celà explique : premièrement, pourquoi la Révolution a éclaté en France et non pas dans un des autres pays d'Europe qui étaient beaucoup moins avancés socialement et politiquement, et ensuite que : la France ait exercé une si forte influence révolutionnaire sur les autres nations.

Toutefois, pour que cette passion de l'égalité ait pu faire basculer l'édifice de l'Ancien régime, il a fallu des circonstances exceptionnelles :
Tocqueville pense qu'elles sont le résultat de la conjonction de deux tendances interdépendantes :
- La centralisation administrative qui est surtout l'oeuvre de Louis XIV,
- La démission de la noblesse en tant que corps chargé de gouverner les Provinces.

Ces deux tendances sont interdépendantes car c'est dans un régime aristocratique qu'un système d'administration locale peut à la fois s'établir et donner sa pleine mesure alors qu'au contraire les peuples démocratiques sont naturellement poussés à centraliser le pouvoir. Ainsi en détruisant la noblesse(1) pour régner despotiquement, Louis XIV avait non seulement rendu nécessaire la centralisation administrative du pays, mais encore en centralisant le pouvoir, il avait fait un grand pas vers la démocratie.

Tocqueville va donc analyser ces deux éléments et conclure que la Révolution n'a été principalement qu'un réajustement légal d'une situation existante.

LA CENTRALISATION

Dès le Moyen-Age, note-t-il, Paris dominait toutes les autres villes du Royaume. Sa grandeur croissante facilitait la concentration du Pouvoir.

> *Le Roi attirait les affaires à Paris et Paris attirait les affaires au Roi.*(2)

Un peu plus tard, les libertés municipales qui avaient survécu à la Féodalité succombèrent sous le régime de Louis XIV ; les élections furent abolies en 1692 et les fonctions municipales mises "en offices", c'est-à-dire vendues à quelques citoyens qui achetèrent le droit de gouverner perpétuellement les autres.

En 1789, La Révolution Française était déjà faite... selon A. de Tocqueville

En réalité, le pouvoir était dans les mains des intendants qui prenaient leurs instructions directement auprès du "conseil du Roi".

Les décisions les plus banales comme par exemple celle de réparer le clocher d'une église dépendaient de leur bon vouloir. Une circulaire du contrôleur général précise :

> *... vous donnerez une attention particulière à tout ce qui se passe dans ces assemblées municipales. Vous vous en ferez rendre le compte le plus exact et remettre toutes les délibérations qui y seront prises, pour me les envoyer sur le champ avec votre avis.* (3)

Ce qui a fait dire à Law :

> *Sachez que ce royaume de France est gouverné par trente intendants.*

Ainsi, la centralisation que, par ailleurs, l'Europe envie à la France au XIXème siècle n'est pas, comme on le croit souvent, une conquête de la Révolution : c'est un produit de l'ancien régime.

Il faut toutefois ajouter, pour bien comprendre l'époque, que le Roi n'en était pas entièrement responsable car seul un pouvoir centralisé pouvait réaliser les réformes qu'avaient fini par souhaiter les Français du XVIIIème siècle, et si, comme le dit Tocqueville :

> *La centralisation n'a point péri dans le Révolution, c'est qu'elle était elle-même le commencement de cette révolution et son signe...* (4)

Cette oeuvre de centralisation, longue de plusieurs siècles, s'était accompagnée sous le règne de Louis XVI d'une révolution administrative :
- Un grand nombre de lois secondaires réglant la condition des personnes et l'administration des affaires avaient été modifiées.

- Les jurandes avaient été détruites et rétablies autrement.
- Un édit du Roi avait changé l'ordre de la justice.
- Enfin, la réforme administrative de 1787, en plaçant une assemblée provinciale à côté de l'intendant qui, jusque là, agissait seul, sans contrôle et sans conseil, vint bouleverser les habitudes.

La loi créait des pouvoirs collectifs alors qu'ils avaient toujours été personnels. On avait réduit l'intendant à l'impuissance et on lui imposait d'aider l'assemblée qui l'avait déchu de son pouvoir. Il s'en suivit partout une grande confusion.

La centralisation restait mais ne pouvait plus produire d'effets positifs. Le pays n'était plus administré car les pouvoirs locaux énervés par des années d'irresponsabilité n'avaient pu prendre le relais.

Cette grande réforme administrative avait beaucoup détruit et n'avait pas réussi à mettre en place de nouvelles institutions.

Cette première révolution exerça sur la seconde, la révolution politique, une influence considérable. Elle la fit apparaître comme une révolution globale qui toucha toute la société et atteignit tous les citoyens, alors que dans d'autres pays, en Angleterre notamment, la première révolution qui abolit la royauté et modifia la constitution politique en ne touchant pas aux lois secondaires, à l'administration et à la justice, n'empêcha pas la société, malgré les bouleversements qui eurent lieu à sa tête, de rester ferme.

La révolution politique française, en se doublant d'une révolution administrative, mise en route par l'ancien régime, affecta toutes les couches de la société jusque dans les provinces les plus reculées, au lieu de rester circonscrite au monde politique.(5)

En 1789, La Révolution Française était déjà faite... selon A. de Tocqueville

Ainsi avant 1789, on avait assisté à deux phénomènes qui allaient dans le sens de la démocratie :
- la centralisation et une tentative de collectivisation du pouvoir en Province,
- et les deux s'annihilant laissèrent un vide administratif qui rendit nécessaire un réajustement politique et une réorganisation des services.

LA DEMISSION DE LA NOBLESSE

A la fin du XVIIIème siècle, écrit Tocqueville, la noblesse *ne présentait plus qu'une ombre d'elle-même.*
Elle n'avait plus aucune influence ni sur le Roi ni sur le peuple, et c'était plus par tradition que parce qu'il lui en reconnaissait le droit, que le Roi choisissait dans ses rangs les agents du pouvoir. Toutefois, elle ne gouvernait pas.

Depuis longtemps, elle avait cessé de prendre part au détail du gouvernement. Si les nobles commandaient l'armée, étaient ministres, ou près du Roi à la cour, ils ne prenaient aucune part à l'administration du pays et aux affaires, ce qui, aux yeux du peuple, aurait justifié les privilèges dont ils jouissaient. En fait, dit Tocqueville :

> *En abandonnant ainsi à d'autres les détails de l'administration publique pour ne viser qu'aux grandes charges de l'Etat, la noblesse française avait montré qu'elle tenait plus aux apparences de la puissance elle-même.* (6)

Cette noblesse avait, nous l'avons dit, gardé un certain nombre de droits et de privilèges, mais beaucoup plus ceux qui font haïr que ceux qui font craindre.
D'autre part, ces privilèges dont le nombre allait sans cesse diminuant devenaient d'autant plus visibles, et par là même odieux au peuple qu'ils étaient plus rares

et qu'ils n'étaient pas la récompense de la gloire militaire ou du dévouement au pays.
Enfin, la noblesse n'avait cessé de s'appauvrir depuis le Moyen Age.
D'abord, un préjugé qui remontait à cette même époque interdisait au gentilhomme le commerce et l'industrie : seule la richesse immobilière était noble, la richesse mobilière était entachée d'infériorité et de faiblesse.
Un autre préjugé interdisait à cette noblesse, formée en caste, à laquelle seule la naissance donnait accès, de contracter des alliances avec de riches familles roturières.

Mais l'aisance des roturiers d'une part rendait les nobles jaloux, et d'autre part, ils firent des biens de la noblesse une proie pour les riches non titrés. Ainsi, malgré les lois de substitutions qui, d'ailleurs, ne protégeaient plus qu'une faible partie du patrimoine de la noblesse, les terres passèrent peu à peu dans les mains de roturiers et les nobles, au lieu de faire fructifier le produit de leurs ventes, continuèrent à se ruiner, à paraître.

De cette façon, une grande partie des domaines avait été déjà partagée bien avant l'introduction des lois sur le partage égal de l'héritage qu'imposa la Révolution.

Il y avait donc en France une foule d'individus à la fortune médiocre et peu de grands riches.
Tocqueville compare la noblesse de cette époque à :

> ... *un corps démocratique revêtu, vis à vis des autres classes, des droits d'une aristocratie.*

A mesure que l'opulence et le pouvoir de la noblesse diminuait, une classe nouvelle recueillait les richesses et l'influence exercée auparavant par les nobles. C'était le Tiers-état.

En 1789, La Révolution Française était déjà faite... selon A. de Tocqueville

Ce Tiers ne constituait pas une classe moyenne entre l'aristocratie et le peuple, mais renfermait différentes classes formées par tous ceux qui n'étaient ni nobles ni prêtres. Il avait donc son aristocratie composée de riches commerçants, de banquiers, d'hommes de lettres, d'industriels, et aussi ses classes laborieuses de petits fermiers, boutiquiers, etc... C'était donc un peuple complet qui vivait à côté des ordres privilégiés.
Il avait ses règles et sa façon de vivre, et son existence même rendait la noblesse encore plus isolée.

Il faut aussi remarquer que bien longtemps avant la Révolution, la terre n'était plus la source de la considération et du pouvoir et que la division des domaines déjà accomplie allait grandement faciliter la révolution politique. Et malgré les inégalités véridiques ou apparentes,

> *Tout marchait déjà depuis longtemps vers la démocratie*

écrit Tocqueville.(7)

De même, l'esprit de liberté, en France n'était pas né avec la Révolution de 1789. C'était au contraire une des caractéristiques de la société féodale où chacun dans sa sphère, le seigneur comme l'artisan ou le paysan, jouissait d'une parfaite indépendance, mais il avait été presque complètement occulté par la centralisation consécutive à la démission de la noblesse. Toutefois, bien qu'occulté, cet esprit de liberté survivait et avait même profondément pénétré le peuple au point que le pouvoir absolu et arbitraire n'était plus vécu que comme un accident passager.

Ainsi, on pourrait dire, et c'est comme cela que Tocqueville conclut l'article (8) dans lequel il développe les thèmes que nous venons d'exposer que :

- On exagère généralement les effets produits par la Révolution française.
- S'il est vrai que cette Révolution a été une des plus puissantes, des plus destructives, mais aussi des plus créatrices, il n'en est tout de même pas sorti un peuple français nouveau.
- Elle a créé beaucoup de choses accessoires et secondaires, mais pour le principal, n'a fait que développer les germes existants :

> *Elle a réglé, coordonné et légalisé les effets d'une grande cause, plutôt qu'elle n'a été cette cause elle-même.*

- Les conditions étant à l'époque déjà plus égales en France que dans les autres pays européens, cette doctrine est alors passée dans les lois.

Le pouvoir central gouvernant déjà tout, il est devenu plus habile et plus fort.

L'idéal démocratique ayant déjà été conçu par les français, la Révolution lui a donné un début de réalité.

C'est donc plus par la forme que par le fond que la Révolution s'est manifestée et Tocqueville remarque que tout ce qu'elle a fait se fût fait de toutes façons, même sans elle :

> *Elle n'a été qu'un procédé violent et rapide à l'aide duquel on a adapté l'état politique à l'état social, les faits aux idées et les lois aux moeurs.*(9)

Mais, bien que de nombreux sentiments et idées que l'on avait cru nés de la Révolution puissent se retrouver sous l'ancien régime, il n'en reste pas moins que la Révolution eut son génie propre.

Elle a procédé en deux phases :

- La première au cours de laquelle il semble que l'on ait voulu tout abolir du passé et où l'amour de l'égalité se soit partagé avec l'amour de la liberté : c'est le temps de l'enthousiasme.

En 1789, La Révolution Française était déjà faite... selon A. de Tocqueville

- La seconde où, oubliant la liberté, elle mit en place un gouvernement beaucoup plus fort et plus absolu que celui qu'elle avait renversé.

Son objet n'a pas été comme longtemps on l'a pensé de détruire le pouvoir religieux, mais elle s'est presque malgré elle, et contre les sentiments du peuple, retrouvée irreligieuse. La catholicisme étant religion d'état et le clergé un ordre privilégié, le réajustement légal et politique qu'elle entreprenait passait forcément pour une tentative de destruction de l'église, alors que les sociétés démocratiques ne sont pas naturellement hostiles à la religion.

D'ailleurs, écrit Tocqueville, elle a été une révolution politique qui a procédé à la manière des révolutions religieuses :
Elle n'a pas été circonscrite à l'intérieur de frontières, mais a rapproché des hommes de langues, de moeurs et de traditions différentes, pour former une nation intellectuelle dont tous pouvaient devenir citoyens. C'est là le génie de notre Révolution, elle a considéré le citoyen de manière abstraite comme la religion concerne l'homme en général. Grâce à cela elle a pu "s'exporter" et influencer tous les peuples d'Europe.

Par ailleurs, Tocqueville estime que ce qui contribua le plus au "génie" de cette Révolution c'est que l'éducation politique du peuple tout entier fut faite par des gens de lettres : les philosophes du XVIIIème siècle.

La notion de révolution violente était absente de leur esprit. Au-dessus de la société réelle qui administrait le pays dont la constitution et les lois étaient à la fois traditionnelles et contradictoires, ils avaient bâti une société imaginaire pour les intelligences. Elle paraissait simple, équitable, raisonnable.

Peu à peu tous les citoyens abandonnèrent la première, et se réfugièrent dans la seconde. On négligea ce qui était, et l'on vivait dans la cité idéale.

Les Américains avaient donné une substance à ce que les Français rêvaient.
En réalité, ils avaient exécuté ce que nos écrivains avaient conçu.

Donc, en 1789, la Révolution était déjà faite dans les esprits. Paradoxalement, c'est la prospérité du XVIIIème siècle qui a précipité ce qui se faisait naturellement depuis longtemps.
Contrairement à l'opinion générale, Tocqueville ne croit pas à la décadence de la France pendant la première moitié du XVIIIème siècle. L'examen de documents, notamment ceux relatifs aux pauvres, lui font penser que dès 1740 la physionomie économique de la France se modifie. Chacun fait effort pour changer de condition, on recherche le mieux, le commerce fait de rapides progrès.

Le résultat fut que le mal que l'on souffrait en silence, les inégalités que l'on supportait, dès que l'on vit la possibilité de s'y soustraire, devinrent insupportables, et la prospérité, tout en soulageant le peuple, le souleva.

La Révolution est, dit Tocqueville, sortie d'elle-même. C'est-à-dire qu'elle était dans les faits très engagée et que c'est la rencontre de deux passions, la haine des inégalités et la soif de liberté,qui poussa les Français de 1789 à vouloir vivre égaux dans la liberté. Ce fut un temps de générosité et d'enthousiasme pendant lequel ils réduisirent en poussière les lois de l'ancien régime pour les adapter à leur rêve ; mais, bientôt, la nation rechercha un nouveau maître. Elle le trouva en celui qui serait le continuateur et le destructeur de la Révolution.

En 1789, la Révolution Française était déjà faite... selon A. de Tocqueville

Toutefois, si la plupart des réformes étaient pratiquement déjà accomplies en 1789, si l'esprit de liberté habitait déjà le peuple, et si la nation toute entière avait, grâce aux écrivains du XVIII ème siècle, accepté l'idéal démocratique, on est en droit de se demander quelle a été l'oeuvre de la Révolution.
Tocqueville nous le dit dans un petit chapitre de deux pages (10). Elle a d'abord été une révolution sociale et politique qui a accru la puissance et les droits de l'autorité publique.
Elle n'a ni changé la civilisation de la France ni altéré aucune des lois fondamentales qui la régissaient ; elle n'a fait qu'abolir d'anciennes institutions politiques pour les remplacer par un nouvel ordre social et politique qui avait l'inégalité des conditions pour base.
Comme toutes les lois étaient "entrelacées", la Révolution est apparue comme plus radicale qu'elle n'était en réalité, et cette apparence fut encore renforcée par les convulsions qui ont présidé au changement. Elle a surtout détruit tout ce qui découlait de la société de l'ancien régime et des institutions aristocratiques et féodales.
Tocqueville, par ailleurs, insiste sur deux choses :
Premièrement, la Révolution n'était pas terminée quand il écrivait : *Car elle dure encore*, dit-il.
Deuxièmement, ce n'était pas un évènement fortuit, mais

> ... *le complément du plus long travail, la terminaison soudaine et violente d'une oeuvre à laquelle dix générations d'hommes avaient travaillé.*

Ainsi, son oeuvre principale fut d'avoir achevé brutalement ce qui, de toute manière, se serait achevé de soi-même.

Nous avons donc à faire avec Tocqueville à une interprétation de la Révolution française à l'opposé de celle d'un Michelet. Il ne s'agit pas d'une rupture entre deux civilisations, d'un cataclysme qui creusa un fossé entre deux sociétés qui n'avaient rien de commun, et dont la nouvelle ne portait aucune trace de l'ancienne, mais au contraire, d'un des épisodes violents d'un long processus qui avait commencé au Moyen-Age et dont le terme n'est peut-être pas encore arrivé. Voilà pour l'interprétation chronologique.

Quant à l'espace : Tocqueville ne circonscrit pas l'idée révolutionnaire à la France. Grâce aux philosophes du XVIIIème siècle, la France s'est mise à la tête d'un courant d'idée libertaire et sa mission ne s'arrête pas à ses frontières. Corrigeant une interprétation de Burke qui pense que les Français auraient dû, plutôt que de renverser la royauté, s'inspirer de la constitution anglaise afin d'y retrouver "l'ancienne loi commune à l'Europe" - Il écrit :

> ... *c'est la révolution qui doit précisément abolir cette ancienne loi commune de l'Europe.*

Il veut dire par là que la cité imaginaire bâtie par nos écrivains était une cité dont tous les Européens pouvaient devenir les citoyens.

Donc, si en 1789, la Révolution était déjà faite en France, elle n'était malgré tout pas encore terminée car son oeuvre se perpétuait ailleurs.

En 1789, la Révolution Française était déjà faite... selon A. de Tocqueville

Notes.

(1) *Louis XIV, qui avait détruit toutes les grandes existences individuelles, dissous ou abaissé tous les corps...*
Etat social et politique de la France, p.36.
*L'Ancien Régime et la Révolution.*Vol.1., Paris, Gallimard, 1952.

(2) *L'Ancien Régime et la Révolution,* Oeuvre citée, p.58.

(3) Cité dans *L'Ancien Régime et la Révolution,* p.118.

(4) Cité dans *L'Ancien Régime et la Révolution,* p.129.

(5) Cité dans *L'Ancien Régime et la Révolution,* p.242.

(6) Etat social et politique de la France. *L'Ancien Régime et la Révolution,* Vol.1. p.39.

(7) *L'Ancien Régime et la Révolution,* Vol.1. p.53.

(8) *L'Etat social et politique de la France.* Publié en 1836 par la London and Westminster review.

(9) *L'Ancien Régime et la Révolution,* Vol.1. p.66.

(10) Quelle a été l'oeuvre propre de la Révolution. française - Chapitre V - Livre 1.
L' Ancien Régime et la Révolution, p.95 et 96.

LES FONDEMENTS THEOLOGIQUES DE LA RÉVOLUTION FRANÇAISE DANS <u>LA FIN DE SATAN</u> DE VICTOR HUGO

Anne-Marie AMIOT

La Révolution française est le plus puissant pas du genre humain depuis l'avènement du Christ. Incomplète, soit ; mais sublime. Elle a dégagé toutes les inconnues sociales. Elle a adouci les esprits ; elle a calmé, apaisé, éclairé ; elle a fait couler sur la terre des flots de civilisation ... La révolution française, c'est le sacre de l'humanité.

V. Hugo, *Les Misérables*, I,1,10.

Il peut sembler une gageure d'étudier l'interprétation hugolienne de la Révolution Française de 1789 à travers *La Fin de Satan*, oeuvre inachevée, jugée délirante ou hallucinée selon les critiques. En fait, quelque touffu que paraisse le propos et si mince qu'y soit matériellement la place attribuée à la révolution, *La Fin de Satan*, plus que tout autre texte, *Quatre-vingt-treize* par exemple, livre la signification que lui attribuait Hugo = évènement historique mais aussi et surtout événement cosmique. *Quatre-vingt-treize* se comprend à la lueur de *La Fin de Satan* et non l'inverse.

Intégrée dans la Trilogie qu'elle devait former avec *Dieu* et *La Légende des Siècles*, *La Fin de Satan* ne peut être dissociée de cet ensemble dont Hugo révèle la visée métaphysique dans la "Préface" de *La Légende* :

> *L'auteur a esquissé dans sa solitude une sorte de poème d'une certaine étendue où se réverbère le problème unique, l'Etre, sous sa triple face : l'Humanité, le Mal, l'Infini, le progressif, le relatif, l'absolu, en ce qu'on pourrait appeler trois chants : La Légende des siècles, La Fin de Satan, Dieu.*

A l'évidence, Hugo cherche à donner dans cette oeuvre la "Somme" du XIXème siècle, cette *explication orphique de la TERRE qui est le seul devoir du poète et le jeu littéraire par excellence* (1). Après Ballanche, Nerval, Quinet, Lamartine, pour ne citer qu'eux, Hugo s'essaie à l'épopée (2) de l'Humanité dont rêve le XIXème siècle, restauration synthétique de la Bible et d'Homère (3), Evangile de l'Ere nouvelle instaurée par la Révolution que tentent d'écrire tour à tour, Lamennais, Esquiros ou Eliphas Levi.

Comme pour les écrivains précités, l'Histoire, selon Hugo, se fonde sur une théologie, voire sur une théogonie ; aussi ne diffère-t-elle pas essentiellement de la Légende. Aux yeux de Hugo, toutes les manifestations de l'Humanité sont équivalentes et pèsent du même poids au regard de l'Eternité :

> *Exprimer l'humanité dans une espèce d'oeuvre cyclique ; la peindre successivement et simultanément sous tous ses aspects, histoire, fable, philosophie, religion, science, lesquels se résument en un seul et immense mouvement vers la lumière...*(4)

signifie à la fois dans le poème conclusif de *La Légende*, les derniers vers de *La Fin de Satan* "dénoûment" de *La Légende des Siècles*, et surtout *Dieu* qui devait en être le "couronnement".

Dans cette perspective, la Révolution française ne peut être comprise isolément ; elle trouve son fondement et sa nécessité dans l'examen de l'évolution non seulement du monde, mais de l'univers tout entier. Réciproquement, sa venue, par la stupéfaction et l'espoir qu'elle suscite, légitime une conception providentialiste de l'Histoire qu'Hugo emprunte à la philosophie religieuse de son temps et plus spécialement aux héritiers de l'Illuminisme du XVIIIème siècle français que sont Ballanche, Esquiros ou, jusqu'à un certain point, Pierre Leroux.

La Révolution Française est en effet la pierre angulaire de la philosophie de l'histoire romantique selon qu'on la considère ou non comme un effet de "la main divine" ou du déterminisme historique. Si le positivisme et le scientisme s'en tiennent, pour expliquer l'Histoire, à l'analyse des causes et des effets qu'elles engendrent, l'autre position, héritée du Providentialisme d'un Bossuet par exemple, prône une philosophie providentielle de l'Histoire où l'évènement n'est que le "signe" d'une volonté transcendantale émanant d'un Dieu, d'une Providence ou d'un principe spirituel (5). Battue en brèche par les analyses magistrales de Montesquieu, cette position, paradoxalement, connut un regain de vigueur lors de la Révolution, quand le théosophe Saint-Martin en usa pour tenter, dès 1792, d'expliquer la violence du bouleversement qui se déchaînait sur la France. Texte canonique, *La Lettre à un ami sur la Révolution* (6) inspira tant la politique réactionnaire de Joseph de Maistre (7), que la réflexion révolutionnaire de Lamennais ou que les théories libérales de Ballanche (8) dont on a pu dire qu'il passa sa vie à vouloir expliquer le phénomène révolutionnaire.

Que dès sa jeunesse, Hugo, catholique et monarchiste, adepte des idées de Ballanche, opte pour le providentialisme historique, il n'y a rien là d'étonnant. Plus remarquable me paraît sa fidélité à cette doctrine tout au long de sa vie. Dans *Napoléon le*

Petit, un chapitre entier (VIII,6), où se trouve d'ailleurs une citation de Bossuet, est consacré à l'examen du Coup d'Etat selon les principes d'une philosophie providentielle :

> *Quand Dieu veut détruire une chose, il en charge la chose elle-même. Toutes les institutions mauvaises de ce monde finissent par le suicide. Lorsqu'elles ont assez longtemps pesé sur les hommes, la Providence comme à ses vizirs, leur envoie le cordon par un muet ; elles s'exécutent. Louis Bonaparte est le muet de la Providence.*

Fonction attribuée par Hugo aux *hommes de la Révolution*, Robespierre, Danton, et Marat surtout, dont le caractère *providentiel* éclate dans sa monstruosité même (9) :

> *Quant à Marat, il est sans pareil dans l'histoire. Rien ne lui ressemble et il ne ressemble à personne ; Marat est un cas de tératologie historique ; Marat est un être inouï, disproportionné, invraisemblable, qui, même après qu'on a constaté qu'il est réel, semble impossible (...).*

Il appartient à la curieuse catégorie hugolienne des *monstres*, (10) incarnation d'un mal ténébreux, destiné à disparaître.

Ceci posé, une approche plus fine du sens de la Révolution française dans *La Fin de Satan* exige une analyse plus serrée du texte, de ses fondements, et de sa finalité idéologique et esthétique.

Cette oeuvre étrange est exemplaire : elle se présente au milieu du XIXème siècle comme un *compendium* du Romantisme mystique issu de l'Illuminisme, essentiellement de la tendance martiniste, dont Hugo a puisé les éléments soit à la source, soit chez ses contemporains, maîtres ou amis, Ballanche, Esquiros, ou Pierre Leroux. *La Fin de Satan* repose en effet sur une théogonie de la Chute et de la Réintégration, exposée dans ses grandes lignes en termes de théologie boehmienne. A l'encontre d'autres poètes, Hugo, tout en la présupposant, laisse de côté la conception boehmienne complexe d'un Dieu avant la Création, le *Un* primordial qui doit se diviser et créer le monde pour s'y contempler (11). Mais il en garde le principe essentiel d'unité originelle de l'univers, état idéal, ante-historique, assimilé à "l'eden perdu" qu'aspire à retrouver la création toute entière dans une *réintégration* de son état premier ; principe d'unité qui pose de surcroît en corollaire, l'un des concepts majeurs du Romantisme mystique, celui de la solidarité qui unit tous les êtres, rassemblés selon la loi de l'universelle analogie :

> *L'Inconnu nous tient tous dans ses fatals filets;*
> *Nous sommes vos échos, vous êtes nos reflets,*
> *Car tout est l'unité. Forme joyeuse ou triste*
> *Tout se confond dans Tout, et rien à part n'existe,*
> *O vivant ! et sais-tu ce que dit l'abîme : Un.*(12)

Ces lignes de *Dieu* fondent idéologiquement le propos de *La Légende des Siècles* : comme on le verra, l'auteur en racontant le genre humain ne l'isole pas de son entourage terrestre. Il mêle quelque fois à l'homme, il heurte à l'âme humaine, afin de

> *lui faire rendre son véritable son, ces êtres différents de l'homme que nous nommons bêtes, choses, nature morte, et qui remplissent on ne sait quelles fonctions fatales dans l'équilibre vertigineux de la création.*

Lié aux éléments terrestres, *le genre humain* l'est aussi aux éléments cosmiques : ce qui se passe *hors de la terre* engendre *sur la terre* des événements analogiques. D'où la construction rigoureusement parallèle des trois *Livres* qui, dans *La Fin de Satan* mettent constamment en regard le drame cosmique et le drame humain, le second devant être considéré comme le *signe*, le symbole ou la *figure* de l'autre.(13)

Or l'aventure cosmique relatée par Hugo se déroule en divers actes scandés selon les temps de la philosophie boehmienne, quelque peu corrigée par les interprétations successives de Saint-Martin et de Ballanche. Comme maint théologien, Boehme, toute sa vie, a tenté de concilier l'existence du Mal avec la toute puissante Bonté de Dieu, et la liberté de l'homme, créé à l'image de Dieu, dont il possède l'Imagination et la Parole, mais aussi à l'image de la Nature dont son corps partage le destin. Aussi le théosophe achoppe-t-il sur l'idée du péché originel commis par Adam. Selon lui, ce dernier est une victime ; il subit les conséquences d'une "chute" de la création dans le Mal dont Boehme attribue la responsabilité à Satan (14). Telle est du moins la version boehmienne adoptée par le martinisme.

Hugo, à l'évidence, s'y réfère : il ouvre son poème sur un évangile de ténèbres, *Et nox facta est* où il peint la révolte et la chute de Lucifer devenu Satan qui, introduisant le Mal dans l'Univers, le plonge dans la nuit.

Or, cette chute située dans des

cycles antérieurs à l'homme,
..................où les préadamites
Apparaissent debout dans l'ombre sans limites

porte en elle le germe de créatures du Mal. En effet, selon la tradition johannique, exaltée par Jacob Boehme, la création est oeuvre de Parole. Ici, de même que la parole de Dieu a proféré une création de lumière et de bonté, de même, les mots que laisse tomber Satan engendrent des éléments qui, sur terre, incarneront le Mal (15) :

v.10 *Il cria : - Mort ! - (.....)*
Ce mot plus tard fut homme et s'appela Caïn.

v.20 *- Tu mens ! - Ce mot plus tard fut l'âme de Judas.*

v.25 *Satan rit et cracha du côté du tonnerre (.....)*
Ce crachat fut plus tard Barrabas.

v.86 *Il dit : - Enfer ! - Ce mot plus tard créa Sodome.*

Aussi, à peine achevée par celle d'Adam, la création se trouve dès *La Première page* intrinsèquement viciée :

v.9 *Le mal avait filtré dans les hommes. Par où ?*
Par l'idole. (.....)

L'esprit satanique se propage dans le monde sous la forme d'Isis/Lilith :

v.12 *La fille du démon que l'homme eut dans son lit.*
....
Monstre femme que Satan fit avec de l'ombre.

De l'abîme satanique, de la terre contaminée, le Mal monte vers les cieux qu'il infeste à leur tour.:

v.32 *Depuis longtemps l'azur perdait ses purs rayons,*
Et par instants semblait plein de hideuses toiles
Où l'araignée humaine avait pris les étoiles.
Car dans ces temps lointains de ténèbres voilés
Où la nature et l'homme étaient encore mêlés
Les forfaits de l'éther rayonnaient en désastres,
Et les vices allaient éteindre au ciel les astres.
Le mal sortait de l'homme et montait jusqu'à Dieu.

Aussi ce dernier, *pensif*,décide-t-il d'engloutir la création dans le Déluge avant de se raviser :

Et Dieu dit : - Je consens que ce monde revive,

après que le Chaos (l'*Ungründ* boehmien ?) ait refusé de le *reprendre*. Ainsi Hugo interprète-t-il la théorie occultiste de la seconde création du monde dans *La Sortie de l'ombre*. Toutefois, Dieu n'a pu réussir à terrasser l'Esprit du Mal désormais ancré dans la matière (16) : Isis, *l'âme du monde mort* survit, détentrice des armes meurtrières de Caïn, le clou d'airain, la pierre et le bâton, enfouis sous la terre, qui seront les *germes du crime* :

v.252 *(...)Clou d'airain qui servit au bandit,*

Tu t'appelleras Glaive et tu seras la guerre ;
Toi, bois hideux, ton nom sera Gibet ; toi pierre,
Vis, creuse-toi, grandis, monte sur l'horizon,
Et le pâle avenir te nommera Prison.

Ainsi se trouvent plantés les éléments symboliques du décor de l'Histoire du Monde, piliers autour desquels s'articulent les trois livres de *La Fin de Satan* : *Le Glaive, Le Gibet, La Prison.* Dans le premier, Hugo décrit l'état de guerre généralisé, le règne de la violence et de la cruauté, en un mot le triomphe de Satan (cf. les derniers vers du Livre I), encore tout-puissant au début du Livre II consacré à l'avènement du christianisme :

En ce temps-là, le monde était dans la terreur
Caïphe était grand prêtre et Tibère empereur.

Jésus, *Homme suprême* (17) vient, par un évangile d'amour, rendre l'espoir à l'humanité :

v.848 *Les hommes pleins de haine ont à la main le glaive.*
O femme, en les aimant on peut les apaiser.
Que dis-tu de l'amour ? Parle,

s'écrie Jésus dans son dialogue avec la Sibylle, blottie dans *l'antre ténébreux*, symbole des croyances païennes qui réduisent l'homme au désespoir (v.784 et sq.)

Mais la fille de Satan, Lilith/Isis veille (X). Sa présence fantômatique symbolise physiquement le Mal et la Haine qui concourent à la mise à mort de Jésus, barbarie contre laquelle Hugo s'élève en adversaire de la peine de mort ; aux hommes *atterrés* par la mort de Jésus,

v.2638 *Le Golgotha funeste et pestilentiel*
Leur semble la tumeur difforme de l'abîme.
Fauve il se dresse au fond mystérieux du crime,
Et le plus blême éclair du gouffre est sur ce lieu
Où la religion sinistre, tua Dieu. (18)

Car paradigme de l'Homme, Jésus est également l'Image

suprême de Dieu et son *révélateur* :

(......................) et les peuples
Atterrés ont senti que l'Inconnu lui-même
Leur était apparu dans cet Homme suprême,
Et que son évangile était pareil au Ciel.

Symbole des martyrs injustement condamnés, Jésus apparaît comme un bouc émissaire : il expie les fautes de l'Humanité pour lui *révéler* un autre ordre que celui du *Glaive* et lui permettre de se racheter, le rachat étant conçu comme une réintégration de l'homme dans sa potentialité primitive.

Le Livre III, *La Prison* (19) représente le temps de la Douleur et de l'Expiation dont l'homme est finalement délivré par la démolition de la Bastille, marque d'une ère nouvelle de bonheur et de liberté, correspondant à la réconciliation de Satan et de Dieu, ou plus exactement à la "réintégration" de Satan dans son état premier de Gloire, au Livre IV.

Tel est le déroulement de l'Histoire sur terre, divisée par Hugo selon les trois états de la *loi palingénésique*, chute, expiation, rédemption, définie par Ballanche à qui Hugo semble également emprunter les symboles de Gibet et de Prison. Mais, je l'ai dit plus haut, cette Histoire terrestre n'a de sens qu'éclairée par les épisodes parallèles de l'Histoire qui se déroule *Hors de la terre*. Si le déterminisme historique existe, c'est entre le Ciel et la Terre que, selon Hugo, on peut en observer les effets : chaque moment décisif de la bataille que livre Satan à Dieu précède et conditionne les évènements terrestres relatés dans le Livre suivant.

Ainsi, dès la Chute de Lucifer, une plume de ses ailes échappe à l'engloutissement. Cette intervention du hasard permet à Dieu d'exercer sa toute-puissante bonté :

v.212 *Ne jetez pas ce qui n'est pas tombé.*

Il doue la plume luciférienne d'une vie autonome en

faisant tomber sur elle *le rayon de l'oeil prodigieux* (II, 40), puis il nomme (20) l'ange nouveau-né : *Liberté*. Cette création étrange permet au poète de rendre compte des doctrines occultistes, largement diffusées au XIXème siècle, qui faisaient de Satan le frère des hommes et le libérateur du genre humain (21). Toutefois il n'y adhère pas ; dans son oeuvre Satan reste l'Ange du Mal, mais par sa "plume", il participe, à son insu, à l'abolition du Mal qu'il avait engendré. Il n'est pas la Liberté, comme chez Proudhon, mais seulement l'un de ses *pères*, ce qui sauvegarde la doctrine de l'unité de la Création. Dieu rappelle en effet, à la fin de l'ouvrage :

> *Viens ; l'ange Liberté c'est ta fille et la mienne;*
> *Cette paternité sublime nous unit.*

La naissance de Liberté et son combat contre Isis/Lilith, fille noire de Satan, encadrent les deux chapitres centraux du Livre II consacrés à Jésus, fils de Dieu, et amorcent *Hors de la terre* l'avènement de l'Amour. En réponse, sur terre, avec le christianisme se clôt l'ère de barbarie, de doute, et de stagnation, évoquée dans le monologue de la Sibylle, et s'ouvre l'ère du christianisme c'est-à-dire de l'Amour universel. *Hors de la terre*, Satan s'adressant à Dieu s'écrie alors : *Je l'aime* exaltant dans une longue tirade la découverte de l'Amour qui se propage par le chant d'amour des oiseaux, l'hymne d'amour des astres dans l'Infini, celui des Anges dans le Ciel, et triomphe dans le combat des deux Anges Lilith et Liberté. Or, avant de se mesurer dans leur lutte fratricide, les deux soeurs ennemies ont chacune adressé à Satan un discours, le poussant l'une à la haine, l'autre à l'amour, dont la victoire se marque immédiatement par le sommeil dans lequel sombre Satan, symbole d'une conscience *en repos*, mais aussi état de surdité aux paroles maléfiques proférées par Lilith désormais vouée à un échec qui conditionne le déroulement de l'Histoire.

Après la mort du Christ, Lilith semble

près de toucher au but :

v.222 *L'airain, le bois, la pierre ont accompli leur tâche ;*
L'airain s'est fait soldat, roi, prince, chevalier, (22)
Et le bois s'est fait juge et la pierre geôlier ;
Caïn a reparu sous trois formes, le glaive,
Le gibet, la prison ; et Babel se relève ;
Le sang coule ; Jésus est mort ; l'enfer prévaut ;
L'échafaud monstrueux du monde est le pivot ;
Tout croule ; et dans le sang humain l'homme se lave.
La guerre le fait brute et la prison esclave ;
L'homme subit le joug en sortant du combat ;
Et tigre dans le cirque est âne sous le bât.
Sois content. Tout est fauve, impitoyable et triste.
Tu règnes. Cependant un obstacle résiste.

Lilith rencontre la résistance d'un peuple, assimilé à l'Homme même et présenté comme un nouvel Adam :

v.241 *Ce peuple c'est Adam, mais Adam qui se venge.*

Suit alors un éloge de l'excellence du peuple français, peuple roi, *élu* pour guider et gouverner le monde. Hugo, ce faisant, puise dans la meilleure tradition des écrits messianistes inspirés par la Révolution (23). Il innove toutefois, en imputant les raisons de ce choix à une qualité inédite, apanage du Peuple français. Alors que les Illuministes les plaçaient généralement dans *l'excellence de la langue française* (24), Hugo, suivant la logique de son discours, met en avant les vertus de la France ; dans ce livre d'Amour,

v.248 *Cette France est l'amour et la joie en courroux,*

toutes deux qualités divines.

C'est le bien qui rugit, l'idéal qui s'irrite ;

poursuit-il, donnant à la France le rôle imparti dans

les livres précédents à Noé ou au lépreux, celui de témoin, c'est-à-dire de *martyr* du divin ; il justifie ainsi les exactions et les crimes dont fut victime le peuple français au temps de la Révolution (25). Elu par Dieu, il joue le même rôle que joua autrefois le peuple hébreu. Mais cette élection même en fait l'ennemi juré de Satan, l'enjeu désigné et le lieu choisi de la lutte finale entre les deux principes du Bien et du Mal. Pour exprimer cette fatalité, Hugo invente une histoire symbolique ; un mythe, qui lui permet une fois encore, de synthétiser les opinions divergentes de ses contemposrains dans le débat ouvert sur la nature divine ou satanique de la Révolution. Il fait de la Bastille, déjà allégorie de la *prison* humaine, l'aboutissement des avatars de la pierre enfouie par Caïn.

V.260 *La pierre dont Abel fut frappé par Caïn*
Gisait toute difforme et toute ensanglantée ;
Tu t'en souviens ; je l'ai ramassée et jetée
Près de la Seine, ainsi qu'une graine en un champ;
Ton haleine, perçant le globe et le touchant,
L'a fait croître et grandir jusqu'au ciel, tour affreuse ;
Cette tour en cachots innombrables se creuse ;
Elle est la soeur du trône, elle écrase Paris.
....
La Bastille, implacable et dure est sur Paris....

Elle se dresse ainsi comme la forteresse visible du Mal, de l'oppression, de la géhenne. Elle est le *signe* du règne de Satan, sa *correspondance* dans l'odre social. Abattre la Bastille, c'est terrasser Satan sur terre, oeuvrer pour la constitution d'une société christique (26) fondée sur l'Evangile d'amour et non plus sur la guerre, la vengeance et la mort.
Aussi *La prise de la Bastille*, épisode non rédigé, prenait place au Livre III, conséquence de la disparition de l'esprit du Mal, Lilith, littéralement absorbée par la lumière de l'Ange Liberté :

v.459 *Les rayons dévoraient l'affreux linceul flottant ;*
L'étoile aux feux divins, plus large à chaque instant,
Météore d'abord, puis comète et fournaise,
Fondait le monstre ainsi qu'un glaçon dans la braise.
Quand l'astre fut soleil, le spectre n'était plus.

La mission de Liberté correspond à celle du Christ qu'elle fonde et parachève tout à la fois :

v.639 *O ne me défends pas de jeter dans les cieux*
Et les Enfers, les cris de l'Amour factieux,

au nom duquel elle implore Satan de faire éclater le cataclysme révolutionnaire qui marquera le terme d'une époque et l'avènement d'une autre encore en formation (27) :

v.645 *...O moi qui viens de toi, permets que j'aille*
Chez ces vivants, afin d'achever la bataille
Entre leur ignorance, hélas ! et leur raison,
Pour mettre une rougeur sacrée à l'horizon,
Pour que la terre tremble et que la prison croule
Pour que l'éruption se fasse et pour qu'enfin,
L'homme voie, au-dessus des douleurs, de la faim,
De la guerre, des dieux, des rois, de la démence,
Le volcan de la joie enfler sa lave immense ! -

Nouvelle Athéna, Liberté non seulement dirige mais fomente l'explosion révolutionnaire présentée chez Hugo, comme chez les Illuministes ou Lamennais par des images apocalyptiques de cataclysmes, marquant la fin des temps (28). Une même représentation est donnée dans l'un des poèmes dits "prophétiques" de *La Légende*, *Plein Ciel*, où, en 1859, Hugo développe la quasi totalité du propos qui constituait *Dieu* et *La Fin de Satan*.

v.520 ....*Oh ! ce fut tout à coup*
Comme une éruption de folie et de joie,
Quand, après six mille ans dans la fatale voie,

Défaite brusquement par l'invisible main
La pesanteur, liée au pied du genre humain,
Se brisa ; cette chaîne était toutes les chaînes !
Tout s'envola dans l'homme, et les fureurs, les haines,
Les chimères, la force évanouie enfin,
L'ignorance et l'erreur, la misère et la faim,
Le droit divin des rois, les faux dieux juifs ou guèbres
Le mensonge, le dol, les brumes, les ténèbres,
Tombèrent dans la poudre avec l'antique sort,
Comme le vêtement du bagne dont on sort.

Et c'est ainsi que l'ère annoncée est venue,
Cette ère qu'à travers les temps, épaisse nue,
Thalès apercevait au loin devant ses yeux
Et Platon, lorsque, ému, des sphères dans les cieux
Il écoutait les chants et contemplait les danses.

Il s'agit bien, avec la Révolution, d'un évènement analogue au déluge, de l'apparition de la *Jérusalem Nouvelle*, de *l'idéale Sion* (v.547), de la naissance d'une nouvelle ère où l'Histoire devrait se dérouler non plus sous le soleil de Satan, mais dans l'éclat de la Lumière divine et de la Liberté, constamment unies dans les métaphores hugoliennes. Dans le Ciel,

v.574 *Les esprits purs, essaim de l'empyrée auguste,*
Devant ce globe obscur qui devient lumineux,
Ne sentent plus saigner l'amour qu'ils ont en eux ;
Une clarté paraît dans leur beau regard sombre ;
Et l'archange commence à sourire dans l'ombre.

tandis que *sur terre*, pour reprendre le parallélisme de *La Fin de Satan*,

v.568 *L'homme aux fers, pénétré du frisson des roseaux*
Est remplacé par l'homme, attendri, fort et calme.

Et le poème s'achève sur la vision planante de *La liberté dans la lumière.*

Correspondance évidente avec *Dieu*, mais aussi avec *La Fin de Satan* où la *réintégration* de Dieu dans son Unité première - quatrième état de Dieu devenu *Sophia* dans la théosophie boehmienne - s'achève en même temps que Satan recouvre son état primitif d'ange de lumière,

IV, v.110 *Satan est mort ; renais ô Lucifer céleste,*

que l'univers redevient Paradis,

Permets que, grâce à moi, dans l'azur baptismal
Le monde rentre, afin que l'eden reparaisse,

et que l'homme retrouve le statut privilégié d'Adam dans la Création tel que le décrit Hugo, non dans *La Fin de Satan* restée inachevée au Livre IV où cet épisode aurait dû logiquement prendre place, mais dans *Abîme*, dernier poème de *La Légende* :

Je suis l'esprit, vivant au sein des choses mortes,

s'écrie l'Homme, avant d'énumérer ses divers avatars et l'étendue de ses pouvoirs :

Je vis ! Dans mes deux mains, je porte en équilibre
L'âme et la chair ; je suis l'homme enfin maître et libre !
Je suis l'antique Adam ! j'aime, je sais, je sens;
J'ai pris l'arbre de vie entre mes poings puissants ;
Joyeux, je le secoue au-dessus de ma tête,
Et, comme si j'étais le vent de la tempête,
J'agite ses rameaux d'oranges d'or chargés,
Et je crie : - Accourez, peuples, prenez, mangez !
Et je fais sur leurs fronts tomber toutes les pommes ;
Car, science, pour moi, pour mes fils, pour les hommes
Ta sève à flots descend des cieux pleins de bonté,.....

Réintégrée dans le Royaume de Dieu, la science permet à l'homme d'accomplir la tâche autrefois dévolue à Adam, continuer la Création.

v.53 .... *La nature ébauche ; je termine.*

Mais, alors que Boehme limitait le pouvoir de création à la seule Parole, Hugo le place également dans la science dont la présence et le rôle dans l'eschatologie nouvelle caractérise l'ère, inaugurée par la Révolution. Pour signifier ce changement, il unit en des raccourcis saisissants, les savants modernes, espèce nouvelle de prophètes, aux personnages bibliques ou légendaires :

v.44 *Prométhée, au Caucase enchaîné pousse un cri,*
Tout étonné de voir Franklin voler la foudre ;
Fulton, qu'un Jupiter eût mis jadis en poudre,
Monte Léviathan et traverse la mer ;
Galvani, calme, étreint la mort au rire amer ;
Volta prend dans ses mains le glaive de l'archange
Et le dissout ; le monde à ma voix tremble et change ;
Caïn meurt, l'avenir ressemble au jeune Abel ;
Je reconquiers Eden et j'achève Babel.

Le savant devient l'allié et l'émule du poète. Le Progrès, figuré par la lumière (cf. le siècle des Lumières), correspondance terrestre de Liberté, absorbe le passé, dans une métaphore dévorante analogue à celle qui évoquait la disparition de Lilith phagocytée par l'ange de lumière :

v.27 *Le beau Progrès vermeil, l'oeil sur l'azur fixé,*
Marche et tout en marchant dévore le passé.

En créant une ère nouvelle et un homme nouveau, la Révolution Française a donc ouvert la voie à tous les possibles. L'homme, muni de pouvoirs quasi divins a désormais pour mission d'instaurer un ordre social et politique conforme à l'Evangile qui devra sortir l'humanité de *l'enfer social* (exergue des *Misérables*) et opérera *la transfiguration de l'enfer terrestre* qui va de pair *avec l'éclosion lente et suprême de la liberté* dont parle la Préface de *La Légende*. Pour abolir l'enfer terrestre comme le fut l'enfer *hors de la terre*, il convient donc d'achever l'oeuvre amorcée par *l'éruption* révolutionnaire de 1789. Comme les Illuministes, Hugo prône la thèse de l'achèvement de la Révolution de 1789 par d'autres révolutions :

> *La Révolution française destinée à devenir la révolution universelle, a trois phases successives qui s'engendrent l'une l'autre. Les voici : délivrer le citoyen, émanciper le travailleur, constituer l'homme... La première phase de la Révolution porte cette date ; 22 novembre 1792 et a ce nom : République démocratique ; la deuxième phase porte cette date ; 24 février 1848 et a ce nom : République sociale ; la troisième phase, la troisième date, la date future... je ne sais pas le chiffre, mais le nom je le sais et je vais vous le dire : République humaine.*
> *Vive la Révolution !*

Une quatrième partie *Sur terre* de *La Fin de Satan* aurait pu évoquer cette utopie que développe Hugo dans les métaphores "visionnaires" de *Plein Ciel* véritable poème épique, substitué aux épopées prévues initialement qui pourtant le fondent théologiquement et philosophiquement.

L'interprétation du *creux néant* consacré à la Révolution française dans *La Fin de Satan* se révèle en fin de compte essentiel, à la compréhension de l'idéologie et de l'écriture hugoliennes dans la mesure où elle met en évidence l'unité du projet qui relie entre eux les écrits de Victor Hugo.

Autour de sa réflexion sur la Révolution, primordiale, obsédante, à partir de 1848, s'organise un système de pensée original tributaire des théories illuministes ou issues de l'Illuminisme (30).

Farouche partisan du Providentialisme historique, Hugo interprète la Révolution comme un produit de la lutte entre le Bien et le Mal, entre Dieu et Satan. Par analogie, la *fin de Satan* entraîne la fin de l'enfer terrestre et instaure une *Aurore* nouvelle selon le beau titre de Boehme (31), diversement et inlassablement repris dans les métaphores hugoliennes du Progrès.

La théorie du Progrès hugolien ne doit donc pas être comprise selon une perspective scientiste athée. La *réintégration* de Satan entraîne celle de la science désormais lavée de la malédiction qui pesait sur elle (32). L'optimisme de Hugo relève de la foi en un Dieu innomé et innommable (33) qui garantit l'accroissement et la réussite de la connaissance où s'exerce *l'esprit humain* (34). Son libéralisme social apparaît comme une extension analogique de la grande loi de l'égalité et de la solidarité des êtres :

> *L'homme solidaire avec la planète, la planète solidaire avec le soleil... la nébuleuse solidaire avec l'infini. Otez un terme de cette formule, le polynôme se désorganise, l'équation chancelle, la création n'a plus de sens sur la terre. La solidarité des hommes est le corollaire invincible de la solidarité des univers. Le lien démocratique est de même nature que le rayon solaire.* (35)

Cette loi gouverne la logique qui préside à l'ordonnance de la trilogie projetée dans la "Préface" de *La Légende*.

Fidèles expressions des idées de Hugo, *La Fin de Satan* et *Dieu* ne seront pourtant ni publiés ni même achevés. Lors de leur conception, il semble que Hugo ait cédé à la mode de son siècle où les écrivains s'essaient tour à tour à écrire le *Nouvel Evangile* requis par la *nouvelle ère* instaurée par la Révolution française qui clôt *La Légende* :

Les poèmes qui composent ces deux volumes ne

> *sont donc autre chose que des empreintes successives du profil humain, de date en date, depuis Eve, mère des hommes, jusqu'à la Révolution, mère des peuples.*

Perspective qui mêle *l'aspect historique et l'aspect légendaire*, car, selon Hugo,

> *le second n'est pas moins vrai que le premier ; le premier n'est pas moins conjectural que le second.*

D'où les emprunts à la Bible et à Homère pour créer le style symbolique et prophétique requis par l'ambition d'écrire cette *cosmologie de l'histoire* (36), tentée par d'autres écrivains romantiques. Vers 1848, tous cherchent à métamorphoser l'Histoire en légende ou en mythe afin de lui faire rendre la dose de *cosmogonie* qu'elle contient. Mais l'effort stylistique n'est pas gratuit ; il est la conséquence d'une ambition unitaire et totalitaire de la connaissance où les voies jusqu'alors opposées de l'Histoire et de la Légende se fondent dialectiquement en un troisième "genre" qui en est la synthèse ou le symbole (37). Ainsi Esquiros écrivait en 1840 dans *L'Evangile du Peuple* : *La Révolution c'est le règne du Crucifié*. L'un des premiers, Esquiros applique à sa théorie de l'Histoire - et à l'Ecriture - la théorie des "figures" qui, fondées sur les analogies qui gouvernent l'univers, permettent d'exprimer symboliquement la marche de l'Histoire. Il légitime la Révolution, premier pas de la réalisation de *l'Evangile dans l'Etat*, et développe une utopie qui rassemble et synthétise, dans une perspective héritée de l'Illuminisme, les données religieuses et scientifiques, les croyances passées et les espoirs futurs :

> *(...) Le royaume de Dieu venu, l'unité s'établira dans le monde. Il n'y aura plus qu'un seul peuple, de même qu'il n'y a qu'un seul Dieu. La communion sera le signe de cette unité ; ce sera une communion dans l'humanité, nous devons res-*

> *ter en elle ; ainsi nous resterons dans le Christ, en Dieu. Cette communion sera le véritable "repas unitaire", le signe du "christianisme socialiste (...). Le Saint-Esprit - c'est-à-dire l'esprit de Progrès - soufflera à l'humanité ce qu'elle doit faire. La science expliquera ses paroles ; elle a déjà prouvé que les miracles doivent être expliqués par la magie, le magnétisme, par les lois de la nature inconnues jusqu'à présent. L'ignorance sera le seul péché ; la science sera libre et populaire (...).(38)*

Après ce résumé partiel du *Procès de l'Evangile du Peuple*, le biographe d'Esquiros poursuit :

> *Pour expliquer l'Evangile de cette façon, Esquiros part de l'idée que " tout est symbole dans l'Ecriture". Jésus représente l'humanité en progrès et en révolution. (...) Après avoir connu bien des misères, "l'humanité aura ses journées du Mont-Tabor ; elle aura ses journées d'Austerlitz, de Wagram, d'Eylau". Le patriotisme ardent de 1840 (?) lui suggère l'idée que la France est le Peuple-Christ (39), crucifié sur le calvaire de Waterloo. Pour réaliser l'unité du genre humain elle doit porter la guerre en Europe pour l'éviter dans son sein. C'est alors que la passion des peuples prendra fin.*

Un syncrétisme historico-religieux identique anime les sermons du Mapah, alias Eliphas Levi, alias abbé Constant.

> *La page prophétique de 1840 s'appelle Waterloo, Vendredi Saint, première partie d'une trilogie dont les deux autres doivent s'appeler : 14 Juillet 1789, Noël, et 27-28-29 Juillet, Pâques. Waterloo est "le râle d'une grande nation, le cri du sang d'un grand peuple. Waterloo est encore le Golgotha-Peuple, le Vendredi Saint du Grand Peuple-Christ. Nous apprenons que le Verbe, s'est*

> *fait Peuple dans le peuple français. Ce peuple-ci doit assimiler l'humanité ; il doit le faire par l'association, par l'attraction, par l'amour.* (40).

On ne peut manquer, à la lecture de ces textes, écrits par des écrivains que connaissait fort bien Hugo, de noter les concordances stylistiques - le choix du symbolisme - et idéologiques. Nous y retrouvons la plupart des thèmes développés dans les oeuvres de la maturité et de la vieillesse de Hugo, en particulier, *Dieu*, *La Fin de Satan*, *Quatre-Vingt Treize*, *Les Misérables* et *La Légende*.

Hugo est d'ailleurs conscient de l'unité du projet qui gouverne son oeuvre, créant entre ses livres une "solidarité" quasi biologique. Lorsque, vers 1854, il classe ses oeuvres en deux rubriques, *Socialisme*, *Naturalisme*, dans la première, il place *Les Misérables* tandis que dans la seconde, définie comme *la vie universelle vue de cette vie*, il range *Dieu* et *La Fin de Satan*. Toutefois, il prend soin de préciser :

> *naturalisme et socialisme sont mêlés dans tous mes livres.* (41).

Au moment de la rédaction de *La Fin de Satan*, Hugo reste encore très proche des conceptions idéologiques et esthétiques d'Eliphas Levi ou d'Esquiros. L'influence de Pierre Leroux s'affirme plus tard, pendant l'exil. Peut-être permet-elle à Hugo d'approfondir sa réflexion sur l'épopée, dont il abandonne la rédaction pour s'adonner à une production romanesque encouragée par le succès des *Misérables*, conçus à peu près à la même époque que *La Fin de Satan*. Convaincu désormais que, comme l'écrivait Pierre Leroux dans l'article *EPOPEE* de *L'Encyclopédie Nouvelle*, le Roman est la forme moderne de l'épopée, genre révolu, dans la mesure où le sacré n'est plus personnalisé et où Dieu se dissout depuis la Révolution de 1789, dans l'Inconnu que l'Humanité a pour mission de "révéler", Hugo entreprend le récit de son Histoire sous une forme romanesque.

Notes.

Sauf indication contraire, les références renvoient à l'édition Jean-Jacques Pauvert (1961) des *Oeuvres Complètes* de Victor Hugo.

(1) Mallarmé, *Oeuvres Complètes*, Gallimard, p.663.

(2) Sur l'épopée à l'époque romantique, cf. Hegel, *Esthétique*. Plus précisément sur l'épopée en France au XIXème siècle, cf. L. Cellier, *L'épopée romantique*, P.U.F., 1954.

(3) Sur Homère et la Bible, cf. *Les Odes et Ballades*, préface, août 1826 : *De tous les livres qui circulent entre les mains des hommes, deux seuls doivent être étudiés par lui, Homère et la Bible."* *Oeuvres Complètes*, p.8.

(4) Préface de *La Légende des Siècles, Oeuvres Complètes*, p.485.

(5) Ce résumé est évidemment très schématique et ne tient pas compte des nuances apportées par chaque philosophe au postulat fondamental du providentialisme.

(6) Titre exact : *Lettre à un ami, ou considérations politiques, philosophiques ou religieuses sur la Révolution française* , J-B. Louvet, an III. Sur l'influence de ce texte, cf. A-M. Amiot : *Baudelaire, l'Illuminisme et les idéologies de son temps*, Thèse, 1978, Nice, T.II.

(7) Maistre reprend le texte de Saint-Martin, pour en tirer des conclusions différentes, essentiellement dans ses *Considérations sur la France*, Londres, 1797. Il reprend en particulier l'idée martiniste de la Révolution miraculeuse, (chap. I), mais pour voir dans cette intervention di-

vine uniquement un châtiment. Il développe également le thème du *rôle privilégié de la France très chrétienne* qui avait failli à sa mission. Il exalte alors le *martyre du clergé* pendant la Révolution. Il prévoit en outre une "contre-révolution" imprévisible, car elle sera le fait de la Providence.

(8) L'influence de Ballanche grand lecteur de Saint-Martin - marque toute la première moitié du XIX ème siècle. Je retiendrai ici particulièrement sa conception de l'Histoire selon laquelle, *l'histoire, le fait concret n'est que la traduction tangible et vulgaire de la loi de l'être*, ce qui le conduit à en donner une expression symbolique. Il a développé également une théorie de la "solidarité" des êtres (qui influencera les Saint-Simoniens et leur transfuge, Pierre Leroux). Il est l'"inventeur" de la *loi palingénésique* sur laquelle je reviendrai plus bas.

(9) Cf. *Oeuvres Complètes*, Feuillets sur *Quatre-Vingt-Treize*, pp.1423 et sq.

(10) Sur cette conception, directement issue de l'occultisme, cf. D. Saurat, *Cahiers d'Hermès*, I, p.100.

(11) Les théories de J. Boehme ont varié et évolué d'un ouvrage à l'autre, en particulier sur l'interprétation du "péché originel". Sur la Création, par contre, sa pensée reste à peu près stable. Sur J. Boehme, cf. A. Koyré, *La Philosophie de Jacob Boehme*, Vrin, 1929.

(12) *Dieu, "Les Voix"*.

(13) Sur la théorie des "figures" à l'époque romantique, cf. F. Bowman, *La confirmatio christianorum per Socratica dans le Romantisme français*. *R.S.H.* n°122-123, 1966, pp.217-226.

per Socratica dans le Romantisme français.R.S.H. n°122-123, 1966, pp.217-226.

(14) Cf. L'*Aurora*.

(15) Cette théorie est particulièrement développée dans le martinisme ; Saint-Martin ne cesse de fustiger le bavardage et la profération des paroles nuisibles qui crée les êtres nuisibles.

(16) Théorie soutenue dans l'*Aurora* de Boehme, reprise par le martinisme pour qui la terre est devenue *le fief de Satan*. D'où une pédagogie de la sensation, essentielle à la "réintégration" de la matière dans le divin.

(17) Le messianisme illuministe, conséquence de la philosophie providentielle de l'histoire, suppose que Dieu envoie des hommes supérieurs, des messies ou des génies, selon les auteurs, pour manifester aux hommes sa volonté. Jésus fut l'un d'eux, le dernier envoyé par Dieu désigné par diverses appellations : *Homme-Dieu, Révélateur, Homme suprême*.

(18) Les métaphores de ce passage où affleurent, surimposées au Golgotha les images de *l'abîme* et du *gouffre*, domaine de Satan, conduisent le lecteur à assimiler la religion, en tant qu'institution, à une arme/ruse du Diable. C'est un exemple du style "symbolique" de Hugo. Idéologiquement, cette position est un héritage des Illuministes, pour qui le clergé protestant ou catholique, totalement corrompu, devait disparaître. (Cf. Swedenborg ; cf. Saint-Martin).

(19) Hugo hausse ici au rang de symbole pour ainsi dire génétique d'une perception du monde, l'image platonicienne du monde/prison qui connut un regain de faveur dans la littérature romantique,

par le canal de l'Illuminisme fortement imprégné lui-même par les doctrines platoniciennes et néo-platoniciennes. Hugo développe la métaphore dans *La Fin de Satan* v. 290 et sq, *O.C.* p.1181.

(20) Nouvel exemple de l'importance créatrice de la nomination chez Hugo.

(21) Sur le mythe de Satan au XIXème s., cf. Max Milner, *Le Diable dans la littérature française de Cazotte à Baudelaire*. La représentation de Satan libérateur des hommes, connaît une remarquable fortune en France, à la suite du *Caïn* de Byron : Vigny, G. Sand, les Saints-Simoniens, Proudhon et bien d'autres exaltent en lui un "frère" de l'humanité, victime d'une même malédiction divine. Sur ce point, cf. A-M. Amiot, *op. cit.*, tome IV : "le satanisme". De nombreux ouvrages sont écrits à cette époque sur le thème de la réconciliation de Satan avec Dieu, et de l'Unité retrouvée : Soumet, *La Divine Epopée* (1841); Abbé Constant, *L'Assomption de la Femme* (1841); Jean Reynaud, *Terre et Ciel* (1854), le thème de *La Fin de Satan*.

(22) On peut voir dans cette "descendance" l'origine et la justification mythique du "plébéianisme" hugolien, idéologiquement hérité de Ballanche d'ailleurs. Cf. *Reliquat* de *Quatre-Vingt-Treize* p.1423.

(23) *La lettre à un ami (...)* de Saint-Martin s'achève sur des considérations sur l'"élection" du peuple français, au sein de qui devait se lever le "messie" de la nouvelle ère.

(24) Thème abordé par Saint-Martin, mais surtout par J. de Maistre.

(25) Une image courante à cette époque (Ballanche, Saints-Simoniens) pour exprimer à la fois la violence, la rupture et la naissance, est celle de l'accouchement. Hugo la reprend : *La Révolution, c'est la civilisation en mal d'enfant. Reliquat* de *Quatre-Vingt-Treize, O.C.*, p.1424.

(26) Cette position est, dès 1840, celle de Lamennais, de David de Thoré, de Schoelcher, de Leroux, d'Esquiros qui, dans *L'Evangile du Peuple* enseigne que *l'Evangile est le code de la société nouvelle* où règnera *l'idée sociale et chrétienne.* (Van der Linden, *Alphonso Esquiros, De la bohème romantique à la république sociale,* Nizet, 1948, p.167. Hugo développera cette idée dans *Les Misérables.*

(27) Le thème de l'achèvement de la Révolution de 1789 par d'autres révolutions est l'une des idées force de l'idéologie politique française, de 1830 à 1848. Sainte-Beuve; Th. Jouffroy, Lamennais, P. Leroux, et bien d'autres la soutiennent. Cf. infra.

(28) De nombreuses images sont empruntées à la Bible, en particulier à *L'Apocalypse*. Cf. Lamennais, *Les paroles d'un Croyant,* , 1832, et l'étude qu'en fait Yves Lettir du point de vue stylistique dans son édition, A. Colin, 1949.

(29) Dans *Actes et Paroles*, Ollendorf, 1938,III, p. 454.

(30) V. Hugo s'est intéressé très tôt à l'Illuminisme et à l'occultisme, dès *La Bohème Romantique* vers 1830 ; on ne peut que rappeler le martinisme de Ballanche, celui de Sainte-Beuve, alors ami ; mais aussi le goût pour le"magnétisme"de Gautier, de Nodier, d'Esquiros ou d'A. Weill .

La réflexion de Hugo sur la Révolution de 1789, s'approfondit lors de l'exil :

> *Dans mes longues heures de solitude, j'ai beaucoup étudié les temps dont nous sommes et les temps dont étaient nos pères.*

Reliquat de *Quatre-vingt-treize, Pour une préface, O.C.*, p.1411.

(31) *L'Aurora* de Boehme qui développe précisément une doctrine originale de La Chute. Le titre exact de l'ouvrage de Boehme est : *L'Aurore naissante*, ou la racine de la philosophie, de l'astrologie et de la théologie.

(32) Cette réintégration de la science a été envisagée par Geoffroy Saint-Hilaire chez qui se sont connus Hugo et Esquiros qui en 1869, dans *L'Emile du XIXème siècle*, fonde l'éducation sur la Nature et la Science, cette dernière envisagée, selon la perspective illuministe, comme un moyen une méthode d'accéder à la Vérité, mais non comme le dévoilement de cette vérité (cf. Van der Linden, *op. cit.*, pp.86-88 : *les sciences exactes n'ont jusqu'ici dévoilé aucune des causes premières qui tentent le plus la curiosité de l'esprit*. La science est bonne dans son "ordre" et facteur de progrès).

(33) Dans *Les Nombres, O.C.*, Saint-Martin développe cette conception de Dieu, mystique, qui est celle de Hugo dans *Dieu*. v.3459 :

> *Hors de la terre, il est l'innomé. Chaque sphère*
> *Le nomme en frissonnant du nom qu'elle préfère.*

(34) Cf. *Dieu*, I, *L'Esprit humain*.

(35) *O.C.* Ollendorf, 1903, Roman III, p.368-369.

(36) Il s'agit d'Esquiros qui veut fonder cette "nouvelle Science" de la "cosmologie de l'histoire", fondée sur *l'analogie* avec la physiologie :

> *Comme s'est fait le monde, l'humanité se fait, comme s'organise la matière, les peuples s'organisent. Les mêmes forces, les mêmes germes d'action et de développement qui étaient déposés à l'origine des choses, dans l'embryon de notre planète, résident au sein du genre humain, depuis sa naissance sur le globe, et procèdent des mêmes lois. C'est le même ordre qui préside aux créations de la nature et aux créations des sociétés. Fastes Populaires, III,* p.2.,

1852.

(37) J'entends "symbole", dans le sens où le définit Schelling dans sa *Philosophie de l'Art*, où P. Leroux puise sa propre conception du "symbole" qu'il transmet, par ses articles à la génération romantique, *Du Cours de philosophie de Schelling*, Revue Indépendante, mai 1842.
Mais il utilise très tôt cette notion dans sa propre pensée critique, *De la poésie de notre époque*, Revue Encyclopédique, nov. 1831.

(38) Van der Linden, *op. cit.* p.165 et sq.

(39) Cette figure est dès cette époque, concurrencée par celle de la Pologne, *peuple-Christ* à son tour. Cf. Towianski et Wronski.

(40) Van der Linden, *op. cit.* p.161.

(41) *O.C.*, Ollendorf, Roman, III, p.613.

LES CATÉGORIES DE LA RÉVOLUTION DANS LA PHILOSOPHIE CLASSIQUE ALLEMANDE

Domenico LOSURDO

Nous nous proposons d'examiner plus que les prises de position explicitement politiques, les catégories conceptuelles avec lesquelles la philosophie classique allemande, et plus généralement la culture allemande de ce temps-là, s'efforce de comprendre théoriquement les grands bouleversements qui se vérifient au-delà du Rhin. Les premières justifications de la Révolution française sont marquées par son assimilation à une catastrophe naturelle (tremblement de terre, ouragan, inondation etc.). Le moment de la justification apparaît alors évident : s'interroger sur la légalité de la Révolution française - déclare Wieland - c'est comme se demander si *un tremblement de terre en Calabre ou un ouragan à la Jamaïque* est conforme au droit (1). La théorie du complot chère à la propagande contre-révolutionnaire se révèle dépourvue de sens. De plus, la comparaison en question permet de repousser les attaques contre la Révolution française, sans toutefois trop alarmer les cours allemandes : en Allemagne il n'y avait aucune raison de se soucier d'un complot qui ne s'était même pas vérifié à Paris ; l'étrange catastrophe naturelle qui s'était vérifiée au-delà du Rhin n'était pas plus inquiétante que les catastrophes naturelles qui pouvaient arriver dans des régions lointaines du monde.

Mais si cette théorie pouvait rassurer de quelque façon les cours, elle n'était pas en mesure de tromper les idéologues les plus fins de la réaction ; ce sont les "défenseurs" de la Révolution - déclare

Gentz, le brillant traducteur de Burke et futur conseiller de Metternich - qui la considèrent comme un événement

> *né de la nature des choses et d'une nécessité indomptable*,

en glissant sur la question de la responsabilité subjective de ses promoteurs (2). La faiblesse de l'assimilation de la révolution à une catastrophe naturelle était clairement mise en lumière. C'est dans des termes semblables que Rehberg, haut fonctionnaire du Hannovre, s'exprime. La réponse que Fichte fournit à ce dernier n'est pas sans quelques embarras : Rehberg

> *ne veut pas que l'on compare les révolutions avec les phénomènes de la nature. Avec sa permission, en tant que phénomènes, c'est-à-dire considérées non selon leurs principes moraux mais selon leurs effets dans le monde sensible, les révolutions sans aucun doute relèvent des lois de nature* (3).

Mais ce sont justement les *principes moraux* que voulait discuter le théoricien de la réaction ! On assiste à un paradoxe : ce sont les défenseurs de la Révolution française, qui en Allemagne se nourrissent de la philosophie de Kant, qui se réfèrent à l'objectivité du processus naturel, qui s'efforcent de réduire le rôle des catégories morales.

On ne doit pas croire que l'assimilation de la révolution à une catastrophe naturelle réponde exclusivement à une exigence de compromis et de prudence en face du pouvoir : la difficulté de conceptualiser les événements sans précédent qui se déroulaient en France joue un rôle très important. Aux yeux des idéologues de la réaction la Révolution française commettait surtout le crime de bouleverser les lois de la nature : au contraire, il faut - déclare Burke - que soit respectée *la méthode de la nature* ; il faut démasquer les *apôtres de l'égalité* qui visent à renverser *l'ordre naturel des choses* (4). Et bien, si les théoriciens de la réaction en appelaient à la nature pour consacrer la théorie de la gradualité, sur le versant opposé on répond à cette célébration en faisant noter que les bouleversements et les catastrophes rentrent elles aussi dans le processus naturel.

Les Jacobins allemands ne vont pas au-delà de ce cadre conceptuel, même s'ils vivent à Mayence sous la protection de l'armée française.

> *Le volcan de la France pourrait sauver l'Allemagne du tremblement de terre* (5)

dans ces mots de Forster transparaît clairement l'appel aux cours allemandes afin qu'elles entreprennent les réformes nécessaires si elles veulent vraiment éviter les bouleversements de la révolution. C'est le thème des responsabilités du pouvoir dominant dans l'explosion de conflits violents qui est indirectement touché. Mais ici une autre difficulté surgit : l'image de la catastrophe naturelle, en passant sous silence le moment de la subjectivité, absout les intellectuels progressistes de l'accusation de complot en face du pouvoir dominant ; mais elle n'est pas en mesure de mettre en état d'accusation de façon vraiment persuasive le pouvoir dominant devant l'opinion publique. Kant invite les cours allemandes à ne pas laisser tomber le *cri de la nature* qui résonne dans les bouleversements de la France (6); Forster, lecteur du grand philosophe, célèbre dans la Révolution française *une oeuvre de la justice de la nature* (7) : et voilà que la comparaison naturaliste, qui absout de l'accusation de complot les promoteurs de la révolution, se charge de significations morales pour exprimer un jugement de condamnation ou pour exercer des pressions sur les cours. Il n'est pas facile de lier les deux aspects dans une même comparaison.

Les révolutions politiques - déclare Wieland - sont

> *effets de causes naturelles, et dans la plupart*

> *des cas se vérifient selon une loi si nécessaire qu'un connaisseur et un fin observateur des choses humaines pourrait prévoir presque avec certitude ou et quand doit se vérifier quelque chose de semblable. Il suffit d'étudier les conditions de la France avant 1789 pour se rendre compte que le bouleversement qui s'est vérifié n'est rien d'autre que l'effet irrésistible de causes précédentes.* (8)

Dans ce même sens, mais avec plus de clarté, Fichte qui se sert de l'image de l'inondation : *quand on empêche le progrès de l'esprit* il est très probable que se vérifie un bouleversement ; il arrive comme

> *quand le cours de la nature, que l'on veut retarder, déferle violemment et détruit tout ce qui se trouve sur son chemin, et alors l'humanité se venge de ses oppresseurs de façon la plus impitoyable et les révolutions deviennent nécessaires.*

De là l'appel aux gouvernants allemands à ouvrir les "digues" avant qu'il ne soit trop tard (9). Comme on peut le voir, le moment de la subjectivité est évoqué mais seulement par rapports aux responsabilités de la classe dominante : le mouvement révolutionnaire est au contraire assimilé à une fleuve qui après l'interruption de son cours naturel inonde avec violence la campagne environnante.

Mais ce n'est pas pour autant que tous les inconvénients sont éliminés. Elaborée jusqu'à la limite de la virtuosité, la comparaison avec une catastrophe naturelle pouvait même réussir à condamner le pouvoir dominant en Allemagne, absolvant les intellectuels français et allemands de l'accusation de complot, mais en aucun cas elle n'était en mesure de fonder un jugement complètement positif sur la Révolution française : une catastrophe était toujours une catastrophe. Pour souligner les *multiples conséquences négatives* qui découlent de toute *révolution politique*, W. von Humboldt remarque que une sereine germination de la semence dans la terre est toujours plus fructueuse que les éruptions volcaniques qui sont accompagnées inévitablement de deuils et de ruines (10). Probablement Fichte répond à Humboldt lorsqu'il observe que dans ces catastrophes naturelles que sont les révolutions politiques on ne doit pas voir seulement l'élément de la destruction ; il y a un ordre providentiel qui

> *des débris de la dévastation rebâtit de nouveaux mondes et de la putréfaction et de décomposition fait surgir de nouveaux corps vivants ; qui fait prospérer des vignobles florissants sur les ruines d'anciens volcans ; qui fait que les hommes vivent et se réjouissent sur les tombes.* (11)

Donc, la révolution est une catastrophe naturelle qui en même temps rend la terre plus féconde, mais toujours selon une dynamique exclusivement objective.

Toutefois on peut surprendre des hésitations chez Fichte. Quelques années plus tard, *La mission de l'homme*, tout en continuant à affirmer l'effet de libération et l'inéluctabilité de la révolution lorsque

> *l'oppression est au-delà de toute mesure et est devenue insupportable et les opprimés tirent du désespoir la force*

qu'ils n'avaient pas auparavant, voit et dénonce dans les catastrophes naturelles seulement le *chaos sauvage de la mort et de la destruction* ; de plus, *inondations, orages, volcans* en éruptions sont la négation des plus profondes exigences morales de l'homme (12). La comparaison de la révolution à une catastrophe naturelle n'est plus en mesure d'exprimer le positif qui est contenu dans la révolution. Aux dévastations dépourvues de sens des catastrophes naturelles on peut tout au plus assimiler les guerres incessantes qui font ellesmêmes douter de l'ordre moral du monde et de la mission de l'homme (13).

La crise de la comparaison naturaliste apparaît dans son évidence chez Jean Paul aussi. On peut dire que ce dernier reprend la comparaison sous de multiples variantes : comme

> *les éclairs naissent du voisinage de la haute et de la basse marée de l'éther et les tempêtes de l'inégale distribution de l'air,*

ainsi dans le domaine politique les inégalités accentuées provoquent des malheurs et des tempêtes ; mais d'un autre côté justement à cause des

> *inégalités terribles (...) seulement une tempête universelle dans tous les coins de la terre pourrait se conclure par un beau temps stable.*

Les tempêtes sont destinées à continuer jusqu'à ce moment-là. D'autre part c'est Jean Paul qui met en garde en termes explicites :

> *Il ne faudrait jamais confronter trop entre elles les révolutions morales et les révolutions physiques. Toute la nature n'a pour mouvement que les précédentes, sa trajectoire est le cercle (.. ..) ; seulement l'homme est susceptible de changement, selon une ligne droite ou en zig-zag.*

En conclusion aucun homme,

> *aucun peuple, aucune époque ne ressurgit ; en physique au contraire tout doit revenir.* (14)

Ce sont des accents et des arguments qui font penser aux *Leçons sur la philosophie de l'histoire*. Jean Paul est un auteur connu de Hegel depuis *Foi et Savoir* ; et, s'occupant profondément de *La mission de l'homme*, il peut constater que déjà Fichte abandonne l'assimilation de la révolution à une catastrophe naturelle (15).

La comparaison entre catastrophes naturelles et bouleversements dans le monde politique, nous la retrouvons chez Hegel, mais avec une signification différente. Selon la *Jeaner Realphilosophie* ce sont les paysans qui, vivant passivement et subissant les impôts et tout ce qui découle d'un pouvoir établi depuis toujours, produisent l'effet d'une inondation lorsqu'ils se révoltent, une inondation qui seulement détruit, qui dans le meilleur des cas dépose un limon, mais qui se résorbe sans avoir achevé l'oeuvre (16). L'image donc de l'inondation, chère au Fichte de la *Zurückforderung*, peut nous éclairer sur la nature des jacqueries mais non point sur la nature d'une révolution politique.

Chez Hegel la comparaison d'un évènement historique à un bouleversement naturel a toujours une connotation négative : elle indique des tentatives peut-être généreuses, mais en dernière analyse confuses, velléitaires et sans conclusion. Voilà ce qu'en disent les *Leçons sur l'histoire de la philosophie* à propos des philosophies de la Renaissance :

> *Ces apparitions remarquables rappellent l'effondrement, le tremblement de terre et les éruptions d'un volcan...*

Leur *révolte contre l'existence de fait* est caractérisée par une certaine *confusion* et par une certaine *incohérence intime*. Seulement une révolte qui ne réussit pas à produire réellement du nouveau peut être assimilée à une catastrophe naturelle ; en effet bien que ces philosophes soient pour la pluspart postérieurs à la Réforme, *ils appartiennent encore au Moyen Age*. La Réforme au contraire, qui constitue la première rupture réelle du Moyen Age, est une *grande révolution*, et justement pour cela n'est pas comparée à un simple bouleversement naturel.(17)

Pour qu'il y ait révolution - explique la *Phénoménologie* presque au début du chapitre dédié à *la liberté absolue et la Terreur* - il faut *un bouleversement réel de la réalité* (*wirkliche Umwälzung der Wirklichkeit*) (18).

L'expression peut sembler redondante mais sert à souligner la nécessité absolue du nouveau. A partir de ce résultat l'assimilation de la révolution à une catastraophe naturelle est sans aucun sens : dans le monde naturel il n'y a pas réellement production du nouveau car le changement est fondamentalement cyclique, et donc se configure comme répétition de l'identique (19). Les *Leçons sur la philosophie de l'histoire*, tout en célébrant la Révolution française, opposent la permanente stabilité du monde naturel à l'énorme nouveauté que représente cet événement historique.

> *Depuis que le soleil resplendit dans le firmament et les planètes tournent autour de lui, on n'avait pas encore vu* ...(20).

La révolution politique n'est donc pas une simple convulsion violente.

Pour la comprendre de manière adéquate, il est nécessaire de tenir présent le moment de la subjectivité. C'est sur ce moment que Hegel insiste vigoureusement :

> *Les grandes révolutions qui sautent aux yeux sont précédées nécessairement par une révolution silencieuse, secrète, dans l'esprit de l'époque.*(21)

Selon l'*Encyclopédie* (§ 246 *Zusatz*),

> *dans le monde et dans les sciences les révolutions dérivent du fait que l'esprit... a changé ses catégories* ;

oui,

> *la Révolution française a eu sa genèse et son commencement dans la pensée, la philosophie.*(22)

Mais nous ne sommes pas en présence d'une appréciation idéaliste ; la nouveauté de la formulation hégelienne investit la vision du processus historique dans son ensemble.

La catégorie de la "gradualité" domine la conception kantienne du progrès : la liberté *s'étend par degré* (*allmählich*) ; même interrompue par des intervalles de folie et d'obscurantisme, l'*Aufklärung se produit par degré* (*allmählich*) ; la guerre même vient *par degré* (*allmählich*) sentie comme intolérable. En conclusion, l'Histoire avance à pas lent mais infailliblement vers le progrès : les lumières

> *doivent nécessairement, peu à peu (nach und nach) s'élever jusqu'aux trônes et exercer une influence sur les orientations mêmes du gouvernement*(23).

A la base de cette centralité de la catégorie de la gradualité il y a une *loi métaphysique de la continuité* (*lex continuitatis metaphysica*) que Kant formule dans ces termes :

> *Toutes les mutations (mutationes) sont constantes ou fluides, c'est-à-dire que des états opposés se suivent l'un l'autre au moyen d'une série intermédiaire d'états divers* (24).

L'éclatement de la Révolution française selon Kant ne modifie pas de façon substantielle cette vision de l'histoire et des mutations. Ce qui est arrivé en France démontre la tendance du genre humain vers le progrès, qui cependant continue à être conçu en termes d'évolution. Le progrès assurera une extension croissante de la *légalité* ; ainsi,

> *par degré (allmählich) le recours des puissants à la violence diminuera et le respect des lois augmentera, il y aura un peu plus de bienfaisance*...(25)

Le schéma évolutionniste connaît une crise avec Fichte qui le premier s'efforce d'assimiler sur le plan théorique la grande expérience réprésentée par la Révolution française : le développement historique procède

> *ou avec des sauts violents ou avec un progrès graduel, lent, sûr. (entweder durch gewaltsame Sprünge, oder durch allmähliges, langsames, aber sicheres Fortschreiten).*

Même au prix de sacrifices, momentanés, mais de toute façon graves et douloureux,

> *un peuple peut en cinquante ans s'avancer plus qu'il ne l'aurait fait en dix siècles.*

Mais à côté de cette vision qui reproduit théoriquement les bouleversements colossaux qui se sont vérifiés en France, le schéma du

> *processus par degré vers un progrès de plus en plus important des lumières (allmähliges Fortshreiten zur grösseren Aufklärung) et vers l'amélioration de la constitution politique*

continue à survivre. Pour illustrer ce schéma, c'est l'Allemagne qui est choisie :

> *Il est vrai que les lignes gothiques sont encore visibles presque de tout côté mais pendant ce temps les anciens châteaux des brigands tombent en ruine. Ces derniers, si notre oeuvre n'est pas gênée, seront abandonnés de plus en plus (immermehr) par les hommes et laissés comme habitations aux chouettes et aux chauves-souris, qui haïssent la lumière ; les nouveaux édifices s'élargiront et finiront par s'assembler petit à petit (allmählich) dans un tout toujours plus régulier.*

Le fait que Fichte déclare sa préférence pour l'évolution graduelle n'est pas si importante (cela vaut davantage encore pour Hegel) : ce qui nous intéresse ici, c'est d'analyser surtout la vision globale de l'histoire. Pour Fichte les bouleversements se vérifient surtout

> *quand le cours de la nature, que l'on veut retarder, éclate violemment et détruit tout ce qui se trouve sur son chemin* (26).

L'image du fleuve est particulièrement significative : l'écoulement lent et tranquille de ses eaux représente le cours ordinaire des choses, du développement historique ; c'est seulement la tentative d'entraver et de bloquer les eaux qui provoque l'inondation. Ce n'est pas à cause du développement des contradictions objectives que se vérifient les bouleversements de la révolution, mais à cause de l'intervention de l'artificiel (l'aveuglement et la soif de domination des despotes) qui prétend en vain s'opposer à la diffusion progressive des Lumières qui est dans la nature des choses. Le schéma évolutionniste est entré en crise, comme le démontre la poussée d'une nouvelle catégorie, celle du "saut", et pourtant l'expérience historique de la Révolution française n'a pas encore mûri une nouvelle vision globale du développement historique.

Cela arrive seulement chez Hegel : dans la *Logique*, comme on le sait, la catégorie du "saut" est une catégorie centrale. L'arrêt de la gradualité n'a pas caractérisé seulement la Révolution française. Prenant pour référence la Réforme, les *Leçons sur l'histoire de la philosophie*, affirment :

> *Il semble presque que de ce temps l'esprit, qui jusqu'alors avait avancé à pas d'escargot dans son chemin, était retourné en arrière et s'était éloigné de lui-même, chausse les bottes de sept lieues.*

Dans d'autres cas, l'image de l'escargot est remplacée par celle de la taupe (image comme on le sait qui deviendra chère à Marx). Mais voyons le texte de Hegel :

> *Après avoir travaillé comme une taupe l'esprit peut finalement secouer la croûte terrestre qui le séparait de son soleil, de son concept.*

Et voilà alors, dans les moments où la croûte, édifice sans âme et vermoulu, s'écroule, l'esprit prend l'aspect d'une nouvelle jeunesse, il *chausse les bottes de sept lieues*. (27)

La mutation historique a subi une brusque accélération, le lent travail de la taupe, qui lentement a corrodé les fondations de l'odre existant, a constitué la base de bouleversement radicaux. Il est significatif que le thème de la taupe revienne chez Hegel dans ses notes, préparées pour la dernière leçon de philosophie du droit, pour expliquer les débuts de la Révolution de Juillet après les longues années d'immobilité apparente de la Restauration (28).

Même quand Hegel parle de "lenteur" (*Langsamkeit*) ou de "patience" (*Geduld*) de l'esprit universel, il ne tombe jamais dans une conception évolutionniste : il s'agit de métaphore qui indiquent non pas le caractère indolore mais au contraire, complexe et contradictoire, du processus historique, sa transcendance par rapport aux désirs et aux attentes individuelles, sa tortuosité imprévisible. Le chemin de l'esprit (*Weg*) est la médiation, c'est le parcours le plus long (*Umweg*). L'histoire avance non pas en ligne droite mais en zig-zag, à travers des contradictions et des luttes qui se renouvellent sans arrêt. C'est

> *un développement (Fortgang) non point dans le temps vide mais dans le temps rempli à l'infini, plein de luttes, non point un développement dans des concepts abstraits de la pensée pure, mais un développement qui procède à ce niveau seulement parce qu'il procède dans toute sa vie concrète.*

C'est un point que Hegel ne cesse de répéter : *L'évolution spirituelle* n'est pas

> *un simple mouvement dans le milieu sans résistance de l'espace et du temps, mais travail, activité contre un existant donné (gegen ein Vorhandenes) sa transformation (Umbildung).*

La lenteur (*Langsamkeit*) est donc une métaphore pour indiquer non pas la gradualité indolore, mais la complexité dramatique du processus historique ; elle est accrue par des *régressions apparentes (anscheinende Ruckschritte), des moments de barbarie*. En outre pour donner une idée *de la lenteur, de la concentration énorme (Aufwand) et du travail de l'esprit*, Hegel donne l'exemple du concept de liberté. C'est désormais un fait acquis que l'homme en tant que tel est libre. Mais ce résultat présuppose *les bouleversements les plus colossaux (die ungeheuersten Umwälzungen)* ; il s'agit non seulement d'un résultat historique, mais d'un résultat assez récent, *pas très ancien*, et qui pour s'affirmer a dû traverser des luttes gigantesque et un processus tortueux et contradictoire (29).-

Mais ce n'est pas seulement la catégorie du saut qualitatif qui renvoie à l'expérience historique de la révolution. La catégorie de la contradiction est encore plus importante.
La Révolution française avait été particulièrement instructive : la victoire remportée sur l'absolutisme monarchique et la réaction féodale avait signifié non point la stabilité, mais le développement de nouvelles luttes plus dramatiques ; à chaque étape du processus révolutionnaire naissaient de nouvelles lacérations dans le parti qui avait vaincu de façon unitaire - du moins le semblait-il - ses ennemis. Un fait qui se prêtait à des considérations moralistes et à des interprétations du type :

La révolution dévore ses enfants comme Saturne.

Ce sont des mots que plus tard Büchner mettra dans la bouche de Danton sur qui se projette déjà l'ombre menaçante de la mort que vont lui infliger ses ex-camarades de luttes; mais c'est un motif largement usé par la propagande contre-révolutionnaire et c'est dans les mêmes termes que s'exprime Gentz (30).

Sur le versant opposé, toujours dans ce même texte de Büchner, se présente plein de moralisme l'explication que Robespierre donne des luttes qui se développent sans cesse dans le champ révolutionnaire : elles étaient provoquées par des traîtres ou par des partisans du despotisme habilement déguisés (31).
Mais voici ce que Hegel dit dans *La Phénoménologie* :

Un parti s'atteste comme <u>vainqueur</u> seulement par-

> *ce qu'il se divise en deux partis ; et ainsi il montre qu'il possède en lui-même le principe qu'il combattait d'abord, et donc d'avoir supprimé et dépassé (aufgehoben) l'unitarité d'où il surgissait. L'intérêt qui se divisait entre lui et l'autre, tombe maintenant entièrement en lui et oublie l'autre parti, vu que justement en lui (c'est-à-dire dans le parti vainqueur) il trouve l'antithèse (Gegensatz) qui le tient occupé. Ainsi donc la scission (Zwietracht) qui surgit dans l'un des partis, tout en indiquant un malheur, indique seulement sa chance.*(32)

Même sous l'ambiguité persistante de la catégorie de l'*Aufhebung*, qui apparaît ici, le point central est toutefois celui de la vision de l'histoire comme développement ininterrompu de contradictions. La catégorie de la contradiction est appelée à intervenir pour expliquer le début de la Révolution française. Avant tout il s'agit de considérer *toute cette contradiction (Widerspruch) qui dominait l'existence* et qui avait discrédité et rendu odieuses les institutions à la masse du peuple. Hegel décrit avec grande efficacité l'implacable dialectique objective qui rend inévitable l'affrontement violent. Repoussant implicitement la thèse du complot, Hegel observe que les *Aufklärer* et les intellectuels de l'opposition

> *ne pensèrent pas à une révolution, ils se limitèrent à désirer et à demander des améliorations : que le gouvernement extirpe les abus, qu'il appelle des hommes honnêtes aux ministères (...) Ces philosophes ne pouvaient avoir qu'une idée générale de ce que l'on devait faire, ils ne pouvaient certes tracer la manière de le faire.*(33)

Hegel s'interroge sur la cause des réformes manquées et il la trouve dans les contradictions objectives qui traversaient la classe dominante elle-même. Dans l'analyse concrète de la Révolution Française la dialectique hégelienne n'est pas, comme le voudrait Althusser, aux antipodes de la contradiction surdeterminée. En France - dit Hegel-

> *la réforme ne fut pas entreprise par le gouvernement, parce que la cour, le clergé, la noblesse, le parlement ne voulaient céder leurs privilèges ni par force ni au nom du droit subsistant en soi et pour soi.*

De profondes transformations étaient nécessaires, mais elles étaient bloquées par les résistances et par les contradictions de la classe dominante : c'est à ce point que la *mutation devient nécessairement violente* (34).

Essayons maintenant de relire la *Logique* :

> *L'identité abstraite avec soi n'est pas encore vitalité, mais parce que le positif est en soi la négativité c'est pour cela qu'il sort hors de soi et entre dans le changement. Quelque chose est donc vital pour autant qu'il contient en soi la contradiction et c'est justement sa force, de comprendre et de soutenir en soi la contradiction. Quand au contraire un existant ne peut pas dans sa déterminantion positive s'étendre jusqu'à embrasser en même temps la détermination négative et à contenir l'une dans l'autre, c'est alors qu'il ne peut avoir en lui-même la contradiction, alors il n'est pas l'unité vivante même, il n'est pas fondement ou principe mais succombe dans la contradiction.* (35)

Quand un système politique - social ne réussit pas à contrôler et à canaliser la poussée que l'on ne peut supprimer vers le changement, quand il ne réussit pas à soumettre la négativité qui circule inévitablement dans ses propres structures, il est alors condamné à être balayé. C'est ce qui est arrivé au monde féodal. Contre *l'hypocrisie, contre la bigotterie, la tyrannie,* qui criaient au scandale, à cause de la charge subversive contenue dans l'*Aufklärung* Hegel observe qu'il est nécessaire de *rendre justice* aussi au *côté négatif* ; sans quoi on ne comprendrait rien de l'effectivité de la situation historique.(36)

A un niveau de généralisation plus élevé, l'observation de la *Logique* selon laquelle la tâche de la pensée est en premier lieu celle de saisir les contradictions qui existent réellement, a la même signification (37). Hegel individualise donc la genèse de la révolution dans un entrecroisement de contradictions ; et l'importance décisive de la *Logique* est d'avoir fourni les instruments conceptuels indispensables pour la compréhension d'un tel fait : les bouleversements violents qui balayaient le vieux monde féodal et plus en général, un système désormais suranné et intolérable, ne sont pas le résultat d'un complot et de manoeuvres sournoises comme l'affirmaient les théoriciens de la contre-révolution, mais ils ne sont pas non plus le résultat de la rébellion, de l'indignation, de la conscience morale contre un système considéré contraire aux droits naturels de l'homme, comme le faisaient ou tendaient à le faire non seulement les théoriciens, mais les protagonistes mêmes de la révolution bourgeoise.

La catégorie du négatif est particulièrement importante. Hegel souligne *la puissance effroyable du négatif* (38), et la négativité constitue une catégorie centrale de la *Logique*, dont la genèse ou dont la centralité ne peut être justement comprise si on ne tient pas compte de l'expérience de la Révolution francaise comme moment le plus élevé et le plus dramatique de la négativité. Hegel décrit la Terreur justement comme le triomphe de la *négativité* qui a pénétré tous les moments de l'objet, c'est-à-dire du système social et politique existant (39) ; sa tragédie réside dans l'incapacité de construire une nouvelle positivité. Il n'en reste pas oins que la catégorie de la négativité est modelée sur la base de l'expérience historique de la Révolution française et de la Terreur jacobine. A partir de ce moment, toute vision de l'histoire qui ignore *le sérieux, la douleur, la patience et le travail du du négatif* est en définitive

> *édifiante et insipide (..) Non ce n'est pas la vie qui a peur devant la mort et déteste la destruction ; bien au contraire c'est celle qui supporte la mort et en elle se conserve, qui est la vie de l'esprit. Il gagne sa vérité seulement à la condition de se retrouver dans la scission absolue (Zerrissenheit).*(40)

Après la Grande Révolution chaque vision qui ignore le mouvement et les conflits présents dans la société est dépourvue de sens.

Mais ce qui est plus important encore c'est que pour Hegel la négativité n'est pas seulement une activité du sujet, mais elle est inhérente d'abord dans l'objectivité même :

> *Si le négatif apparaît d'abord comme inégalité du sujet avec la substance, il est aussi l'inégalité de la substance envers elle-même. Ce qui semble se produire hors d'elle, et être une activité contre elle, est sa propre oeuvre et elle se montre être essentiellement un sujet.*(41)

En effet, comme on le sait, Hegel souligne le moment de la subjectivité dans la révolution mais ce moment a son départ hors du sujet. C'est pour cela que les transformations politiques et sociales ne sont pas le résultat d'un projet exclusivement subjectif : le *changement* (*Veränderung*) déclare la *Propedeutique* - *est posé par l'inégalité de soi avec soi-même*, c'est-à-dire par les contradictions objectivement présentes dans le réel ; le changement est donc *la négation du négatif que ce quelque chose a en soi.*(42)

Encore une fois il est clair que la formule logique est née d'une expérience historique réelle. Parlant de la tendance négative de la philosophie des Lumières en France, Hegel écrit que celle-ci ne fait que détruire ce qui est déjà détruit

> *parce que les anciennes institutions... ne cor-*

> *respondaient plus à l'esprit qui les avait fait surgir.* (43)

La vieille société féodale et son idéologie étaient devenues un positif ossifié, un positif qui était *négatif de la raison* et qui était donc perçu et constitué réellement comme une violence intolérable. *L'oppression poussa à l'enquête* ; l'issue révolutionnaire était inévitable :

> *La pensée est devenue là où elle avait devant elle le positif comme violence.* (44)

La radicalisation de la révolution et l'écroulement de la monarchie constitutionnelle sont expliqués en prenant en examen la dialectique objective :

> *Cette constitution fut immédiatement une contradiction (Widerspruch) intrinsèque (....). C'est à ce moment que dût intervenir la collision (Kollision) de la volonté subjective et que plus tard se manifesta l'opposition (Gegensatz) de la conviction.*(45)

Il est vrai que dans la *Grande Logique* la catégorie du "fondement" (*Grund)* fait suite à celle de la contradiction. Mais à ce propos l'*Encyclopédie* (§ 121 *Zusatz*) éclaire univoquement :

> *Le fondement, qui se produit tout d'abord comme le dépassement de la contradiction, se manifeste comme une nouvelle contradiction.*

Il est important que Hegel réussisse à conserver cette vision lucide du développement historique même en face d'événements qui le laissent d'abord méfiant si ce n'est hostile. La Révolution de Juillet est expliquée comme l'apparition d'une nouvelle *scission* qui divise les forces qui après la chute de Napoléon avaient réalisé le compromis sanctionné par l'octroi d' une constitution de la part du souverain. Parmi ces forces il existait de profondes contradictions :

> *En effet, même si la <u>Charte</u> est l'enseigne de*

> *tous et même si les deux parties l'ont jurée, des des deux l'une avait une conviction catholique et se faisait un devoir de conscience de subvertir toutes les institutions existantes.*(46)

La contradiction qui était d'abord latente explose : nouvelle division, nouveau bouleversement révolutionnaire, nouveau saut de qualité.

Pour souligner les éléments subjectifs du processus révolutionnaire, Hegel met en évidence l'inadéquation de l'image de la catastrophe ; pour souligner le poids des contradictions objectives il recourt à une nouvelle image significative : alors qu'il y a la *maturité de la révolution (Reife zur Revolution)*, le début de la révolution apparaît comme une *accidentalité* mais elle est comme une étincelle qui tombe sur de la poudre, c'est-à-dire sur un matériau incendiaire, sur un ensemble de contradictions prêt à exploser (47). Avec les mêmes mots Hegel dira dans la *Philosophie du droit :*

> *Une étincelle jetée sur un tas de poudre constitue un danger bien plus grand que si elle tombait sur un terrain solide où elle se perd sans laisser de traces.* (§319).

Comme nous le savons, pour Hegel la Réforme constitue *une grande révolution*. Comment l'expliquer ? Il serait absurde de la reconduire à l'initiative d'un individu, comme par exemple ici, à Luther :

> *les individus importants sont un produit du temps même.*

Un fait accidentel ne suffit pas à expliquer l'événement révolutionnaire même s'il s'agit du trafic des indulgences. En effet,

> *du point de vue global l'occasion est indifférente : quand la chose est en soi et pour soi nécessaire et l'esprit est en soi prêt, elle peut se manifester tantôt d'une façon tantôt de l'autre.*(48)

On peut lire dans *La Logique* :

> *Quand on a réuni complètement toutes les conditions d'une chose, la chose entre dans la réalité.*

Mais la possibilité d'une chose n'est pas, comme dans la tradition, la possibilité logique de la penser, sa non contradiction interne, mais une multiplicité de conditions, *où la contradiction se laisse facilement découvrir* . Il ne s'agit pas d'une *contradiction nominale mais d'une contradiction objective* (49). Le passage de la possibilité à la réalité - et encore une fois Hegel pense à la Révolution française et aux grands bouleversements historiques - est dû à l'accumulation de contradictions dans une espèce de baril à poudre dont l'explosion peut apparaître accidentelle seulement d'un point de vue superficiel.

Mais pour mieux comprendre comment les catégories de la *Logique* conceptualisent l'expérience historique de la Révolution française, il est nécessaire de considérer une autre image en vogue en Allemagne pour désigner les bouleversements qui se vérifiaient au-delà du Rhin. Il s'agit de l'image de la maladie que l'on trouve chez Einsiedel, le jacobin Görres (qui arrive à parler de variole) et surtout chez Forster.

> *L'état qui a été secoué par les révolutions ressemble à un malade qui a de la fièvre : une force vitale et robuste conduit la lutte contre l'élément étranger qu'elle doit expulser ou auquel elle doit succomber ; des crises salutaires et furieuses se succèdent l'une à l'autre, jusqu'à ce que la nature la plus forte ait le dessus ou bien l'organisme désagrégé devienne la proie de la mort et de la décomposition.* (50)

Cette vision tout en justifiant la Révolution française, avait l'inconvénient de considérer la négativité comme venant du dehors, comme un élément "étranger". C'est de la même façon que s'exprime Einsiedel :

Les Catégories de la Révolution dans la Philosophie Classique Allemande

> *Les évènements politiques ont une démarche analogue aux faits physiques. On peut arrêter un certain moment le cours de la nature et le déranger avec des moyens qui le ralentissent, mais à la fin si l'on n'est pas capable d'éliminer les causes du mal, la maladie explose. C'est la même chose pour les révolutions religieuses et politiques* (51).

Hegel connaissait bien Forster(52). On peut mieux comprendre la polémique de la *Logique* contre cette conception qui considère la contradiction

> *soit dans la réalité, soit dans la réflexion pensante, comme une accidentalité, presque une anomalie et un paroxysme transitoire morbide.*

Pour Hegel la contradiction loin d'être

> *une anomalie qui se montre ci et là*

est au contraire

> *le négatif dans sa détermination essentielle, le principe de toute démarche, démarche qui consiste précisément à développer et à montrer la contradiction.*(53)

C'est Hegel lui-même qui met en évidence le lien entre sa logique et la réflexion sur la Révolution française;la *Préface* de la première édition de la *Logique* dit :

> *L'esprit nouveau, qui est né pour la science non moins que pour la réalité, dans la* Logique *ne s'est pas encore fait sentir.*

Il s'agit de construire une logique à la hauteur de la *mutation générale* (*allgemeine Veränderung*) qui s'est produite *depuis à peu près vingt-cinq ans* (54). C'est cette même date que Hegel cite pour indiquer

> *ce qui a commencé, il y a vingt-cinq ans, dans un royaume limitrophe et qui alors suscita un grand écho dans tous les esprits,*

c'est-à-dire pour indiquer la Révolution française, cet événement décisif qui marque le point de départ de

> *ces derniers vingt-cinq ans parmi les plus riches et les plus instructifs de l'histoire universelle* (55).

La *Logique* veut être l'expression théorique des principes de la Révolution française, épurés de leur "abstraction" jacobine et considérés dans la maturité conquise dans la période post-thérmidorienne.

On sait que le jeune Marx met en relief le fait "énigmatique" à cause duquel un peuple *abaisse* la *communauté politique* au rang d'un

> *simple moyen pour la conservation de ces soi-disants droits de l'homme,*

au moment même où ce peuple fait appel à l'enthousiasme politique des masses pour la défense des nouvelles institutions révolutionnaires : la

> *praxis révolutionnaire est en contradiction flagrante avec sa théorie* (56).

Cette remarque de Marx a une valeur encore plus générale. Que l'on pense à la conception de l'histoire. Nous avons vu les limites évolutionnistes qui continuent à survivre dans la pensée des révolutionnaires allemands mêmes. Il resterait donc à examiner si ses limites ont franchi le Rhin. Nous nous limiterons ici à mentionner Condorcet auteur d'une esquisse de philosophie de l'histoire immédiatement célèbre en Allemagne. Condorcet qui écrit son *Esquisse* tandis que les bouleversements révolutionnaires font rage, démontre toutefois ne pas avoir réussi substanciellement à dépasser une vision graduelle du développement. Le *progrès* historique

> *est soumis aux mêmes lois générales qui s'observent dans le développement des facultés chez les individus* ;

l'histoire se présente alors comme un *continuum* sans

contradictions et sans secousse :

> *Le résultat à chaque instant présent dépend de celui qu'offraient les instants précédents ; il influe sur celui des temps qui doivent suivre.*

Etant donné que le progrès dépend fondamentalement de la diffusion des lumières, il peut être retardé ou objectivement mis en difficulté par l'ignorance ou par les préjugés, il peut être obligé d'affronter des luttes et toutefois ne perd jamais complètement sa marche foncièrement rectiligne. La résistance de l'obscurantisme peut rendre inévitable *les mouvements terribles et rapides* mais la règle ce sont *les effets lents mais infaillibles* du progrès (57). En écrivant en 1793 Condorcet ne pouvait pas se dispenser de se rapporter à la Révolution, mais cette dernière est interprétée comme la simple élimination d'un obstacle qui prétend artificiellement canaliser le cours naturel des choses. Au contraire Hegel qui opère en un moment où la catégorie de la gradualité est devenue désormais le mot d'odre de l'idéologie réactionnaire, est obligé de mener une lutte théorique contre la conception évolutionniste de l'histoire. Dans l'*Encyclopédie* nous trouvons cette déclaration stupéfiante :

> *La gradualité est le dernier refuge superficiel pour pouvoir attribuer calme et durée aux choses.* (§258.Z).

Puisque la *Logique* hégelienne conceptualise dans ses catégories l'expérience historique de la Grande Révolution, Herzen la célèbre comme l'algèbre de la révolution (58) et Lénine la lit avec passion. En Allemagne après la faillite de la Révolution de 1848, même lès disciples de l'école hégelienne se mettent à critiquer la logique du maître. Elle a tort de conférer excessivement de relief à la catégorie du saut qualitatif et surtout à la catégorie de la contradiction ; mais la contradiction - et c'est là en résumé l'objection de

Rosenkranz - est la guillotine (59). Née comme conceptualisation de la Révolution française, la *Logique* de Hegel entre en crise en Allemagne quand la même image de la Révolution française entre en crise ; et l'une et l'autre deviennent l'objet de la condamnation générale parce qu'elles semblent annoncer et évoquer le spectre d'une autre révolution, la révolution sociale.

Les Catégories de la Révolution dans
la Philosophie Classique Allemande

Notes.

(1) Ch. M. Wieland, *Sendschreiben an Herrn Professor Eggers in Kiel*, 1792, in *Wieland's Werke*, Berlin s.d., vol.XXXIV, pp.150-I.

(2) F. V. Gentz, *Versuch einer Widerlegung der Apologie des Herrn Makintosh*, 1793, in *Ausgewählte Schriften*, hrsg. von W. Weick, Stuttgart und Leipzig 1836-8, vol.II, pp.128-9.

(3) *Zurückforderung der Denkfreiheit von den Fürsten Europens, die sie bisher unterdrückten*, 1793 in *Fichtes Werke*, hrsg. von I.H.Fichte (fotomechanischer Nachdruck Berlin, 1971) vol. VI, p.27, annotation.

(4) E. Burke, *Reflections on the Revolution in French*, 1790, in *The works of the right honourable Edmund Burk. A new Edition*, London 1826, vol. V, p.79 ; la traduction de Gentz a été nouvellement publiée par L. Iser, avec intr. de D. Henrich, Frankfurt a.M., 1967, p.70.

(5) Lettre à Ch. F. Voss (21/XII/1792), in G. Forster, *Werke in vier Bänden*, hrsg. von G. Steiner, Frankfurt a M., 1969, vol,IV, p.809.

(6) I. Kant, *Zum ewigen Frieden*, in *Gesammelte Schriften* (ed. de l'Académie) vol.VIII, p.373, annotation.

(7) *Geschichte der englischen Litteratur vom Jahre 1790,1791*, in *Werke in vier Bänden*, cit., vol.III, p.326.

(8) Ch. M. Wieland, *Sendschreiben...*,cit., p.150.

(9) *Zurückforderung*..., cit.,p.6.

(10) *Ideen zu einem Versuch, die Gränzen der Wirksamkeit des Staats zu bestimmen,* in W.v.H., *Gesammelte Schriften,* Berlin 1903-36 (éd. de l'Académie), vol.I, p.101.

(11) *Zurückforderung*..., cit.,p.27 ; les considérations de Humboldt sur le thème révolution-éruption volcanique Fichte pourrait les avoir lues dans la *Berlinische Monastsschrift*(octobre 1792), la revue à laquelle collaborent Kant et Fichte lui-même (mai1793) : cfr. U. Schulz *Die Berlinische Monatsschrit (1783-1796). Eine Biographie,* Hildesheim, 1969.

(12) *Die Bestimmung des Menschen,* 1800, in *Fichtes Werke,* cit., vol.II, p.273 et p.267.

(13) *Ibidem,* p.269.

(14) *Hesperus,* 1795, in *Sämtliche Werke,* hrsg. von E. Berend, Weimar, 1929, vol.III, pp.384-6, *passim.*

(15) In *Werke in zwanzig Bänden*, hrsg. E. Moldenhauer et K.M. Michel, Frankfurt, a.M. 1969-79, vol.II, p.372 et pp.421-3.

(16) *Jenaer Realphilosophie*, hrsg. von J. Hoffmeister, Hamburg 1969, p.255.

(17) *Vorlesungen über die Geschichte der Philosophie,* in *Werke in*..., cit., vol.XX,p.18, p.61 et p.49.

(18) In *Werke in*..., cit., vol.III, p.131.

(19) *Vorlesungen über die Philosophie der Weltgeschichte* hrsg. von G. Lasson, Hamburg 1968, pp.133-4. Par rapport à la tradition précédente il est possible de

constater chez Hegel un autre changement significatif. Forster recourt à la comparaison naturaliste non seulement pour les révolutions mais aussi pour les guerres, assimilées à des *tempêtes qui purifient et rafraîchissent l'air politique* (*Ansichten vom Niederrhein, von Brabant, Flander, Holland, England une Frankreich im April, Mai und Junius 1790*, in *Werke in vier Bänden*, cit., vol. II, p.524). Mais déjà chez Herder on peut voir quelque chose d'analogue : les *Idées pour la philosophie de l'histoire de l'humanité* comparent les révolutions et les guerres aux *ondes* et aux *tempêtes* qui empêchent les fleuves et les mers de se transformer en étang mort (in *Sämtliche Werke*, hrsg. von B. Suphan, Berlin 1877-1913, Nachdruck Hildesheim 1967-8, vol.XIII, p.353 et vol.XIV, pp.220-1). Hegel laisse perdre cette comparaison pour la révolution et la reprend seulement pour les guerres, comparées aux *vents qui protègent les mers et les lacs de la putréfaction* (*Ueber die wissenschaftlichen Behandlungsarten des Naturrechts*, in *Werke in...*, cit., vol.II, p.482, la même comparaison dans la *Jenaer Realphilosophie*, cit., p.261, annotation, et dans la *Rechtsphilosophie*, §324). Mais dans ce cas on comprend la comparaison : en ce qui concerne leurs rapports réciproques, les Etats se trouvent encore à l'état de nature, dans lequel les disputes et les guerres constituent un phénomène qui revient souvent, une espèce de résidu naturel dans l'histoire. Ceci n'empêche pas que dans l'explication des conflits il faille partir non point des lois dites naturelles mais des "contradictions" et des "collisions" qui se vérifient (cfr. *Die Verfassung Deutschlands*, in *Werke in...*, cit., vol. I, p.541), c'est-à-dire de ces catégories que, comme on le verra ensuite, Hegel use pour expliquer le processus historique en général et les révolutions en particulier.

(20) *Vorlesungen über die Philosophie der Weltgeschichte*, cit., p.926.

(21) *Die Positivität der christlichen Religion*, in *Werke in...*, cit., vol.I, p.203.

(22) *Vorlesungen über die Philosophie der Weltgeschichte*, cit.,p.920 et p.924.

(23) *Idee zu einer allgemeinen Geschichte in weltbürgerlicher Absicht*, achter Satz.

(24) *De mundi sensibilis atque intelligibilis forma et principiis*, §14.

(25) *Der Streit der Fakultäten*, in *Gesammelte Schriften*, cit., vol.VII, p.92.

(26) *Zurückforderung...*,cit., pp.5-6.

(27) *Vorlesungen über die Geschichte der Philosophie*, in *Werke in..*, cit., vol.XX, p.62 et p.456.

(28) *Vorlesungen über Rechtsphilosophie*, hrsg. von K.H. Ilting, Stuttgart-Bad Cannstatt, 1973 et suivants, vol.IV, p.915.

(29) *Berliner Niederschrift* (commencée le 24.X.1820) de l'*Einleitung* aux *Vorlesungen über die Geschichte der Philosophie*, in *Werke in...*, cit.,vol.XX, pp. 507-9.

(30) *Dantons Tod : Erster Akt, ein Zimmer* ; lettre de F. Gentz à A. Müller (17.XII.1828), in *Adam Müllers Lebenszeugnisse*, hrsg. von J. Baxa, München-Paderborn-Wien, 1966, vol.II, p.954.

(31) *Dantons Tod :* surtout *Erster Akt, der Jacobiner Klub*. Mais c'est l'explication que Robespierre

donne même dans la réalité : cf. par exemple; le rapport à la Convention du 25.XII.1793.

(32) *Werke in...*, cit., volIII, p.425.

(33) *Vorlesungen über die Geschichte der Philosophie*, in *Werke in...*, cit., vol.XX, pp.295-7.

(34) *Vorlesungen über die Philosophie der Weltgeschichte*, cit., pp.925-6.

(35) *Werke in...*, cit., vol.VI, p.76.

(36) *Vorlesungen über die Geschichte der Philosophie*, in *Werke in...*, cit., vol.XX, pp.295-6.

(37) *Werke in...*, cit., vol.VI, p.78.

(38) *Phänomenologie des Geistes*, cit., p.36.

(39) *Ibidem*. p.433.

(40) *Ibidem*. p.24 et p.36.

(41) *Ibidem*. p.39.

(42) In *Werke in...*, cit., vol.IV, p.14.

(43) *Vorlesungen über die Geschichte der Philosophie*, in *Werke in...*, cit., vol.XX, pp.295-6.

(44) *Vorlesungen über die Philosophie der Weltgeschichte*, cit., p.925.

(45) *Ibidem*. p.929.

(46) *Ibidem*. p.932.

(47) *Texte zur philosophischen Propädeutik*, in *Werke*

in..., cit., vol.IV, p.99.

(48) *Vorlesungen über die Philosophie der Weltgeschichte*, cit., vol.IV, p.877.

(49) *Werke in...*, cit., vol.VI, pp.209-210.

(50) *Darstellung der Revolution in Mainz*, 1793, in *Werke in vier Bänden*, cit., vol.III, pp.658-9 ; pour Görres cfr. *Die Blattern und das Revolutionsfieber,, eine medieinisch-politische Parallele*, in *"Das rothe Blatt"*, 1798, maintenant in *Gesammelte Schriften*, hrsg. von. W. Schellberg, Köln 1928, vol.I, p.164.

(51) In *Von deutscher Republik 1775-1795. Texte radikaler Demokraten*, hrsg. von J. Hermand, Frankfurt a.M. 1975, p.343.

(52) Pour ce qui concerne Forster cfr. *Dokumente zu Hegels Entwicklung*, hrsg. von. J. Hoffmeister, Stuttgart, 1936, p.217 et suivants.

(53) *Werke in...*, cit., vol.VI, pp.75-6.

(54) *Werke in...*, cit., vol.V, p.13.

(55) *(Beurteilung der) Verhandlungen in der Versammlung der Lanstände des Königsreiches Württemberg im jahr 1815 und 1816*, in *Werke in...*, cit., vol.IV, p.507.

(56) *Zur Judenfrage*, in Marx-Engels, *Werke*, Berlin, 1955 et suivants, vol.I, pp.366-7.

(57) *Esquisse d'un tableau historique de progrès de l'esprit humain*, in *Oeuvres*, publiées par A. Condorcet O'Connor et M.F. Arago, Paris, 1847 (réimpression en facsimilé Stuttgart-Bad Cannstatt,

1968), vol.VI, p.12, pp.22-23 et p.239.

(58) A. Herzen, *Textes philosophiques choisis*, Moscou, 1950, p.579.

(59) En soulignant les éléments négatifs et les contradictions de la société bourgeoise, Proudhon *connaît la dialectique seulement comme guillotine* : cf. K. Rosenkranz, *Die Selbständigkeit der deutschen Philosophie gegenüber der Französischen*, 1852, in *Neue Studien*, Leipzig 1875-8, vol.II, p.226 ; mais Rosenkranz critique Hegel même pour le rôle "excessif" attribué à la catégorie de contradiction. Cf. *Wissenschaft der logischem Idee*, Königsberg, 1858-9, vol.II, p. 253 et *passim* ; sur la faillite de la révolution de 1848 comme présupposé de la crise de la philosophie de Hegel en Allemagne, nous nous permettons de renvoyer à notre travail, *Tra Hegel e Bismarck. La rivoluzione del' 48 e la crisi della cultura tedesca*, Roma, 1983.

MALTHUS ET LA RÉVOLUTION FRANÇAISE

Michel FUCHS

Tout est dit, mais on ne vient pas toujours trop tard.

Dès qu'on évoque la vaste campagne déclenchée en Angleterre par et contre la Révolution française, un nom vient d'emblée à l'esprit, celui de Burke. Il fut le premier, chronologiquement, qui, selon le mot de Hazlitt, *harponna le Léviathan de la Révolution française*(1) et ne cessa, jusqu'à sa mort, de l'attaquer à l'aide de toutes les ressources d'une rhétorique impressionnante, pour ne pas dire terroriste.

Malthus, en revanche, s'il figure en bonne place dans les ouvrages de démographie et d'économie politique, est presque totalement absent des nombreux livres consacrés au débat sur la Révolution française, comme s'il n'y avait pas participé activement.

C'est peut-être là son plus beau titre de gloire : il n'est pas donné à tout le monde de se faire passer pour un chercheur planant dans les hautes sphères de la pensée désintéressée, alors que ce "savant" tente insidieusement d'asséner le coup de grâce à l'idée même de progrès, de perfectibilité, de changement et donc de révolution. S'il ne paraît pas inutile d'analyser ce tour de force, c'est qu'il est assez superbement réalisé, qu'il permet de préciser le rôle que joue la science dans l'idéologie et que, le malthusianisme au sens large du terme sévissant encore dans nos sociétés, il n'est peut-être pas superflu de se demander pourquoi.

Comment passer pour savant ? La réponse semble aller de soi : l'être. Certes ; mais que faire si, par malheur, on ne l'est pas ou si l'on n'est pas certain de l'être ? La réponse est encore plus simple : dire qu'on l'est et tout faire pour le faire croire.

C'est ce que tente Malthus, non sans succès, dès la première version de son *Essai sur la Population* qui paraît en 1798 (2). D'emblée il adopte l'attitude d'humilité qui sied au savant : humilité devant ses prédécesseurs qu'il entend réfuter, si besoin est, d'une manière *équitable et franche* (p.68). Alors que pour Joseph de Maistre - qui le dit mais ne le fait pas toujours -

> *...on n'a rien fait contre les opinions, tant qu'on n'a pas attaqué les personne* (3)

et que pour Burke - qui le fait presque toujours, mais sans le dire ouvertement - l'argument *ad hominem* a statut de preuve irréfragable, Malthus rend hommage même à ceux qu'il conteste, au nom du truisme bienveillant :

> *nous sommes tous tant que nous sommes sujets à l'erreur.* (p.70).

Mais cette humilité, il la manifeste surtout à l'égard du but qu'il poursuit ostensiblement. A l'entendre, son seul mobile, lorsqu'il prend la plume, c'est *l'amour de la vérité*. Tout comme le pasteur s'incline dévotement devant la Révélation qui s'impose à lui, le savant est prêt à sacrifier tout amour-propre, tout désir, toute volonté, aux faits que la nature offre à son observation (p.62) et à accepter le vrai, quelque désagréable qu'il soit.

Mieux encore, il adopte une attitude de médiateur dès son premier chapitre. Il y oppose les partisans du changement et de la perfectibilité et les défenseurs du *statu quo*. Ils portent tous préjudice à la cause de la vérité par le seul fait qu'ils se rejettent les uns les autres sans se réfuter et que leurs préjugés sont plus importants à leurs yeux que la découverte de la vérité. Malthus va donc se garder des attaques personnelles et tenter de trouver une troisième voie, celle de l'impartialité, caractérisée par le dialogue serein, le refus des extrêmes et la fidélité scrupuleuse aux faits.

Les faits, toutefois, existent indépendamment de Malthus ; celui-ci ne prétend donc pas innover outrancièrement (*l'argument le plus important que j'avancerai*, dit-il modeste et réaliste, *n'est certainement pas nouveau*, p.69). Mais écrire pour réitérer des arguments connus est une activité peu justifiable qui pourrait, en l'occurence, donner à penser qu'il existe aussi une loi de la reproduction des mêmes idées selon une progression géométrique dont la raison serait infinie. C'est pourquoi la seule originalité que Malthus revendique est celle du *point de vue* (p.69), sensiblement différent, assure-t-il, de celui de ses prédécesseurs.

Suffit-elle à expliquer la précipitation avec laquelle Malthus se hâte de publier, hâte qu'il souligne lui-même lorsqu'il indique dans l'avant-dernier chapitre de l'*Essai* (p.203) qu'il avait l'intention de flanquer son ouvrage d'une deuxième partie consacrée à l'étude du rôle déterminant des besoins du corps dans l'éveil de l'esprit, mais qu'il y a renoncé pour le moment ? Rien ne l'empêchait d'attendre un peu en savant soucieux de ne rien négliger pour étayer ses thèses. La disproportion entre les quelques chapitres où il énonce le principe de population et ceux, deux fois plus nombreux, où il s'évertue à réfuter l'idée de progrès - si bien que le titre de l'*Essai* rend imparfaitement compte de son contenu - manifeste une fébrilité certaine.

Cette fébrilité ne se comprend que si l'on consent à replacer Malthus dans son temps. En 1798 l'Angleterre lutte quasiment seule contre la France. Le poids de la guerre s'appesantit sur les pauvres qui ont tendance à se soulever un peu partout dans le pays dès que la montée du prix des denrées de première nécessité, causée par la guerre et de mauvaises récoltes, provoque une situation de pénurie grave. Pour contenir le mécontentement grandissant, des juges de paix ont instauré en 1795 le *Speenhamland System* - qui, en gros, introduit un salaire minimum indexé sur le prix du pain - tandis que Pitt a déployé tout un arsenal de mesures répressives (loi contre étrangers en 1793, suspension de l'*Habeas Corpus* en 1794, loi sur les pratiques séditieuses en 1795). Ce qui n'empêche pas la contestation de gagner même les forces navales où, en 1797, des mutineries éclatent. Qu'elles ne soient pas politiques, mais provoquées par une discipline arbitraire jointe à des conditions de vie déplorables, n'en atténue nullement la gravité. D'autant moins que depuis 1796 l'Irlande est en ébullition et que va s'y produire en 1798 le soulèvement des *United Irishmen* qui sera écrasé dans le sang. Au milieu de ces troubles qui font craindre le pire aux classes dirigeantes anglaises paraît *The Inquirer* de Godwin qu'on aurait pu croire oublié après le coup d'éclat fugace, en 1793, de son *Enquiry Concerning Political Justice*. Inquiétant penseur que ce Godwin qui reconnaît en 1798 ses erreurs de 1793, mises au compte de l'exaltation produite par les événements de France, annonce qu'il s'est assagi, armé de patience tranquille, et qui pourtant, dans un essai intitulé *De l'Avarice et de la Prodigalité* relance toutes ses attaques antérieures contre la classe oisive qui, dit-il, fait son propre malheur, ce qui est triste, mais aussi celui d'une multitude de pauvres, ce qui est intolérable. N'y a-t-il pas là de quoi inquiéter la noblesse anglaise ? Comment faire face à la fois à la France athée et folle, à l'Irlande où catholiques et protestants pactisent contre la Grande-Bretagne, et à l'Angleterre du progrès et du mouvement - notamment celle des *Dissenters* - dont est issu Godwin et à laquelle il s'adresse ?

Pour Malthus, aucun doute n'est possible. Le danger est là, pressant ; il faut à tout prix le conjurer. Ce n'est pas un hasard si, dès son premier chapitre, il évoque

> *la Révolution française qui, telle une comète étincelante, semble destinées à communiquer une vie et une vigueur nouvelles aux habitants rabougris de la terre, ou à les réduire à néant dans les flammes*, (p.67)

tout en feignant de s'en prendre essentiellement à Godwin auquel il attribue d'ailleurs des aspirations jacobines, voire babouvistes, qu'il n'a jamais partagées. Son véritable sujet c'est bel et bien la Révolution française et les dangers qu'elle fait courir aux riches héréditaires. Godwin est sa cible avouée, mais c'est à la Révolution qu'il en a.

Il ne s'agit pas pour lui, comme naguère pour Burke, d'empêcher la Révolution de se développer en France ou d'appeler à une sainte croisade contre elle : la Révolution existe et la guerre fait rage. Mais il convient de profiter de la "trève intérieure" relative, produite par la guerre contre la France, pour discréditer définitivement, si possible, l'idée même de révolution et interdire qu'à l'avenir penseurs ou publicistes ne redonnent vie à cette chimère.

Il part donc du postulat que les acteurs de la Révolution française - comme ceux qui en Angleterre défendent l'idée de progrès - ont sincèrement pour but le bonheur de l'humanité par la disparition de la pauvreté et des inégalités sociales et politiques. Mieux même : il déclare partager cet idéal et ce souci pratique et affirme que rien ne lui causerait plus de plaisir que de voir réfutées en droit et en fait les objections insurmontables qui s'opposent à la réalisation de cet idéal (p.69).

Dès lors il va placer le débat sur un autre terrain. Ce qui s'oppose aux desseins louables des révolutionnaires français, ce n'est pas leur incompétence, ni la forme de leur gouvernement, ni leur politique agraire, ni même la guerre que mène l'Angleterre contre eux. C'est un fait biologique tout bête : le principe de population, c'est-à-dire cette loi qui veut que l'espèce humaine se reproduise selon une progression géométrique alors que la nourriture nécessaire à sa vie s'accroît, au mieux, selon une progression arithmétique. C'est cette tendance propre à l'espèce humaine à se reproduire au-delà des ressources disponibles qui, à tout moment de l'histoire, est la source de toute la misère et de tous les vices du monde. Quand la population est trop nombreuse, il faut tuer ou laisser mourir de faim les bouches excédentaires (4).

Cette loi *forte, impérieuse, nécessaire, toute-puissante, écrasante* - Malthus ne lésine pas sur les adjectifs - s'applique *à toutes les époques et à tous les stades* de l'histoire humaine (p.119). Ce qui veut dire - mais Malthus ne le dit pas - que c'est probablement poussé par la faim qu'Adam et Eve ont quitté le Jardin d'Eden et que le péché originel a consisté pour Adam à réclamer à Dieu une compagne semblable à lui.

Ce qui veut dire surtout - et Malthus s'y étend à longueur de pages - qu'aucune société n'est responsable de la misère qui y règne et que toutes les mesures tendant à améliorer le niveau de vie d'une population donnée ou à répartir plus équitablement les richesses accroissent du même coup la population et multiplient d'autant la force destructive du principe de population.

Contrairement à ce qu'on a essayé de faire croire ou à ce qu'on a cru, Malthus ne s'intéresse pas à la démographie en soi ; il ne s'y intéresse pas non plus en tant que cette science est susceptible d'applications pratiques qui affectent directement le bonheur des hommes (5). Il emprunte sans le dire à Joseph Townsend, qui avait publié en 1786 une *Dissertation sur les lois sur les pauvres*, son principe de population et s'en sert comme de l'arme absolue destinée à terrasser le monstre révolutionnaire français.

Pour ce faire, il n'a qu'à, pense-t-il, biologiser l'espèce humaine et naturaliser les institutions sociales. Qu'est-ce que l'homme, selon le pasteur Malthus ? Une âme dans un corps, l'image de Dieu sur terre ? Nullement. C'est un simple mécanisme sexuel qui se met en branle au moindre stimulus, à la moindre incitation : l'appétît sexuel provoque, par reproduction, un appétit de biens de premières nécessité que la production est incapable de satisfaire. D'où l'établissement de la propriété privée, d'un gouvernement pour la faire respecter et d'une division de la société en classes sociales. D'ailleurs l'aveu ne tarde pas. Malthus dément d'avance tous ses futurs apologistes qui n'auront de cesse qu'il soit un savant et un philanthrope, en soulignant que

> *la thèse principale de cet* Essai *n'a d'autre but que de prouver la nécessité d'une classe de propriétaires et d'une classe de travailleurs.* (p.177).

Il va de soi qu'à la première classe le déterminisme sexuel ne s'applique pas directement, faute de quoi "l'argument des Montmorency" de Sismondi serait opposable au principe de population. On sait que dans ses *Nouveaux Principes d'Economie Politique* parus en 1827, Sismondi fait remarquer que si le principe de population était fondé *l'univers entier ne contiendrait plus aujourd'hui que des Montmorency*. Mais Malthus a prévenu l'objection en avouant encore que

> *la thèse principale de cet* Essai *tend à mettre en pleine lumière l'improbabilité que les classes pauvres du peuple de n'importe quel pays puissent jamais échapper au besoin et au travail au point de connaître un haut degré de développement intellectuel.* (p.148).

Pour Malthus, la vie de l'esprit émousse l'aiguillon de la chair. La civilisation n'est rien d'autre que la coexistence d'une minorité, capable de refréner ses appétits sexuels et donc de se soumettre à la discipline d'une contrainte (morale ou pas), et d'une grande masse d'animaux humains forniquant au jour le jour, aussi insouciante de l'avenir que des brutes sauvages (pp. 98, 85). Civilisation et propriété, c'est tout un, ce qui signifie que la nature ne saurait jamais être maîtrisée que par et pour un petit nombre.

Dès lors on peut bien essayer de changer les institutions politiques ou même d'abolir la propriété privée : dans le premier cas, on ne fera que changer les titulaires du pouvoir sans modifier la structure sociale inégalitaire et la coexistence de la barbarie et de la civilisation ; dans le second on fera disparaître le petit îlot de civilisation qui existait au sein de la barbarie et on assurera le malheur de tous. Le choix est donc entre le maintien du *statu quo* et l'égalité dans la misère et la mort précoce. Les Français ont fait le mauvais choix et, du même coup, la France,

> *l'une des nations les plus éclairées du monde, a été avilie par une fermentation de passions dégoûtantes, peur, cruauté, méchanceté, revanche, ambition, folie, déraison, qui aurait suffi à déshonorer la nation la plus sauvage à l'époque la plus barbare.* (p. 121).

Qu'importe que Malthus aille jusqu'à écrire qu'une

> *vie uniformément prospère a plutôt tendance, en général, à avilir qu'à exalter le caractère* (p. 209),

et donc à donner à penser que le premier terme de son alternative pourrait se justifier moralement en ce qu'il serait un instrument de régénération des propriétaires avilis par leur prospérité constante. Son seul et unique souci est de faire croire aux dirigeants et, indirectement, au peuple, que le malheur social ne doit rien à l'organisation de la société, mais tout à la biologie qui, en première comme en dernière instance, règle le cours des choses. Il le dira sans fioritures dès la deuxième version de l'*Essai* qui date de 1830 : la patience des classes inférieures devant leur misère

> *vient de ce qu'elles croient qu'elles sont soumises à la grande loi de la nécessité et non aux caprices de leurs dirigeants* (6).

Il suffit donc que les riches pratiquent la charité, ou que des hommes de talent amers (Malthus ne l'est pas, à l'évidence) persuadent les pauvres que les institutions humaines sont responsables de leur misère, pour que soit entamée la croyance en la nécessité de la loi de population et derechef qu'éclatent à nouveau commotions et révolutions (7). D'où le passage justement célèbre sur le banquet de la nature auquel tous ne sont pas admis :

> *Un homme né dans un monde déjà possédé, s'il ne peut obtenir de ses parents une subsistance qu'il est en droit de leur réclamer, et si la société n'a pas besoin de son travail, n'a aucun droit à revendiquer la moindre portion d'aliments et, en réalité, n'a aucun droit d'être où il est. Au banquet opulent de la nature, il n'y a pas de couvert pour lui. Elle lui dit de s'en aller, et elle ne tardera pas à exécuter son ordre si le malheureux ne réussit pas à émouvoir le coeur d'un de ses hôtes. Si celui-ci se lève et lui fait de la place, d'autres intrus viendront demander la même faveur. La nouvelle que tous ceux qui viendront seront nourris remplit la salle de nombreux prétendants, l'ordre et l'harmonie de la fête en sont troublés, l'abondance qui régnait auparavant se transforme en pénurie, le bonheur des hôtes est gâché par le spectacle de la misère et de la mendicité que présentent tous les coins de la salle, et par la clameur importune de tous ceux qui sont furieux de ne pas trouver la nourriture qui leur avait été promise. Les hôtes comprennent trop tard l'erreur où ils sont tombés en transgressant les ordres sévères don-*

> *nés aux intrus par la grande maîtresse du festin qui, désirant que tous ses hôtes soient rassasiés, et sachant qu'elle ne pouvait alimenter un nombre illimité de personnes, avait avec humanité refusé d'accepter de nouveaux venus une fois toute la table occupée.* (8).

Comme cette apologie d'un génocide naturel réduit tous les Massacres de Septembre à d'innocents jeux d'enfants, Malthus a supprimé ce passage des éditions de son *Essai* postérieures à 1803. Mais il en a gardé l'idée essentielle pour faire pièce à l'idéologie des droits de l'homme propagée par la Révolution française. Pour lutter contre elle, il prône le développement de l'instruction publique, sous contrôle de l'Etat et de l'Eglise, pour inculquer à la masse miséreuse que, si elle l'est, c'est parce qu'elle a tiré - comme il le disait joliment en 1798 - un *mauvais numéro* à la loterie de la vie (9). A la robinsonnade rose d'Adam Smith, Malthus entend substituer une robinsonnade noire pour pérenniser la misère en l'écrasant sous le désespoir.

Que Malthus ait emprunté à ses prédécesseurs tous les éléments de l'*Essai* en ses versions successives, ne doit pas faire négliger l'originalité de sa démarche politique. On peut la saisir en comparant ce qu'il écrit à cette phrase extraite des *Réflexions sur la Révolution de France* de Burke. Après avoir souligné que

> *la caractéristique essentielle de la propriété, telle qu'elle émane des principes combinés de son acquisition et de sa conservation, c'est d'être inégale* ,

il affirme :

> *Le peuple doit respecter cette propriété même à laquelle il ne saurait avoir droit.* (10)

L'idée se retrouve chez Malthus, mais l'accent est entièrement différent. Burke fait appel au respect du peuple pour ce qu'il ne possédera jamais. Mais pourquoi respecter ce dont on est exclu ? Parce que, dit Burke, le respect est l'expression d'une subordination naturelle et de préjugés traditionnels. L'argument est faible, dès lors surtout que le peuple conteste l'inégalité et la tradition qui la lui impose. Malthus sent bien que la parade est ailleurs, du côté de la "science" : chez lui, il ne s'agit plus de demander au peuple son respect ; il suffit de lui faire admettre "scientifiquement" qu'un partage égal ne lui apporterait presque rien aujourd'hui et le priverait de tout demain (11). Alors que chez Burke l'idéologie féodale sert de voile protecteur au développement de l'économie capitaliste, Malthus se place en-deçà de la société de marché et de la société féodale et invoque les deux progressions de plus en plus inégales. C'est de la science seule qu'on peut déduire une réfutation efficace de l'idéologie des droits de l'homme. L'homme n'a droit qu'à ce qu'il peut faire sans causer de tort à autrui. Il a le droit de vivre cent ans s'il le peut, mille ans s'il le pouvait. En revanche, s'il ne peut subvenir à ses besoins, il n'a que le droit de mourir de faim sans broncher.

Mais la science peut-elle être utilisée dans un combat idéologique sans se réduire à son tour à une idéologie ? On ne voit pas pourquoi cela devrait nécessairement se produire et cette impression est confortée apparemment par l'évolution de Malthus. Si l'on compare les deux premières versions de l'*Essai* et si l'on ajoute à ces deux textes celui qu'il écrivit pour l'Encyclopédie britannique en 1830, on s'aperçoit qu'il s'appuie, à mesure que les années passent, sur un nombre considérablement accru de données statistiques patiemment accumulées. Il corrige son modèle mécanique de l'homme-animal sexué et insiste sur la complexité des facteurs qui président à la multiplication de l'espèce. Aux affirmations tranchées de la première version, Malthus substitue des réponses nuancées, parfois contradictoires, et avoue de plus en plus souvent que la "science" dont il se réclamait en 1789 n'en est encore qu'à ses balbutiements. Mieux : en 1830 il sape tout bonnement le principe de la population qu'il opposait à toutes velléités de réformes. Déjà en 1798 ces deux progressions s'accomodaient mal de l'affirmation selon laquelle à tout moment de son histoire l'espèce humaine avait connu la faim : car même dans l'abstrait, les deux premières périodes des deux progressions devaient nécessairement concorder. En 1830 il pose en principe *une puissance prodigieuse d'accroissement chez les plantes et les animaux ;* dès lors c'en est fini de la progression arithmétique des subsistances. Ce qui n'empêche pas Malthus, contre toute logique, de la remplacer par une progression géométrique à raison décroissante, de façon à pouvoir maintenir son principe de population.

Qu'est-ce qui a bien pu le faire évoluer ? Sa démarche de savant remettant sans cesse en cause des conclusions que le développement du savoir relativise ? Il ne le semble pas, si l'on en juge par la manière dont il analyse, dans une addition tardive à son *Essai* les effets de la Révolution française. Alors qu'en 1798, elle était vaine ou pire que le mal qu'elle voulait guérir, il reconnaît en 1817 que, grâce à elle, la condition des classes les plus humbles s'est améliorée en ce qu'elle a rendu les travailleurs plus industrieux et plus prudents à l'égard du mariage (12). Mais à cette date on peut se permettre de rendre hommage à une révolution enterrée par la Restauration. Le danger révolutionnaire écarté, le pasteur idéologue peut s'offrir le luxe de reconnaître des faits qui s'opposent à son glorieux principe de population. De même, sous l'effet des luttes de plus en plus âpres qui opposent l'école libre-échangiste de Manchester à la noblesse terrienne, Malthus est amené à souligner les contradictions que recèle la propriété privée : c'est elle qui pousse à la mise en culture de la terre et à son amélioration ; mais la recherche nécessaire du profit exclut de toute culture une portion considérable du territoire national. D'autre part, de grands domaines ne sont pas favorables à la production de denrées agricoles, car les maîtres ont tendance à en monopoliser une bonne partie pour leurs chasses, leurs parcs ou leurs chevaux (p.246). Là non plus il ne faudrait pas croire que le savant Malthus pèse le pour et le contre sans parvenir à conclure. Face aux revendications du peuple, il est pour la noblesse et la bourgeoisie réunies. Quand le peuple a été mâté, il préfère la noblesse ; quand celle-ci est à son tour contestée par la bourgeoisie montante et qu'une lutte s'engage qui risque de redonner la parole au peuple, Malthus est déchiré et tente de garder aussi longtemps que possible la balance égale.

Sa science est à vrai dire d'emblée une idéologie forgée pour faire pièce à ce qui menance le statu quo. Il évoque certes le progrès des connaissances et tout ce qui reste encore à accomplir. Mais contrairement à Condorcet qui pressent, par une véritable intuition scientifique, les progrès prodigieux que la science va accomplir sans un instant préjuger de ce que les générations qui lui succèderont découvriront (ce qui lui permet d'entrevoir le contrôle des naissances par exemple), Malthus "savant" conçoit la science à l'image d'un trésor déjà là mais non encore complètement recensé : il lui assigne impérativement des limites, les faits qui s'imposent à l'homme, en oubliant ou en ignorant les faits que l'homme fabrique et impose à la nature. Le seul progrès qu'il conçoive est un progrès à l'intérieur d'un fixisme biologique, politique et social. A cet égard sa théorie de la population n'est pas plus absurde que sa théorie du fonds de salaires, sa loi des rendements dégressifs ou sa théorie de la demande effective assurée par la seule classe des propriétaires. Il accumule et empile tous ces éléments de "science" pour figer un monde mouvant dans une rassurante immobilité.

Si le cas de Malthus nous intéresse encore aujourd'hui, ce n'est pas parce qu'il aurait posé le problème, difficile et passionnant, de l'optimum démographiques national ou planétaire. Ceux qui lui attribuent généreusement la paternité de cette idée, sollicitent les textes. C'est plus prosaïquement que, si les inégalités se sont réduites dans certains pays, elles se sont aggravées dans d'autres et qu'aux conflits entre possédants et non-possédants se superposent des conflits réels ou potentiels entre nations riches et nations pauvres.

Comme à l'époque de Malthus, le monde est en crise et fondamentalement pour les mêmes raisons. La science est à nouveau embrigadée au service du statu quo, au profit des possédants. Et des savants - plus savants que Malthus, mais aussi idéologues que lui - vont clamant l'impuissance de la science et ceci à un moment où, comme l'Angleterre de Malthus, le monde est gros d'une gigantesque révolution scientifique, technique et économique. Que l'histoire contredise Malthus et ses successeurs, peu leur importe : ils n'ont d'autre but que d'entraver le mouvement de l'histoire.

Notes.

(1) W. Hazlitt, *Complete Works*, Londres, 1932, vol. V, pp. 301 et suivantes.

(2) Malthus, *An Essay on the Principle of Population* (1798), ed. by A. Flew, Pelican Classics, Harmondsworth, 1970. La numérotation dans le texte de l'article renvoie à cette édition.

(3) J. de Maistre, *Oeuvres Complètes*, Lyon, 1891, XIV, 150.

(4) On trouvera dans Engels, *Selected Writings*, ed. by W.O. Henderson, Penguin, 1967, le texte de *Outlines of a Critique of Political Economy* où dès 1844 l'auteur s'en prend à Malthus en des termes que Marx reprendra et qui nous semblent malgré les imprécations rageuses de A. Flew, n'avoir toujours pas été réfutés. On consultera également Galvano della Volpe, *Critique de l'idéologie contemporaine*, traduit par P. Méthais, Paris, 1976, pp.89-94, et on méditera les pages consacrées par Ernst Bloch à Malthus dans le tome 2 du *Principe Espérance*, Paris, 1982.

(5) La thèse développée par Suzy Halimi, "Malthus défenseur des pauvres", in *Revue française de Civilisations britannique*, vol.2, n°1, 1983, pp.25-46, est viciée à la base par le refus de l'auteur de tenir compte des mobiles de Malthus (comme la plupart de ses prédecesseurs, il ne s'intéresse aux pauvres que lorsqu'ils deviennent dangereux pour l'ordre établi), refus lui-même fondé sur le postulat de Malthus, accepté comme évidence, qu'il est impossible de supprimer la pauvreté. Pour une approche diamétralement opposée, on lira la remarquable étude de

Robert Favre, *La Mort dans la littérature et la pensée française au XVIIIème siècle*, Lille, 1977 et P.U.G., 1978.

(6) Malthus, *An Essay on the Principle of Population* Everyman, 1982, Book II, chap.2, p.173.

(7) *Ibid.*, Book IV, Chap. 6, pp. 186-195.

(8) Malthus, *Essay*, seconde Edition, London, 1803, p.531.

(9) Suzy Halimi, "La notion de progrès dans *An Essay on the Principle of Population* de T.R. Malthus", in *Etudes Anglaises*, XXXVI (1983), 1, pp. 34-44. S'émerveillant des projets d'éducation populaire que défend Malthus, S. Halimi les estime plus progressistes (43) que les réticences de Godwin dues à son "individualisme forcené". Forcené ou pas, l'individualiste qui refuse une école ségrégationiste, manipulatrice, culpabilisatrice et décervelante, nous paraît aussi progressiste, au moins, que le théoricien de "l'homo faber" qui rejette pourtant la progressiste devise *Arbeit macht frei*. Il est d'ailleurs difficile de rendre compte de la position de Godwin en la matière sans mentionner ce qu'il écrit dans *An Inquiry Concerning Political Justice*. On consultera avec profit Brian Simon, *The Two Nations and the Educational Structure, 1780-1870*, London 1974.

(10) E. Burke, *Reflections on the Revolution in France*, Conor Cruise O'Brien ed., Pelican Classics, 1970, pp. 140, 372.

(11) L'idée se trouve déjà chez J. Harrington, *Oceana and other Work*, London, 1771, pp.154-155 et 247. On n'en finirait pas de recenser les sources non

avouées du pasteur Malthus qui, à défaut de travailler dans les vignes du Seigneur, a grapillé celles de ses voisins.

(12) Malthus, *Essay*, Everyman, Book II, pp.68-69.

CONSTANTIN FRANTZ
ET LA RÉVOLUTION FRANÇAISE

Jean PHILIPPON

D'entrée de jeu, avouons-le : nous avons quelque peu le sentiment d'être le passager clandestin de ce colloque. Parmi tant de spécialistes de l'histoire des idées et de la Révolution française, nous nourrissons un dessein inavoué, obscur, voire ténébreux : profiter de l'intérêt que vous portez à la Révolution pour chercher à vous intéresser à Constantin Frantz.
Le faire connaître ? Tenter cette entreprise sinon impossible, du moins paradoxale, car Frantz a été et demeure dans le meilleur des cas, "un illustre inconnu".(1)

Pour ce qui est de la France, les choses sont simples. Personne n'aurait, semble-t-il, jamais entendu parler de lui. Une anecdote ! Nous avons traduit un opuscule de Frantz *Louis Napoléon*, remarquable en tous points, toujours d'actualité et qui, aux débuts de la Vème République, aurait pu passer pour l'oeuvre de quelque polémiste contemporain bien qu'il ait été publié en 1852. La traduction soumise aux directeurs de deux collections de textes politiques nous fut retournée, accompagnée à chaque fois d'une lettre fort aimable que l'on pourrait résumer ainsi : pourquoi voulez-vous que je publie un auteur dont ni moi ni personne n'a jamais entendu parler ? Affirmation sommaire et injuste, car un bon connaisseur comme Erich Wittenberg estime que l'interprétation la plus intelligente que nous possédions est celle d'un germaniste français, L. Sauzin.(2).

Dans les pays de langue allemande, la

situation est plus complexe. Tout d'abord, Constantin Frantz est un auteur considérable par le volume de son oeuvre. En une quarantaine d'années, il a fait paraître deux ou trois dizaines d'ouvrages dont quelques uns sont d'une épaisseur respectable, germanique pour tout dire, sans compter de nombreux articles. Mais Constantin Frantz n'a pas été simplement un publiciste fécond ce qui est finalement un titre de gloire assez incertain. Après l'échec de la révolution de 1848 il n'a peut-être pas joué ce que l'on pourrait appeler un rôle important ; il a pour le moins fait bonne figure dans la vie publique en Allemagne. Metternich et Bismarck l'ont écouté. Jakob Burckhardt subira son influence. Richard Wagner lui donnera son estime. Ces quelques exemples illustrent assez la qualité de son esprit et le rang qui devrait lui revenir.

Pourtant l'ingratitude du public pouvait tout d'abord paraître justifiée. Très tôt, C. Frantz s'est séparé de Bismarck qu'il a vivement combattu. Il s'accordait avec ce dernier pour juger le national-libéralisme incapable d'unifier l'Allemagne. Encore faut-il bien voir que le ministre président de Prusse et le publiciste n'ont pas exactement les mêmes raisons de condamner les libéraux. Pour le premier, ils n'ont ni l'énergie ni la puissance sociale nécessaires pour mener à bien l'oeuvre d'unification et d'autre part, ils menaceraient l'intégrité morale et politique de la Prusse. Pour le second au contraire, le libéralisme-national a deux tares : d'inspiration jacobine, il accorde à l'Etat la prépondérance sur la société ; ayant lié partie avec l'école de Manchester, il pratique la religion du profit et renie ainsi les authentiques valeurs morales et spirituelles de l'Allemagne. Certains développements rappellent ou annoncent la critique que le marxisme a fait des effets du développement capitaliste et notamment de la décomposition du corps social. Pour Frantz la fondation du *Reich* bismarckien conjugue les inconvénients. C'est l'alliance de la puissance militaire, de l'esprit colonial (la Prusse demeure pour lui une colonie, une marche frontière germanisée en surface) et enfin de la puissance économique, amorale par essence. Etonnante clairvoyance quand on juge avec un siècle de recul ! Mais lorsque le national-libéralisme se rallia au IIème *Reich*, Constantin Frantz a passé pour un prophète démenti par l'évènement.

Bien plus, il y avait après 1871 quelque sacrilège pour les contemporains à contester la grandeur de l'oeuvre achevée et, semblait-il à beaucoup, achevée pour l'éternité. S'il est permis de rapprocher C. Frantz de deux contemporains illustres J. Burckhardt et Fr. Nietzsche, nous constatons également que l'audience de ces derniers a souffert dans un premier temps de la critique qu'ils firent du *Reich* bismarckien. Mais C. Frantz n'a pas bénéficié d'une tardive et éclatante réhabilitation : jusqu'en 1914, la puissance grandissante de l'Allemagne sous la direction de la Prusse est trop évidente pour ne pas faire obstacle à toute révision du jugement public. Une autre raison du silence où Frantz était, semblait-il, destiné à sombrer définitivement tenait à la qualité de son esprit et de son oeuvre. Entre le publiciste d'une part, l'historien et le philosophe d'autre part, il existe une différence de rang. Enfin la réaction morale, littéraire et artistique qui s'ébauche en Allemagne à partir de 1880 le néglige peut-être parce que dans son oeuvre ni l'esthétique ni la morale individuelle ne tiennent une place importante. Tous les éléments d'une condamnation définitive étaient réunis et pourtant le procès a été appelé de nouveau.

L'effondrement du *Reich* bismarckien en 1918 a amené une véritable redécouverte de C. Frantz. Le pacifiste F.W. Foerster vit en lui "un génial critique" de l'oeuvre de Bismarck. Mais le chancelier trouva des défenseurs qui pour répondre à Foerster se livrèrent à une critique en règle de C. Frantz. Citons entre autres l'historien E. Marcks. Foerster avait retenu dans la pensée du publiciste la dénonciation du militarisme allemand, d'autres furent séduits par la vision *gross-*

deutsch de l'histoire allemande, par exemple Schittmann et le plus connu de tous Moeller van den Bruck. Le nazisme par contre rejeta Constantin Frantz. Alfred Rosenberg critiqua son fédéralisme et l'idée d'une vocation universelle de l'Allemagne, dans lesquels le théoricien du IIIème *Reich* ne voyait rien d'autre que l'instrument de la Curie romaine. (3) En Allemagne, les partisans d'un fédéralisme européen le revendiquèrent après 1945 (4). Depuis vingt ans, une dizaine de titres ont été réédités (5). Et en près d'un siècle une dizaine d'ouvrages lui ont été consacrés (6). Malgré cela, il demeure, nous semble-t-il, selon la formule déjà employée "un illustre inconnu" et il n'est sans doute pas hasardeux d'affirmer qu'il est aujourd'hui encore plus souvent cité qu'il n'est lu, vraiment lu. Le caractère utopique de sa conception de l'histoire, tournée vers le passé expliquerait qu'il soit devenu le témoin de courants secondaires de la pensée politique, voire l'homme de quelques chapelles.

Le paradoxe n'apparaît pas moins grand lorsqu'on entreprend une analyse systématique des jugements positifs ou négatifs portés sur C. Frantz. Pour les uns, il est un des fourriers du pangermanisme. Charles Andler et Moeller van den Bruck se rencontrent sur ce point même s'ils apprécient le phénomène de façon diamétralement opposée. Pour d'autres au contraire, il annonce un nouvel ordre européen, délivré de la fatalité des armes, du fléau de la guerre et dans lequel la démocratie trouverait son véritable épanouissement. F.W. Foerster et F. Kinsky (7) fondent à plus d'un demi-siècle d'intervalle, dans une constellation politique profondément modifiée, leur admiration pour C. Frantz sur le caractère pacifique et démocratique de son fédéralisme. Les défenseurs de la Prusse et de l'Etat national se rencontrent certes dans leur condamnation du publiciste, mais les raisons qui motivent ce jugement sont loin de se conjuguer. E. Marcks et A. Rosenberg paraissent se tendre la main bien que l'on ne sût imaginer de natures plus opposées que l'historien prussien et le théoricien nazi. Le premier croyait sincèrement que le réalisme de Bismarck avait sa source dans l'éthique protestante. Dans C. Frantz, il apercevait une sorte de visionnaire romantique dont l'esprit obéissait sans frein à toutes les impulsions du coeur et de l'imagination. A. Rosenberg, falsifiant l'idéal prussien auquel il se référait et le compromettant avec un racisme nébuleux (8), faisait de la nation fondée sur la race un réservoir inépuisable d'énergies mises au service de la "grandeur" allemande, de l'impérialisme allemand. C. Frantz, allié de la Curie et "crypto-catholique", devient donc un politicien machiavélique. Bien que les thèses du publiciste eussent été récusées par l'idéologue du IIIème *Reich* certains n'ont pas hésité à voir en lui un réactionnaire, voire un précurseur du nazisme, avec une assurance désarmante. C. Frantz a beaucoup lu et beaucoup emprunté. Il doit beaucoup notamment à Schelling. Il est donc facile de tracer une ligne qui irait de Burke à C. Frantz en passant par Gentz et Schelling et de la prolonger jusqu'aux doctrinaires de la droite conservatrice ou radicale dans l'Allemagne de Weimar. Notre homme aurait été "réactionnaire" (9). L'affaire est grave (10). Elle est sans remède. Il aurait rêvé d'un retour au passé, d'un rétablissement de l'Ancien-Régime, d'une renaissance de l'âge d'or féodal ce qui, selon les goûts, ne peut conduire qu'à une restitution de la monarchie autoritaire ou à la création d'un Etat corporatif. Celui qui a simplement entr'ouvert C. Frantz sera pour le moins surpris de tels griefs. Ils constituent un contre-sens majeur sur l'oeuvre et même une lecture en diagonale ne saurait les expliquer, à plus forte raison les justifier. Pour C. Frantz, un retour au passé est impensable. Nous y reviendrons. En outre, C. Frantz avait une connaissance remarquable de la littérature sociale du XIXème siècle. Il connaissait notamment les auteurs français d'une manière approfondie : socialistes utopiques, Saint-Simon, Auguste Comte, Proudhon auquel il emprunte la notion de fédéralisme. Tocqueville lui est familier. Il a lu Marx et nous paraît l'avoir compris même s'il rejette l'essentiel du marxisme. Sur un point précis il adopte une position qui vers 1880 doit être considérée comme progressiste. Il propose un impôt progressif sur le revenu et l'accroissement des droits de succession (11). Peu importe, il est "réactionnaire".

Sur un point, C. Frantz est vulnérable, il est vrai. L'oeuvre de Constantin Frantz a sa partie honteuse que les commentateurs, qu'ils soient bienveillants ou malveillants d'ailleurs, hésitent à évoquer franchement. Pourtant, ceci fournit un argument de poids à ceux qui ont vu en lui un précurseur du pangermanisme, voire du nazisme. L'oeuvre n'est pas exempte d'antisémitisme. Après Auschwitz, on serait tenté d'affirmer qu'il n'y a pas lieu de distinguer entre les différentes formes de l'antisémitisme et qu'elles conduisaient toutes vers les camps de la mort. L'historien a malgré tout le devoir de les replacer dans un contexte historique défini. L'antisémitisme de C. Frantz est une conséquence de son hostilité au capitalisme et au matérialisme. Le rôle grandissant de l'argent dans les sociétés occidentales au cours du XIXème siècle avec toutes ses conséquences, était imputé au capitalisme en général, aux Juifs en particulier. Marx a déjà exposé la thèse dans *Die Judenfrage*. Un certain nombre de socialistes français la défendaient également. Parmi les Communards, quelques uns identifiaient le capital à Rothschild. C'est une réaction à la politique d'émancipation et d'assimilation du judaïsme en Europe occidentale. Elle a été "récupérée" par le nazisme qui a su l'intégrer à un système de rejet absolu de toute communauté juive. Par là, elle est plus qu'une *regrettable erreur*. Mais on chercherait en vain chez Constantin Frantz l'idée d'un fondement biologique à l'antisémitisme. Il est plus proche de Karl Marx qu'il ne le semblerait à première lecture et il commet sans doute la même erreur que lui. Nous savons aujourd'hui qu'il ne suffit pas de modifier les rapports de propriété pour faire disparaître l'antisémitisme. Peut-être est-ce l'idée même de nation qui rend illu-

soire toute assimilation ? Auquel cas, la logique de sa propre pensée aurait dû conduire Constantin Frantz à se faire le champion de l'assimilation.
Enfin le désintérêt des Français et des étrangers en général pour l'oeuvre de cet adversaire de Bismark s'explique facilement. Pour le publiciste la question allemande ne pouvait être résolue que par le fédéralisme. Cette conclusion s'est imposée à lui avec une évidence de plus en plus grande. Bien que le principe fédéral lui apparût comme un principe universel, le champ d'application en était d'abord l'unité allemande et la question du dualisme austro-prussien. Le cas particulier restreignait ou semblait tout au moins restreindre singulièrement la portée du principe. La préférence plus ou moins avouée que l'auteur portait à l'Autriche avait un relent de passéisme. Tout cela n'était-il pas une de ces fameuses querelles allemandes sans intérêt pour l'humanité. La philosophie politique en Allemagne se décidait à quitter le ciel des idées pour entrer dans le terre à terre. C'était, eût-on dit, pour s'affadir et devenir insignifiante.

Nous nous sommes longuement attardés sur les diverses interprétations de l'oeuvre et plus encore sur leur caractère contradictoire. Ce n'était pas pour nous assurer un facile triomphe. Mais nous nous trouvons placé devant le dilemme suivant. Ou bien l'oeuvre de Constantin Frantz ressemble aux auberges espagnoles. Chacun y trouve ce qu'il apporte. Elle ne serait finalement qu'une rhapsodie sans lien ni loi. Ou bien les interprètes n'ont pas choisi la juste perspective pour contempler l'ensemble. C'est ce qui expliquerait de telles distorsions.

Avant d'étudier comment Constantin Frantz a jugé la Révolution Française il nous semble utile de donner quelques indications biographiques.(13) Gustav Adolph Constantin Frantz est né le 12 septembre 1817 à Börnecke près de Halberstadt. Le père était pasteur et la famille appartenant à ce que les Allemands nomment *akademisches Bürgertum*, c'est-à-dire à cette classe qui transmettait de génération en génération le savoir universitaire et dans laquelle l'Etat recrutait ses meilleurs serviteurs : pasteurs, fonctionnaires, juges, etc. Par la naissance, il est Prussien. Mais le moment historique est tout aussi significatif que le lieu. Un an après sa naissance, les étudiants d'Iéna se réuniront sur la Wartburg pour rappeler aux monarques l'idéal politique qui animait la résistance à l'occupation française et la lutte contre le despostisme napoléonien. Ils ont combattu pour que l'Allemagne reçoive une constitution politique et devînt une nation libre dans laquelle les privilèges et les inégalités seraient rognés, puis supprimés. Ce fut le début des persécutions contre les "démagogues". Quoi que fît Metternich, la question nationale, la question allemande était posée. Une question qui allait empoisonner le siècle et à laquelle nous n'avons toujours pas trouvé de réponse. Comment un jeune intellectuel allemand aurait-il pu dans ces années se soustraire à cette confrontation ? Elle est le point de départ de toute la réflexion de Constantin Frantz. Les Allemands ont pris conscience de leur identité et ne cesseront de revendiquer jusqu'à ce que celle-ci ait trouvé une expression politique adéquate.

Après le baccalauréat,, il étudie pendant huit semestres à Halle, puis à Berlin (1836-40). Le choix des matières : mathématiques, physique, histoire et philosophie témoigne d'une grande ouverture d'esprit. En 1840, il passe l'examen d'aptitude au professorat de l'enseignement secondaire (*Staatsexamen*). Durant l'année 1841, il enseigne dans un lycée moderne (*Realschule*) de Berlin. Puis il se fait mettre en congé pour se consacrer à des recherches personnelles portant sur la philosophie des mathématiques. A cette époque, il se considère comme un disciple de Hegel. Avec Hillert, il publie *Hegels Philosophie in Wörtlichen Auszügen* (1843).

Pendant les années qui suivent, il se produisit dans la vie et la pensée de Frantz un évènement important dont il serait souhaitable que les circonstances fussent pleinement élucidées. Cet Hégélien convaincu se convertit, si l'on nous passe l'expression, à la dernière philosophie de Schelling. E. Stam fait remarquer que le publiciste était demeuré profondément religieux et que cette aspiration trouvait son accomplissement chez Schelling plutôt que chez Hegel. La question devrait être reprise. L'importance que le publiciste accordait à la Révolution française aurait dû décroître à la suite de cette "conversion". N'étant plus une manifestation du *Weltgeist*, mais une erreur humaine, une chute et une déchéance, la fin de l'Ancien-Régime aurait dû appeler expiation et réparation. Or, il nous paraît que l'on observe une évolution toute différente. En tout cas, on ne saurait affirmer, nous semble-t-il, que la Révolution de 89 perde en signification aux yeux de Frantz.

Très tôt, il a renoncé à une carrière universitaire et s'est orienté vers la politique. En 1843, il est employé par le Ministère des Cultes en Prusse (14). Il parcourt l'Europe pour juger par lui-même de la situation des différents pays. Déjà se manifeste chez lui une qualité étonnante, une sorte de clairvoyance prophétique qui l'apparente à Tocqueville. A l'avance, il annonce la révolution de 1848. Metternich avait pu se faire illusion et croire que le système européen dont il avait été l'artisan, avait annulé les effets de 1789. Le soulèvement des peuples en 1848 remet en question à la fois l'équilibre intérieur des Etats et la balance des puissances. C. Frantz comprend que l'unification allemande modifierait profondément les rapports de force dans l'Europe continentale. La paix ne pourrait donc être préservée sans que l'on donnât des gages aux voisins de la nation allemande. D'autre part, une telle transformation aurait nécessairement des conséquences intérieures. Sans même évoquer le spectre du communisme et la menace peut-être encore lointaine d'une subversion sociale, C. Frantz sait que l'on ne saurait attribuer soit à la Prusse soit à l'Autriche un rôle prépondérant sans que la société allemande n'en soit changée. C'est déjà dans le fédéralisme qu'il entrevoit la solution.

Il noue amitié avec l'envoyé de la cour de Russie à Berlin et Vienne, Peter von Meyenhoff qui l'introduit auprès de Anton von Prokesch, Metternich et surtout Bismarck (15). En 1850, il refuse une chaire de professeur à l'université de Breslau. L'année suivante, il voyage en Suisse, en Autriche et en France. A Paris qui est alors la capitale européenne du progressisme, il étudie le socialisme et le communisme dont l'importance lui apparaît déjà (16). En 1852, il devient secrétaire au Ministère des Affaires Etrangères de Prusse (17). Puis, il passe dans le service consulaire et dirige la chancellerie du consulat général d'abord à Barcelone, ensuite à Cadix (1853-56). En 1856, il se fait mettre en congé pour raisons personnelles. En 1858, (18) il démissionne. Désormais, il se consacrera entièrement à son oeuvre de publiciste.

En 1873, il quitte Berlin. Lorsqu'il meurt près de Dresde en 1891, il a sombré dans la misère et l'oubli. Le jeune souverain du *Reich* s'apprête à conduire l'Allemagne vers une gloire éclatante. Il le croit du moins dans sa présomption juvénile et cet orgueil est partagé par tout un peuple. Mais dix mois plus tôt, l'illustre adversaire de C. Frantz a été remercié d'une manière blessante. Le *Reich* qu'il a édifié n'a plus guère qu'un demi-siècle à vivre. Au-delà de la tombe, Frantz aura le dernier mot. Ni une solution *kleindeutsch* ni une solution *grossdeutsch* ne pouvaient répondre à la question posée par la révolution française et donner à la nation allemande une organisation politique stable ; elles ne le pouvaient pas sans le correctif du fédéralisme étendu aux limites du continent. Solution utopique ?

Pour étudier l'attitude de C. Frantz devant la Révolution française nous avons pris comme texte de référence son *Louis-Napoléon* (19) que l'on trouve facilement, mais nous ne nous sommes pas interdit de renvoyer aux autres oeuvres lorsqu'elles permettent de préciser la pensée du publiciste. Nous n'avons toutefois pas cherché à déceler et à décrire une courbe d'évolution. Il conviendrait donc, dans un cadre plus vaste, de définir avec plus de précision les variations de la pensée de Frantz sur ce sujet et de vérifier si elles sont purement accidentelles ou s'intègrent à une évolution plus générale.

Tous les auteurs qui ont traité de la Révolution française au XIXème siècle peuvent être classés en deux grandes catégories, ceux qui considèrent que 1789 marque le début d'un mouvement irréversible et ceux pour qui au contraire l'effondrement de l'Ancien Régime n'a été qu'un accident, une erreur de toute façon réparables. Au sens propre du terme, seuls ceux-ci méritent la dénomination de "réactionnaires". L'histoire nous montre d'ailleurs que l'hostilité systématique à la République, au régime républicain en France impliquait non seulement la conviction que l'exécution de Louis XVI avait été un crime majeur, une aberration de la raison humaine, mais qu'elle impliquait en outre la foi dans un sens de l'histoire, fondé sur la raison divine, pour lequel la Révolution n'était qu'un égarement passager, les peuples devant et pouvant être ramenés dans le droit chemin. Ce qui signifiait qu'un jour la monarchie serait restaurée. Affirmer que cette restauration n'était nullement dans la volonté de Dieu privait la réaction du fondement théorique sur lequel elle pouvait développer l'argumentation avec laquelle elle combattait les Républicains (20).

De 1852 à sa mort, Constantin Frantz n'a pas varié. La Révolution française marque une césure majeure dans l'histoire de l'humanité. Aucune force, aucune puissance ne saurait nous faire remonter le cours du temps. Les textes sont parfaitement clairs.

> *Le Bourbonisme, nous ne le trouvons plus que dans les monuments de l'histoire et ses lys n'ornent plus que des tombeaux.* (21)

> *En France par contre la Révolution avait extirpé de telle sorte la totalité des anciennes institutions que la Restauration était condamnée à l'échec et elle sera à chaque nouvelle tentative condamnée à l'échec. L'année 1789 brise donc la continuité historique.*(22)

On a fait de C. Frantz un défenseur attardé du Moyen-Age, la logique de sa pensée excluait une restitution des siècles de foi et d'héroïsme. Il l'a dit expressément.

> *Cela paraît être la mission du libéralisme que d'être l'agent de la décomposition du Moyen-Age. Contre cela, il n'y a point de remède.*(23)

La rupture avec la tradition ne constitue pas un phénomène exclusivement français. C'est toute l'histoire de l'Europe qui en est marquée.

> *Pour nous, l'absolutisme appartient au passé et nous voulons commencer par fonder l'empire (Reich) de la liberté politique.*(24)

Constantin Frantz ne se contente pas de reconnaître l'importance séculaire de la Révolution française. Elle n'est pas pour lui une de ces crises politiques qui jalonnent l'histoire, elle est la Révolution en soi.

> *On a vu bien des révolutions en ce monde, mais il n'y en a pas deux comme la Révolution française.*(25)

Il en distingue cinq formes : 1. elles aboutissent à un changement de gouvernement comme en Allemagne durant l'année 48, 2. ou à un renouvellement constitutionnel comme après la chute de la royauté à Athènes, 3. elles amènent un transfert du pouvoir politique comme en Angleterre où le pouvoir passe de la main des Stuarts au Parlement, 4. elles conduisent à la sécession d'une province qui s'établit en Etat indépendant comme les Provinces Unies,

5. ou enfin c'est une colonie qui se sépare de la mère patrie comme en Amérique. (26) ;

> *Dans tous ces cas, il y eut des événements violents, une interruption du cours régulier des affaire, mais la conception que les hommes se faisaient de l'Etat demeura intacte.*(27)

Malgré des modifications, le fondement de la puissance politique et la puissance politique restèrent ce qu'elles étaient. Constantin Frantz va même plus loin.

> *Dans tous ces cas, la révolution était dirigée contre une violation du droit.*(28).

Le but de ces révolutions était donc la restitution du droit. La distinction est peut-être spécieuse, car en se référant à la nature les hommes de 89 étaient justifiés eux aussi de prétendre ne vouloir rien d'autre que la réparation de l'injustice. On peut même aller jusqu'à prétendre qu'au fond de toute révolte provoquée par un déni du droit, fût-ce du droit coutumier, nous découvrons un sentiment commun à tous les hommes, un appétit de justice. Quoi qu'il en soit, Frantz souligne fortement que jusqu'en 1789 les crises ne sortaient pas de l'ordre de l'histoire. Lorsque la Bastille est forcée par le peuple de Paris, lorsque les volontaires de 92 font reculer les vieilles phalanges prusiennes à Valmy, l'humanité entre dans une ère nouvelle, elle n'aspire plus simplement à rétablir l'ordre de la société ou de la nature, elle prétend ouvrir les portes d'un univers nouveau, oeuvre de l'homme armé de sa seule raison (29).

Nous nous sommes limité à quelques citations tirées d'oeuvres échelonnées de 1852 à 1881. Nous aurions pu les multiplier. Cela ne nous apprendrait rien de plus. Si la pensée de l'auteur a varié sur tel ou tel point, le caractère inéluctable de la Révolution et encore plus des conséquences qui en ont découlé n'a cessé, nous semble-t-il, d'être affirmé avec la même force par le publiciste. Nous comprenons mal comment un homme aussi bien informé que Wittenberg a pu écrire que Frantz n'était finalement rien d'autre qu'un *conservateur rigide*.(30)

Il est vrai que sur un point important, Frantz se sépare nettement d'un certain nombre de thuriféraires de 89, voire de 93. Il n'éprouve pas cette ivresse de la nécessité - ou de la fatalité - qui conduit beaucoup de gens à adorer jusqu'aux aspects les moins ragoûtants de la Terreur. Il n'aurait éprouvé aucun regret si l'humanité était parvenue au même but par un chemin moins sanglant. L'oeuvre de quelques uns des meilleurs spécialistes de cette période laisse échapper des phrases dans lesquelles on perçoit moins l'amour des hommes que la volonté de puissance ou la fascination de la mort. Pour Frantz au contraire, le devoir de l'homme - et ce qui lui est propre - c'est de reconnaître les changements nécessaires de faciliter le passage de l'état ancien à l'état nouveau.

> *Aujourd'hui, il n'y a plus de migrations de peuples entiers. Il n'y a plus qu'une transformation, transformation de leurs idées, de leurs institutions, de leurs conditions d'existence. Il dépendra de nous aussi d'atténuer les douleurs de la métamorphose.* (31)

Cette attitude morale est rendue possible par une démarche intellectuelle précise. C. Frantz, historien, est résolument déterministe et se défend de tout finalisme (32). La Révolution a éclaté lorsque se sont conjuguées un certain nombre de causes que nous pouvons reconnaître, dont nous pouvons comprendre l'enchaînement et le jeu. Leurs conséquences auraient pu être prévenues. La fatalité, c'est l'aveuglement des hommes. Mais, il n'a que sarcasmes pour les finalistes qui expliquent 1789 soit par la volonté de Dieu de châtier l'impiété des hommes soit par quelque lointain achèvement de l'histoire vers lequel nous serions inéluctablemnet conduits. (33).
Ceci n'exclut pas bien sûr que l'on ne saurait revenir en arrière. Comme en Angleterre, l'aristocratie aurait

peut-être pu garder son rang et son importance en France si elle avait su s'adapter aux transformations économiques et sociales, mais le partage et la vente des Biens Nationaux ainsi que l'apparition des armées de conscription scellait définitivement sa condamnation à mort.

Toutes ces indications nous mettent sur la voie qui va nous permettre de résoudre le paradoxe : Constantin Frantz a su dégager très tôt quelques uns des caractères originaux de la Révolution française, il n'a laissé aucun espoir aux adversaires de 89 ou de 93. C'est durant cette période, nous dit-il, qu'a été établi l'acte de naissance de la France moderne. Et pourtant... il a été classé par tous ou presque parmi les adversaires de la Révolution. Le paradoxe n'est qu'apparent. Le déclin de l'Ancien Régime durait depuis des décennies et, selon d'autres auteurs, depuis des siècles déjà (34). La convocation des Etats-Généraux marque simplement le début d'une crise ouverte, d'une crise qui va profondément transformer la société en France et en Europe. Les protagonistes de la Révolution n'ont clairement conscience ni de ce qu'ils font, ni de ce que pourrait être une nouvelle organisation européenne. Ils le savent d'autant moins qu'ils ne cherchent pas à corriger les défauts d'un monde existant, mais rêvent d'une terre nouvelle, d'un Paradis surgis quasiment *ex nihilo*. Constantin Frantz est très sensible à cet aspect des événements et il souligne fortement le divorce entre la conscience empirique et la logique de l'histoire.

> *Les grands hommes de la Révolution s'imaginaient qu'en commençant par libérer juridiquement tous les éléments de l'ordre social, ils permettraient à la liberté universelle d'engendrer, entièrement de soi, le meilleur des mondes. Et qu'arriva-t-il ? Il en résulta tout d'abord ...la domination du capital !* (35).

Le publiciste dénonce l'illusion, il n'en démonte pas

d'une manière systématique le mécanisme. Sans doute méprisait-il trop l'idéologie pour lui consacrer beaucoup de temps et d'efforts. A partir d'indications fragmentaires, il est permis de systématiser. Les révolutionnaires après avoir contesté la légitimité du pouvoir royal, puis détruit les fondements matériels et symboliques de cette légitimité : abolition des droits féodaux et exécution du roi dont la personne aurait dû être sacrée puisqu'il est l'oint du Seigneur, sont amenés eux-mêmes à chercher un fondement autre que la force pour leur propre autorité. Ils le trouveront d'abord dans un rôle, un rôle historique qui n'est rien qu'une reprise. A la Convention, on joue des tragédies grecques et romaines. David se fera le costumier de l'histoire jusqu'à faire oublier qu'il est surtout un admirable réaliste (36). Ne parlons pas de la Fête de l'Etre Suprême où des demoiselles légères montrent aux foules des cuisses d'ailleurs délicates et fort bien faites. Tout ceci au nom d'une religion épurée ! Nous voilà au fait. Ce dont les révolutionnaires ont besoin, c'est d'une morale, et si possible d'une morale garantie par la divinité. Ce sera une morale universaliste qui reprend l'essentiel de l'enseignement du Christ et que résume la formule : liberté, égalité, fraternité. Le recours à l'éthique fournissait aux hommes de 89, pour employer la terminologie de Kant, un principe régulatif, mais non un principe constitutif. A la différence de l'absolutisme royal, la volonté républicaine devait tendre vers le Bien en suivant la droite route de la raison et non les tortueux chemins du machiavélisme. Cette position avait une double faiblesse. Rien ne garantissait le succès. Rien ne pouvait ou n'aurait dû garantir le succès. D'autre part, la valeur instrumentale était faible. Aussi la triade républicaine : liberté, égalité, fraternité est-elle subsumée sous la notion fort équivoque de progrès compris non comme un mouvement nécessaire, irrésistible qui entraîne l'humanité vers un but que personne ne saurait récuser sans renoncer à son humanité, sans se mettre hors du genre humain.

Les avantages d'une telle combinaison, combinaison d'une morale laïque et d'une philosophie de l'histoire qui place le terme du progrès dans des horizons chargés de mirages sont évidents. L'homme politique recule le jour du bilan et de l'échéance (37). Mais surtout, il rend opérationnel le fondement moral et spirituel de son pouvoir. Il n'est que trop d'exemples et même des plus récents de l'extraordinaire magie des promesses, de l'anticipation de l'avenir, sur les foules, voire sur les meilleurs esprits (38). Bien plus, le politique est en mesure d'exercer une contrainte, une véritable contrainte. Comment dit-il, je veux le Bien. Ce Bien que vous le vouliez ou non, arrivera nécessairement. La chose se laisse démontrer en raison. Seule une volonté perverse pourrait tergiverser. C'est le pari de Pascal inversé, mais avec cette différence : l'enfer n'est pas une vaine menace (39). Pour renforcer cette contrainte, les révolutionnaires ne reculeront pas à mobiliser des sentiments encore plus troubles. La trangression de l'interdit dont l'éxécution du roi devient le signe sensible enveloppe toute la communauté dans une même réprobation à laquelle il n'est d'autre issue que la négation ferme de l'interdit (40).

La terreur elle-même trouve une justification quasiment théologique. La crise politique est assimilée à une crise morale bien que les deux phénomènes n'aient guère de commun que le nom. Cette assimilation est facilitée par un concept familier à tout Luthérien, celui de colère de Dieu (41). Par l'alchimie de la douleur et de la mort, le néant de l'existence terrestre est transmuée dans la plénitude céleste. Cette conception de la faute qui fait du péché son propre châtiment puisqu'il est l'expérience vécue du vide de toute vie humaine autonome, conduit à l'anéantissement de la volonté de l'homme. Le motif sécularisé a été fréquemment traité, dans une tonalité souvent apaisée, par les poètes et les écrivains allemands du XVIIIème siècle. Dans *Friedensfeier* de Klopstock, un optimisme philosophique estompe la réalité du mal. Le tragique reparaît fortement chez Hölderlin et son condisciple Hegel (42).

Le schéma s'appliquait sans difficulté et d'une manière très concrète à une opposition politique considérée comme intrinsèquement perverse. Elle n'avait d'autre alternative que la conversion ou la disparition. D'autre part le rituel des exécutions apportait une satisfaction affective à une population qui vivait dans le dénuement et l'angoisse.

Tout cela conduisait à justifier l'illusionnisme et la terreur. Non pas que l'un et l'autre n'aient été politiquement nécessaires, imposés par la contrainte des faits, ce que reconnaît Constantin Frantz, mais en aucun cas la fin n'a justifié les moyens. Le publiciste conteste que le but de la révolution transcende l'histoire. Sinon, il faudrait non seulement excuser des crimes nécessaires, mais cesser de les considérer comme infamants et en faire des titres de gloire. Des expériences historiques récentes nous ont montré à quoi une telle philosophie pouvait entraîner de bons pères de famille.

C. Frantz aurait sans aucun doute fait figure de traître devant un tribunal révolutionnaire. Dans le tumulte parisien, il n'y avait pas de place pour une intelligence compréhensive. Cela se conçoit. Mais il n'a été guère mieux traité par ceux qui n'avaient plus à faire la révolution, mais simplement à l'interpréter : historiens, publicistes, juristes. Cela aussi se conçoit sans trop de peine. Dès que l'on considère 1789 comme l'origine d'un mouvement qui doit changer le visage de cette terre, mouvement dont le cours n'est pas achevé tous ceux qui se placent hors de l'évènement pour en juger, sont, comme l'on dit, "objectivement" des adversaires auxquels s'applique toute la dialectique de la trahison et du châtiment. Bref, le combat ne serait pas terminé et il n'exis-existerait pas de neutralité dans cette lutte, qui ne fût un reniement des valeurs les plus hautes de l'humanité. Cela vaudrait pour les partisans déclarés de la Révolution française. Mais les autres ? Chose remarquable, des des hommes comme les pangermanistes ou les nazis dans lesquels il semble difficile d'apercevoir les héritiers

de 1789 n'ont pas été plus indulgents pour C. Frantz. Alfred Rosenberg s'est montré particulièrement sévère pour l'ultramontanisme (43) du publiciste.
Rien d'illogique en cela. Sur un certain nombre de points essentiels, Rosenberg était plus près du jacobinisme de 93 que du fédéralisme de Frantz. Ce dernier a considéré comme conséquences néfastes de la Révolution française : la nation armée, le centralisme étatique et la législation fondée sur l'assentiment des masses. Que ces phénomènes aient eu leur origine dans la Révolution, c'est ce qui ne saurait être contesté. Qu'ils aient constitué des éléments majeurs du système nazi ne saurait non plus être mis en doute (44). La hargne quasiment viscérale de l'idéologue nazi contre Frantz devient parfaitement compréhensible. De ce rapprochement, nous retiendrons deux choses. Tous, partisans et adversaires de la Révolution de 1789, nous en sommes aujourd'hui à des titres divers, les héritiers. L'introduction d'un finalisme moralisant rend plus rare l'intelligence du monde moderne. Entre Constantin Frantz et ses adversaires la différence réside dans le jugement que les uns et les autres portent sur le pouvoir et la violence (45). Résurgence de la morale protestante qui distingue entre les deux royaumes ? Certes ! mais cette distinction initiale ne détourne pas du monde C. Frantz, elle lui fournit un remarquable instrument de recherche.

Le publiciste nous a donné une analyse des causes de la Révolution qui sur un point au moins ne manque pas, nous semble-t-il, d'originalité. Il effleure tout d'abord avec beaucoup de rapidité les causes morales. A la cour de Versailles, on menait grande vie (46). C'est un lieu commun des diatribes révolutionnaires et post-révolutionnaires. La misère du peuple était opposée à la folle prodigalité des grands et du roi, au sens rigoureux du devoir chez les bourgeois, la légèreté et l'insouciance coupables de l'aristocratie et du souverain. C. Frantz ne consacre que quelques lignes à cet aspect de l'histoire dans *Louis Napoléon*. Il traite plus longuement des causes que l'on pourrait appeler sociologiques. Dès la fin du règne de Louis XIV, la cour cesse d'être le véritable centre de la vie nationale. Des tendances nouvelles se manifestent auxquelles le monarque et son entourage opposent une hautaine indifférence à la fois parce que la quête du plaisir les étourdit et que leur horizon est borné aux perspectives des jardins de Versailles. Il y a divorce entre l'organisation politique et le développement des forces productives de la nation. C'est ce divorce qui a engendré la crise politique et entraîné la chute de la royauté (47). L'interprétation a été souvent proposée. Elle a été contestée par de bons connaisseurs du règne de Louis XV. Ce n'est pas le lieu d'en débattre. De toute façon, elle n'aurait rien d'original si Frantz n'utilisait une métaphore philosophique qui appliqué à l'histoire se révèlera féconde : celle du centre et de la périphérie. Le publiciste l'a emprunté à Schelling (48), mais elle n'exprime pas chez lui quelque organicisme. Certes, la totalité en tant que fait irréductible est antérieure aux parties. Celles-ci sont pour Frantz, les différentes perceptions de l'histoire, les différentes étapes de la conscience historique. Mais jamais la somme de ces perceptions ne nous donnera le sens de la totalité qui sous-tend l'histoire. Nous additionnons des significations, le sens nous demeure caché, tout au moins dans l'histoire.

L'auteur met en évidence une troisième cause. Ces développement constituent à cette date, nous semble-t-il, un apport particulièrement original. C. Frantz diagnostique un antagonisme entre ville et campagne (49). Les paysans forment une classe misérable et méprisée.

> *Le mot "paysan" (en français dans le texte) est presqu'une insulte alors qu'en Allemagne le mot "Bauer" désigne quelque chose de tout à fait respectable. Il est vrai d'ailleurs que le paysan allemand chaussé de bottes de cuir, avec sa culotte de cuir et sa veste de drap fait une*

> *tout autre figure que le paysan français vêtu de son sarreau et chaussé de sabots.*(50)

Les raisons de cette situation sont doubles. Les droits féodaux ont écrasé les malheureux croquants. Les villes ont constitué depuis des siècles les centres actifs de la vie française.

> *L'élément urbain pèse d'une manière générale sur la population rurale sur laquelle retombent finalement toutes les charges.* (51)

La proclamation de la République n'a rien changé, sinon que *les fabriquants, les capitalistes, les avocats et les journalistes* (52) ont pris la place de l'aristocratie. Les prélèvements opérés d'abord par la noblesse, puis par les bourgeois, ont eu des conséquences économiques néfastes. Ils limitaient l'investissement si bien que la production agricole se développait moins rapidement qu'elle n'aurait pu le faire. En outre, les ponctions faites sur le revenu agricole étaient rarement réinvesties dans leur totalité. Une partie importante était consacrée à des dépenses somptuaires. Ainsi s'explique le haut degré de culture des villes et la misère des campagnes. Par conséquent, non seulement l'investissement agricole, mais aussi la capitalisation générale étaient entravés. Le paysan même s'il n'avait pas une connaissance exacte des mécanismes économiques, ressentait amèrement le fait d'être privé de ressources dont il avait un besoin immédiat et ceci pour le confort, voire le luxe des citadins. Un antagonisme durable devait en résulter. Les conséquences politiques ont été multiples. Conséquences directes, elles se manifesteront soit par les exactions des Brigands, les Jacqueries soit par la révolte des Chouans. Elle se manifeste aussi par la rétention et l'accaparement des produits agricoles et de là naîtront les disettes, génératrices d'émotions collectives. Elles se manifesteront enfin, à long terme, par un véritable divorce à l'intérieur de la nation entre ruraux et citadins, divorce qui éclatera au grand jour le 2 décembre 1851 lorsque les campagnes applaudiront à l'arrestation des parlementaires, issus de la bourgeoisie urbaine (53). Certes, C. Frantz n'a pas exposé la thèse d'une manière systématique. Il s'est contenté d'indiquer les linéaments. D'autre part, seul un spécialiste de l'histoire économique pourrait décider dans quelle mesure cette hypothèse est vérifiée dans les faits. La lecture des *Paysans* de Balzac paraît la confirmer (54). De toute façon, la thèse méritait d'être signalée.

L'étude des causes n'est pas l'essentiel de l'apport de C. Frantz à la connaissance de la Révolution française. Ce n'en est pas non plus la partie la plus originale. Pour le publiciste, la nature de la Révolution n'est rien d'autre que l'ensemble de ses conséquences. Les premières sont négatives. Elles ont cependant une valeur fondamentale. Les hommes de 1789 et de 1793 veulent abolir le passé et mettre une césure absolue entre ce qui a été et ce qui sera. Nous avons vu comment cette ambition a modifié les sentiments, les passions, le vouloir, bref la réalité psychologique de l'humanité ainsi que ses conceptions morales et métaphysiques. Il nous reste à examiner les conséquences politiques et sociales de la crise. Tout l'ancien droit public se trouva anéanti.

> *Le nouveau pouvoir n'est pas l'héritier de l'ancien pouvoir,... il repose sur un fondement entièrement nouveau, à savoir la volonté du peuple ... le droit nouveau n'est pas tiré du droit ancien, ... il doit provenir d'une source entièrement neuve, à savoir la raison.*(55)

Le roi n'a pas été exécuté. Il a été assassiné, car l'Assemblée ne voulait nullement infliger au souverain un châtiment en réparation d'une faute. Dans ce dernier cas, la régularité de la procédure eût été certes contestable, mais le procès n'aurait pas rompu le cadre juridique de l'Ancien Régime puisque l'intention avouée eût été le rétablissement du droit. En 1792, il s'agissait de tout autre chose. Les Conventionnels voulaient détruire la royauté par le moyen le plus radical. Constantin Frantz insiste longuement sur tout ce qui sépare 1793 de la révolution anglaise.

Il était donc logique que l'organisation féodale, principal soutien du trône, en droit sinon en fait, fut elle aussi supprimée. Les privilèges ecclésiastiques ne furent pas mieux traités. Bien plus, la foi catholique qui consacrait le caractère sacré de la monarchie fut proscrite. Pour parachever l'oeuvre, un culte nouveau fut créé, celui de l'Etre suprême et de la Raison. *Bref l'ancienne France fut écrasée.*(56)

A la place de la coutume, il fallait substituer un droit nouveau. Les trois mots clés du système qui supplante l'Ancien Régime sont souveraineté du peuple, volonté du peuple et Raison (57). Constantin Frantz définit la souveraineté comme la *summa potestas* c'est-à-dire l'instance à laquelle il

> *revient de prendre l'ultime décision dans les question de droit et contre laquelle aucun recours juridique ne peut être exercé.*

La formule est équivoque et comblerait d'aise tous les positivistes (58). Mais le publiciste apporte deux restrictions importantes. La première est formulée comme une critique et de la monarchie et de la république. L'une et l'autre *falsifient le concept de souveraineté* en faisant de la volonté du roi d'une part, de la volonté populaire d'autre part non plus simplement *la dernière instance*, mais *la source même du droit*. C'est ce que Frantz ne saurait admettre.

> *S'il en était ainsi, le droit serait un simple fait et coïnciderait avec le pouvoir*(59). *Mais le droit est quelque chose de substantiel qui est au-dessus de la volonté populaire et de la volonté royale ; il s'impose comme une obligation aux rois aussi bien qu'aux peuples. Il n'est pas tant l'expression que la mesure et la limite*

> *de la volonté. C'est pourquoi le droit n'est pas produit (produziert) par la volonté, mais simplement mis en forme (formiert) par celle-ci.*(60)

C. Frantz craint avant tout - cela est assez visible - que le pouvoir politique ne tire une sorte de consécration spirituelle, une sorte d'infaillibilité du fait qu'il serait la source du droit. Il apporte une seconde correction à la proposition initiale sur la nature du pouvoir en établissant nettement la primauté du droit sur le fait politique. Sa pensée sur ce point mériterait une plus longue analyse, car elle apparaît à première lecture paradoxale sinon contradictoire. Le publiciste rejette le droit naturel. Cela résulte de toute sa doctrine (61). Le souverain est une instance de fait. Il ne peut créer le droit. Le droit n'est pas un *Sein*. Il ne peut pas non plus nous être donné par quelque révélation comme l'affirment les légitimistes. Et pourtant, le fait brut ne se suffit pas à lui-même. La violence se détruirait si elle ne parvenait pas à créer un certain ordre. Celui-ci est tout d'abord garanti par le pouvoir répressif du souverain. Dans la mesure où il permet aux hommes de mieux vivre en société, il finit par être sanctionné par la coutume. Cependant, bien que cet ordre ait été déterminé par la pression des besoins immédiats et qu'il ne puisse être garanti plus sûrement que par la force des habitudes, il nous fait pressentir par le fait même de son existence qu'il y aurait à la fois dans le coeur des hommes et dans l'économie de la nature comme l'exigence d'une règle reconnue par tous qui nous préserverait de l'exercice incontrôlé de la violence. Cette exigence est de nature morale. Lorsque la loi ou la jurisprudence la mettent en forme, elles sont amenées dans une certaine mesure à la dénaturer. Le droit doit donc être pris dans une double acception : il est à la fois le pur *Sollen* et sa traduction imparfaite dans le langage des juristes (62). Si imparfaite que soit cette traduction, elle est fort précieuse, car elle rapproche la loi civile de la loi morale et introduit une tension entre le fait

politique et l'exigence du droit (63).
Constantin Frantz a donc voulu dépouiller le souverain de tous les privilèges exorbitants que lui conférerait l'onction divine ou la consécration populaire sans libérer le pouvoir des exigences de la morale. L'intention première est sans doute de garantir l'intégrité de l'individu contre la toute-puissance de l'Etat. Mais au-delà, on pressent que Constantin Frantz ne veut pas sauver l'individu pour de simples raisons tactiques. Il est convaincu que l'individualité a pour fondement réel la conscience morale et que par conséquent, c'est par l'individu seul que se manifeste un ordre supérieur à celui de la nature et du fait. La faiblesse de cette position tient au fait que tout se passe *comme si*, à partir du moment où l'individu doute de lui-même. Bientôt la référence à la valeur devient un simple alibi de la politique.

Les définitions reçues de la notion de légitimité sont donc rejetées par Constantin Frantz. Dans la monarchie de droit divin, elle repose dans le fait sur la coutume et la déduction juridique a une fonction purement idéologique. La déduction introduit d'ailleurs une contradiction au coeur de cette notion. La prétendue dévolution de l'autorité à un homme par Dieu lui-même engendrera nécessairement dans le coeur de la plupart des mortels la conviction qu'ils sont nés pour exercer un pouvoir absolu. Ainsi, par un penchant naturel, ils seront conduits à porter atteinte à la coutume qui est en fait le fondement le plus sûr de leur pouvoir. Nous reconnaissons ici une des thèses de Schelling qui fait de l'autonomie de l'individu la source du mal. Cependant Frantz l'applique non seulement à la république comme son maître, mais aussi à la monarchie absolue. Frantz paraît réintroduire partiellement des considérations morales dans sa conception du devenir historique et simplifier à l'extrême un processus très complexe, mais en fait ce qui compte aux yeux du publiciste, c'est une des conséquences de la monarchie absolue telle qu'elle s'est développée en France ou en Espagne : la volonté fortement centralisatrice du pouvoir.

Quant à parler de légitimité républicaine, c'est pour Frantz une contradiction dans les termes. La république ne peut se réclamer d'aucune consécration reçue dans un lointain passé. On ne saurait non plus fonder la légitimité sur la volonté populaire, car une volonté est par définition changeante.

> ...*(les Républiques) ne tardent pas à être ruinées lorsque la volonté populaire devient un principe des sophistes : le droit, c'est ce qui plaît au peuple.* (64)

Par conséquent, ce que l'on appelle légitimité dans ces Etats, c'est-à-dire la reconnaissance tacite de la souveraineté, de l'autorité suprême, reconnaissance incontestable, inviolable si ce n'est au prix du crime, ne saurait avoir d'autre garantie que la force dont dispose l'exécutif, police et armée. La souveraineté populaire conjugue donc deux inconvénients : instabilité et brutalité. Sans forcer la pensée de C. Frantz, nous pouvons, nous semble-t-il, affirmer que l'une et l'autre théories de la légitimité tendent à masquer la nature du pouvoir politique. La monarchie absolue a restauré la conception romaine de l'Etat auquel elle a donné la sanction divine. La théorie n'a pas pris en compte tout ce qui était l'oeuvre de l'usage, de la coutume et de la tradition, fondement réel de la légitimité et correctif relativement efficace aux abus de pouvoir. La Révolution demeure fidèle à cette conception de l'Etat, de sa grandeur, de son rôle primordial. C'est une continuité qui n'est pas mise en valeur par le publiciste. Par contre, la Révolution a supprimé d'une manière radicale tout ce qui faisait obstacle au pouvoir. On a gardé la puissance du moteur, mais on a démonté les freins. Le char de l'Etat n'en est pas devenu plus sûr.

Notre exposé déformerait la physionomie de C. Frantz et falsifierait son oeuvre si nous n'ajoutions pas un correctif. Elle pourrait sembler au lecteur purement négative. Le publiciste a beau déclarer que la Révolution de 1789 a constitué un événement majeur dans l'histoire de l'humanité, cette concession serait de pure forme si tous les jugements portés sur cette période et ses conséquences aboutissaient à une condamnation. Pour rendre justice à l'écrivain, nous devons distinguer entre les intentions profondes et les choix circonstantiels. Publiciste plus que philosophe, il prend position sur des questions d'actualité et tente d'influer sur le cours des événements. Ce qui retient son attention, ce sont les erreurs des hommes politiques, les imperfections et les vices de la société. Il ne cherchera pas à faire preuve de l'impartialité de l'historien. Cependant, si par nécessité la part de la polémique est considérable, cela ne signifie nullement que C. Frantz se complaise dans une attitude d'opposition systématique et qu'il rejette entièrement ce que la Révolution française a légué au XIXème siècle. Il voit ce qui est, aperçoit les défauts et voudrait y remédier. Il propose des solutions. Parvenu à ce point, nous éprouvons quelque embarras, car exposer la partie positive de l'oeuvre et lui accorder la place qui lui revient, c'est exposer toute la doctrine de Frantz. Cela dépasse le cadre de cet exposé. Pour ce qui touche à la souveraineté légitime, nous nous en tiendrons à quelques indications sommaires. Il semblerait au premier regard qu'il n'y eût pas d'alternative. Depuis le 21 janvier 1793, il ne saurait y avoir de souveraineté légitime, puisque toute autorité repose en fait sur les baïonnettes. Cela aurait valu non seulement pour la France, mais pour tous les pays où il existait des monarchies de droit divin. Faisaient peut-être exception des Etats qui continuaient d'être régis par le droit coutumier, mais le sens de l'évolution paraissait les condamner (65). L'opuscule *Louis Napoléon* sacrifie la légitimité à la stabilité. Si la force seule permet un plein exercice de la souveraineté, il faut alors souhaiter qu'un gouvernement puisse réprimer, soumettre et dominer sans entraves. A ce prix serait la paix civile. L'oeuvre est un écrit de circonstance et de polémique qui n'est pas tout à fait exempt de ressentiment. Au lendemain de la révolution de 48 et du coup d'Etat du 2 décembre, seul un pouvoir fort parviendra, pense C. Frantz, à restaurer l'odre social en France et à protéger l'Europe de la contagion révolutionnaire. Mais cette solution ne le satisfait pas et à mesure que sa pensée mûrit, une alternative se dégage de plus en plus nettement. Il entr'aperçoit l'issue. Ce sera le fédéralisme auquel il consacrera désormais toutes ses forces.

Si une organisation sociale combine à la fois tradition et évolution, la vie politique ne sera plus soumise à des ruptures survenant à des intervalles plus ou moins réguliers. Il en résultera en premier lieu une continuité des fait, génératrice d'habitudes, de coutumes. Les sujets de l'histoire auront une autre vision et du devenir et de leur rôle dans ce devenir. Ils ne seront pas liés par une fidélité soit au passé soit à un avenir inéluctable. Ce qu'ils rechercheront, c'est un accord entre les moeurs et les lois, accord recherché par de successives approximations, accord qui sera l'oeuvre d'une raison éclairée, de la sensibilité et de la droite volonté. Une sorte de transparence de la vie publique en résultera. Elle entraînera l'harmonie des facultés dans l'individu et la solidarité des citoyens dans l'Etat dont le rôle répressif par nature s'en trouvera d'autant limité. Là où la loi est intériorisée, le gendarme devient superflu. Ce consensus fortifié par le temps sera la base ou plutôt la forme d'une légitimité nouvelle. Ce que ni la foi ni la raison n'étaient parvenues à recréer, sera l'oeuvre d'une raison expérimentale. Nouvel âge d'or ? Utopie ? Non ! car jamais la transparence ne sera parfaite, jamais l'autorité ne s'imposera en toutes circonstances sans recourir à la force et à la violence.

La notion de souveraineté légitime telle qu'elle a été élaborée par la Révolution française modifie profondément la conception de l'Etat. C. Frantz a donné une description de l'Etat moderne qui sur un certain nombre de points demeure tout à fait classique, mais qui a parfois un tel caractère prémonitoire que le publiciste ne pouvait guère être compris par ses contemporains.

La première caractéristique de l'Etat moderne est une très forte tendance centralisatrice.

> *... les Jacobins eux-mêmes qui parlaient plus que quiconque de la souveraineté du peuple ont été les pires centralisateurs et jusqu'à nos jours, ils demeurent fidèles à la centralisation comme on peut le voir dans le dernier ouvrage de Louis Blanc, La République une et indivisible. Ce brave homme ne voulait-il pas même centraliser toute l'industrie. De tout cela, on pourra déduire comme tous ces démagogues français prennent au sérieux la souveraineté populaire ou bien si plutôt ils n'en font pas l'enjeu d'un divertissement frivole ? A cet égard aussi, c'est Proudhon qui de tous les révolutionnaires a montré le plus d'intelligence en combattant la centralisation. Ah, comme il fustige les démagogues qui pour cette raison le détestent encore plus ou presque que ne le font les conservateurs bornés.* (66)

La France a donné l'exemple de la centralisation.

> *Or ce n'est pas d'hier seulement que la centralisation a été introduite en France : elle repose sur une évolution millénaire et semble si inévitable qu'elle paraît avoir été encore accélérée par la Révolution.* (67)

Nous trouvons ici sinon une contradiction, du moins une certaine inconséquence ou une certaine imprécision dans la pensée de C. Frantz. Il affirme d'une part que la Révolution a constitué une rupture absolue dans l'évolution de la France, mais d'autre part il reconnaît que la centralisation et le centralisme modernes ont été le terme d'un mouvement qui traverse les siècles. Si l'on prend l'adjectif *tausendjahrig*, c'est à la formation même de la dynastie capétienne qu'il faudrait remonter (68). Parfois le publiciste fixe comme point de départ le règne de Louis XIV. Si l'on ne considère que les conséquences, il importe peu que l'initiative première soit venue de Hugues Capet ou d'un lointain héritier. Mais si au-delà des événements singuliers, nous cherchons à saisir le mouvement même de l'histoire, la simple chronologie nous entraîne bien au-delà des querelles érudites de dates. On admettra sans peine que l'orientation générale du règne de Louis XIV a été centralisatrice et que le mécontentement des notables provinciaux, l'isolement de la noblesse rurale, son repliement sur soi aient favorisé l'explosion de 1789. Il apparaîtra par contre plus difficile d'établir un lien direct entre les premières tentatives d'unification du domaine royal au Xème siècle et le centralisme moderne d'une part, la Révolution française d'autre part. Pour le spectateur qui contemple les siècles dans une vue rétrospective tout s'est bien passé comme si les efforts des premiers Capétiens, les démarches des légistes royaux, la volonté des sujets avaient concouru à donner à la France cette profonde unité qui paraît inscrite jusque dans la géographie. Tout semble s'être passé ainsi. Mais le rapport entre la cause - ou les causes - et l'effet devient si difficile à saisir que seule la foi dans une destinée privilégiée de la nation française peut imprimer un sens aussi net, aussi définitif à un millénaire d'histoire. Ainsi C. Frantz réintroduirait plus ou moins consciemment un certain finalisme dans l'étude de l'histoire. Cette vue cavalière de l'histoire de France nous paraît cependant facile à expliquer, sinon à justifier. Comme le lien causal devient de plus en plus lâche, le publiciste, sans doute à son insu, laisse un cliché ancien se glisser dans l'enchaînement des raisons. Pouvoir fortement centralisé signifie pour lui sujétion des individus. Principe fédéral postule au contraire des citoyens libres et responsables. Si en France, on distingue très tôt des tendances centralisatrices, n'est-ce pas que les habitants de ce pays, étant donné leur constitution physique et morale, ne sont pas faits pour être libres ? Au détour de ce chemin, nous rencontrons deux figures bien connues : l'Allemand fils de la liberté et le Gaulois ou le Français esclave voué à toutes les tyrannies. Sans remonter plus loin que le XVIIIème siècle, il suffit de nommer Klopstock et Fichte pour illustrer cette thèse. Le Germain nourrit un farouche souci de son indépendance et si les circonstances extérieures lui imposent d'y renoncer provisoirement pour le salut de la patrie, c'est volontairement qu'il reconnaît le droit de commander à l'un de ses égaux qui malgré cela ne cessera d'être simplement *primus inter pares*. Le Gaulois ou le Français méprise par un penchant naturel la liberté et, titubant de l'anarchie à la sujétion, il se donnera un maître, sans effort sur soi-même, pour recevoir en échange quelques colifichets. Il est né pour subir subir le despotisme. Sans le joug, il serait incapable de suivre la droite voie. C'est d'ailleurs la thèse soutenue dans *Louis Napoléon*. C. Frantz n'a donc pas modifié sa conception de l'histoire. Il utilise un *topos* littéraire et philosophique qui date de la Renaissance et confronte *Welches* et Germains pour la plus grande gloire de ces derniers. Les conclusions sont d'ailleurs bien faites pour surprendre nos contemporains en France. Ces portraits symétriques n'ont été pendant longtemps que des exercices d'écriture, oeuvres de lettrés destinés à un public de lettrés. Mais les contrastes moraux ont inspiré depuis des dizaines d'années des préjugés et des ressentiments politiques dont le caractère néfaste n'a plus à être démontré. Il est d'autant plus surprenant de voir qu'un homme comme Frantz n'avait pas été épargné par le nationalisme. Cependant l'essentiel reste pour lui le fait que les Etats modernes sont de plus en plus centralisés et que ce processus restreint le champ de la liberté.

Le publiciste a peut-être été victime de ce préjugé anti-*welsche* et il a été, nous semble-t-il, aveugle à certains aspects de la vie en France. Le tableau qu'il en trace appelle de sérieuses corrections et l'on nous permettra une digression. Le publiciste n'a pas aperçu qu'en dépit de la centralisation, il subsistait en France - et il subsiste encore - de très nombreux contre-pouvoirs de fait à l'échelon local ou régional. Ceci s'explique facilement. Il n'est pas vrai que la césure de 1789 - 1815 ait eu un caractère aussi radical que Frantz l'affirmait. La coutume, les droits acquis subsistent toujours dans bien des cas. La Révolution n'a pas extirpé les mentalités dont certains aspects remontent à l'Ancien-Régime. La sociologie électorale en fournit maints exemples. Enfin, il faudrait attirer l'attention sur un phénomène assez curieux et fort négligé. Les particularismes locaux ou régionaux sont en politique plus vivants dans la France d'aujourd'hui qu'ils ne le sont en Allemagne. C'est ce que le général de Gaulle exprimait d'une manière plaisante en disant : comment voulez-vous gouverner un pays qui a plus de 300 fromages ? C'est ce particularisme qui rend plus difficile la constitution de partis fortement centralisés et qui, malgré une évolution à l'allemande depuis 1958, freine leurs possibilités d'action. Entre les notables locaux et les appareils hiérarchisés, les relations ne sont pas simples et il existe des tensions. Et ce n'est pas toujours les états-majors qui l'emportent. On pourrait même soutenir le paradoxe suivant : la formation française qui par sa structure et son fonctionnement ressemble le plus à la CDU, c'est le PCF. Pour illustrer cela, il suffit de comparer le destin de deux hommes politiques. Lorsque Gustav Heinemann qui fut un des meilleurs présidents de la *Bundesrepublik*, rompit avec Adenauer, sa carrière politique paraissait terminée. Il n'avait pas d'assise locale. Bien plus, cela ne lui aurait guère servi. Sauf exception, l'électorat vote pour une étiquette et non pour un homme. Pour regagner un siège de député au *Bundestag*. G. Heinemann dut, après une longue pénitence, trouver asile au sein de la SPD. Pour rendre un hommage au *Genius loci*, nous citerons le cas d'un Niçois, Jean Médecin. Ses électeurs lui gardèrent fidélité dans une très grande proportion alors qu'il n'hésita pas, bien que la droite, majoritaire dans le pays, fût à peu près entièrement ralliée à de Gaulle, à manifester un anti-gaullisme affirmé. La personne du maire de Nice, le rôle des comités locaux freinaient la tendance nationale et en tempéraient les effets. Que l'on ne nous objecte pas qu'il existait un électorat de droite certes, mais hostile à une paix en Algérie. L'argument n'a pas de valeur. Dans un système dominé par deux partis fortement centralisés et où les notables n'ont pas d'importance, une opinion qui est rejetée par l'un et l'autre des partis n'a aucune chance d'être représentée devant le parlement. Que l'on ne nous objecte pas non plus que Nice est un cas d'exception et que cette indépendance des instances locales n'existe pas à gauche. Les élections municipales de 1983 ont couronné des actes d'indiscipline contre le PS et refusé de sanctionner des décisions prises à l'échelon le plus élevé. Dans un système à l'allemande, la permanence d'un courant anti-communiste à l'intérieur du PS n'aurait pu être perçu.

Sur ce point, nous sommes quelque peu en désaccord avec F. Kinsky selon qui le fédéralisme est malgré tout plus vivant en RFA. Il est vrai qu'il existe en France une simple situation de fait. La plupart des Français n'en ont point une conscience claire. En tout cas, ce qui a été ressenti en premier, ce sont les inconvénients plutôt que les avantages. On se souvient des déclamations contre les "mares stagnantes" du scrutin d'arrondissement. Il est vrai qu'il n'est pas sain que la politique de la nation et ses grandes orientations soient déterminées par des considérations locales. On se souvient de l'exemple fameux selon lequel les grands choix de politique étrangère auraient dépendu de l'attribution d'un bureau de tabac à la femme d'un agent électoral. Peut-être ces excès étaient-ils dûs au fait même que ces contre-pouvoirs avaient une existence de fait, mais aucune caution légale. Les institutions les ignoraient. Enfin, nous devons reconnaître que l'évolution ne tend pas à renforcer les instances locales. La modification du système électoral, l'affiliation des candidats à des partis de plus en plus structurés leur a porté des coups sérieux. On a vu des représentants du ministre de l'Intérieur arbitrer les querelles d'investiture. Certes, la décentralisation est à la mode. Mais qu'en restera-t-il si les notables locaux doivent s'effacer devant les hommes d'appareil et si l'organisation des partis a un caractère de plus en plus hiérarchisé ?

Malgré cela, le régime des notables n'a pas encore entièrement disparu et s'il s'est montré incapable de grandes décisions ou même de courage et de dignité dans l'adversité, c'est lui qui a néanmoins sinon évité le pire, du moins "limité les dégâts". Il n'a pas su préparer la victoire contre l'Allemagne nazie, mais a empêché la naissance d'un grand parti fasciste en France. Selon une pieuse légende, le Front Populaire aurait barré la route au fascisme en France. En fait, malgré la crise mondiale et une stagnation qui a persisté jusqu'en 1938, les partis fascisants qui exprimaient des sympathies soit pour Mussolini soit pour Hitler ont été incapables de mordre sérieusement sur l'électorat des notables de droite alors qu'en Allemagne la droite et le centre - à l'exception peut-être du *Zentrum* et de la BP - se sont effondrés, leurs électeurs faisant défection pour reporter leur voix sur des candidats sans implantation locale.

Pour C. Frantz, la centralisation est la négation même de la liberté politique. La mission du libéralisme était de détruire jusqu'aux derniers vestiges de la féodalité et de l'Ancien-Régime. Son erreur a été de ne pas voir que l'Etat unitaire allait imposer de nouvelles contraintes aux individus, et non seulement des contraintes politiques.

La centralisation a eu une autre conséquence, non moins durement ressentie par l'individu :

l'"atomisation" du corps social (69), c'est-à-dire l'isolement de l'individu. C'est un des points essentiels de la critique que le publiciste fait du libéralisme. C'est également une constante dans son oeuvre, de *Unsere Politik* (1850) à *Die soziale Steuerreform* (1881). Pour C. Frantz, le libéralisme est particulièrement représentatif de la Révolution. Il en exprime l'essence. C'est lui qui a recueilli l'héritage de la Réforme, des grands systèmes rationalistes du XVIIème siècle et de l'*Aufklärung*; Au centre de l'univers, il y a l'individu. La tâche du réformateur doit être de libérer le Moi de toute entrave, faciliter son épanouissement. Mais le libéralisme est un phénomène paradoxal. Au coeur des sociétés, il a installé l'égoïsme. La condamnation éthique de cette sorte d'avarice par Frantz n'a rien de très original. Le Moi devient l'instance suprême. Sa liberté n'est subordonnée à rien. Elle est dépouillée de toute détermination, de toute qualité ; elle est pure indifférence. Certains aperçus ont un accent très actuel. C. Frantz pressent la grande solitude de l'homme moderne. Par un mouvement contraire, le Moi chez certains individus qui désespèrent de briser la barrière des égoïsmes tente alors d'asservir le monde. Dans le domaine politique apparaît le tyran dont le pouvoir repose non pas sur un consensus illusoire, mais sur la force et la violence. L'histoire de la Révolution constitue le paradigme de toutes les entreprises dont le but est l'avènement d'un monde nouveau. Elle devait libérer l'humanité des liens d'un passé féodal. Elle se termine par une dictature militaire. Pour Constantin Frantz, ce n'est pas un accident (70). La société "atomisée" en éléments mus par des passions et des intérêts inconciliables n'a d'autre ressource que de s'en remettre à un de ces individus qui semblent nés pour courber toutes les nuques sous leur poigne de fer. (71)

L'isolement et l'impuissance des citoyens isolés entraîne l'accroissement de la puissance de l'Etat. La chose va de soi. Les idées de C. Frantz sur la nature de l'Etat ne sont pas très éloignées de celles du despotisme éclairé. C'est un mal nécessaire. Les hommes ne sont pas assez raisonnables, ils sont soumis à des intérêts trop exclusivement égoïstes pour que les sociétés puissent exister sans avoir recours à la contrainte. Le publiciste se réfère même expressément à Rousseau. Les inégalités sont l'origine de la violence politique.

> *Mais nous posons comme principe général que l'apparition des Etats est liée à l'apparition de l'inégalité entre les hommes.* (72)

Pendant longtemps, les hommes avaient fait porter tous leurs efforts sur l'invention de freins mis au pouvoir. Avec la Révolution française tout est renversé. La pensée elle-même cesse de se défier de la force. Bien plus, elle prétend exercer une sorte de tyrannie. Ses *a priori* l'emporteront sur toute expérience. Elle postule une nature de l'homme qui est une pure utopie. Elle postule la possibilité concrète de l'idéal. Elle va s'employer à accroître la violence légale sous toutes ses formes. Son oeuvre sera continuée par les libéraux. Les conséquences sont le renforcement de la puissance étatique. C. Frantz refuse la distinction entre les formes de gouvernement : monarchie, aristocratie et république. Elle n'a plus grande valeur. Seule compte l'étendue des moyens dont dispose l'exécutif. Elle atteint sa plus grande extension dans la république où le pouvoir, en théorie simple expression de la volonté populaire, n'est limité ni par la tradition ni par aucun autre contre-pouvoir (73). Le publiciste insiste sur une autre conséquence : la distinction classique entre législatif, exécutif et judiciaire n'a plus grande valeur. La justice est rendue par des magistrats qui sont nommés par le gouvernement. Entre le législatif et l'exécutif l'équilibre n'est jamais atteint et tôt ou tard l'un des deux asservit l'autre. Par contre, l'autorité réelle n'est plus détenue uniquement par les politiques. Deux autres pouvoirs sont nés dans l'ombre de la république : le pouvoir administratif et le pouvoir militaire. Sur ce point que nous ne pouvons développer, C. Frantz a fait avec Tocqueville oeuvre de pionnier.

Le jugement est sévère. On se tromperait cependant si l'on y voyait un réquisitoire. Le libéralisme a été investi d'une mission par l'histoire universelle (74). Sa tâche était d'anéantir les vestiges du Moyen-Age. Il y est parvenu. C. Frantz ne croît nullement qu'un retour en arrière soit souhaitable. Mais, comme il n'est pas aveuglé par une passion partisane, il aperçoit les ombres du présent, l'écrasement de l'individu sous l'appareil étatique. Comment y remédier ? Certains ont songé à opposer une plus grande violence à l'Etat. Plutôt que de la combattre ouvertement, il semble préférable à Frantz de l'affaiblir.

Pour limiter les inconvénients de la concentration de l'autorité, le droit constitutionnel avait inventé, outre la division des pouvoirs, le système représentatif. La Révolution ne l'a pas créé de toutes pièces, mais elle a connu le régime d'assemblée avec toutes ses ressources et toutes ses tares. Le libéralisme a suivi la même voie. Aussi paraît-il logique de rattacher la critique que le publiciste fait du système parlementaire à ses vues sur la Révolution française. Elle a fortement contribué à sa diffusion. Elle a fourni un exemple, des formes, une rhétorique.

On peut ramener à deux les griefs formulés dans *Louis Napoléon*. Les assemblées sont inefficaces, car elles parlent beaucoup, mais agissent peu. Constantin Frantz a repris maintes fois ce thème. Il a multiplié les invectives (75), mais il n'a pas fait preuve d'une grande originalité, si ce n'est dans l'invention verbale.

La seconde critique a plus de poids. Bien qu'ils prétendent représenter l'intérêt général, les députés, organisés en coteries parlementaires, mettent l'Etat au service d'intérêts particuliers (76). C. Frantz analyse les conséquences économiques du système représentatif pour la France vers le milieu du siècle dernier.

> *Quelques milliers de fabriquants et quelques douzaines de compagnies minières ont institué des tarifs qui semblent avoir été expressément inventés pour maintenir à un niveau très bas les forces productives naturelles de ce beau et riche pays. Ce que les douanes ne peuvent faire, ce sont les compagnies des canaux et les compagnies ferroviaires qui le font en renchérissant les transports... Ce qu'elles ne font pas, c'est le système fiscal défectueux, les impôts fonciers élevés et l'octroi qui le font. Et ce qui manque enfin pour que la ruine soit complète, c'est la nullité du système de crédit qui le fait, crédit qui est maintenu au niveau le plus bas par la bancocratie.*(77)

Le protectionnisme dénoncé par C. Frantz est peut-être jugé différemment aujourd'hui et l'on peut admettre, comme certains, qu'il a favorisé l'accumulation du capital et préparé l'essor industriel du Second Empire. Mais dans l'ensemble la thèse du publiciste apparaît comme parfaitement cohérente. En abolissant l'Ancien Régime, la Révolution a renforcé le pouvoir de l'Etat et mis celui-ci entièrement au service d'intérêts particuliers. De cette situation est né un type d'homme nouveau, le solitaire, le déraciné. Ceci entrevu dès 1859 et développé au cours des années.

Une étude qui se réfère exclusivement à *Louis Napoléon* donnerait une vue fausse ou tout au moins partiale de la pensée et de l'attitude de Constantin Frantz devant la dictature et le système représentatif. Placé devant ce choix décisif, il inclinerait, semble-t-il, vers la dictature plutôt que vers le parlementarisme. Il convient de distinguer entre l'instant et la tendance générale de son évolution. Ce texte de circonstance est une oeuvre polémique qui respire encore les passions du moment. La révolution de 48 a révélé que le siècle, entraîné par des forces profondes, est conduit vers la guerre intérieure et extérieure. La montée des nationalismes, des haines sociales mine l'édifice européen. Le libéralisme a eu son heure historique. Il a déchaîné des énergies insoupçonnées, mais il n'a su ni fournir les réponses à la question sociale ni définir un nouvel équilibre entre les nations. Le cours du temps nous entraîne au-delà. Constantin Frantz succombe, à cet instant, à la tentation de l'analogie. De même que l'oncle prestigieux a *fermé le cratère des révolutions à l'aide du trône des Césars* (78), de même Louis Napoléon paraît appelé à devenir le fondateur d'un nouvel ordre européen. La clairvoyance de Frantz a été prise en défaut, car Napoléon III quelles qu'aient été ses intentions n'a été ni un pacificateur ni un réformateur social. C'est peut-être que le publiciste s'est laissé entraîner par quelque ressentiment. Certaines pages laissent transparaître une jubilation déplacée devant l'échec de la Seconde République. L'auteur nous dépeint avec une délectation qui n'est pas à son honneur comment les représentants de la légalité républicaine ont été livrés à la poigne des véritables gardiens de l' ordre public et embastillés. Mais surtout, il n'aperçoit pas à cette époque, d'autre terme à l'alternative : système parlementaire ou dictature. A mesure que sa conception du fédéralisme mûrira, il sera amené à réviser ses premiers jugements. La dictature ne sera plus pour lui qu'un mal parfois inévitable, mais de toute façon l'aveu d'un échec. La démocratie directe étant impossible, une certaine représentation populaire devient nécessaire. L'important est qu'elle soit authentique (79) et ne soit pas assujettie à des intérêts particuliers. Il a, nous semble-t-il, varié. Tantôt il envisage une sorte de parlement corporatif seul, tantôt en combinaison avec une chambre des députés élus au suffrage universel. Là encore le fédéralisme ne peut être considéré comme une réfutation de la Révolution française, mais plutôt comme un correctif et sans doute l'accomplissement de ses intentions vraies.

Pour compléter cette étude il faudrait enfin étudier comment C. Frantz juge les conséquences sociales et extérieures de la Révolution française. Nous ne voudrions pas allonger outre mesure cette communication. Les conclusions de C. Frantz quelque limitées qu'elles soient n'en apparaissent pas moins évidentes. Pour ce qui est de l'évolution sociale, le publiciste fait apparaître que les forces économiques ont été libérées de toute entrave et par là même de toute responsabilité devant le corps social, ce qui a engendré, malgré la conquête de l'égalité des droits civiques, des nouvelles inégalités. Ces dernières sont ou étaient aussi criantes que les inégalités inhérentes à l'Ancien-Régime. Enfin la Révolution a eu pour conséquence le nationalisme dont les conséquences sont trop connues pour qu'il soit nécessaire de les développer.

Comment conclure ? Avons-nous été véritablement un passager clandestin de ce colloque ? Nous commençons à en douter et ceci pour deux raisons. Tout d'abord, il nous est apparu que toute la pensée de C. Frantz a été une réflexion sur la Révolution française. La perspective n'était donc pas arbitraire. Bien au contraire ! Elle permet de corriger un certain nombre de jugements erronés. C. Frantz n'est pas un adversaire déclaré de la Révolution. Il l'a considérée comme un phénomène irréversible. Mais alors que pour les philosophies du progrès, la rupture avec l'Ancien-Régime constituait par définition une étape vers une fin de l'histoire, C. Frantz est un des premiers qui tout en reconnaissant le changement radical, conteste que l'humanité soit passée du règne du fait au règne du droit et du Bien. Bien au contraire, la Révolution a établi sans restriction, la force comme seule règle des rapports sociaux. Frantz ne condamne pas. Il constate. Il ne glorifie pas. Il raisonne. Alors comment vivre dans ce monde renouvelé ? Certes, la solution qu'il propose, le fédéralisme, a été méconnue pour plusieurs raisons. Dans une époque de rationalisme et de centralisme étatique, n'était-il pas utopique de dessiner une organisation politique qui remettait en question l'Etat national ? De plus, comme tout inventeur d'une nouvelle société, il lui fallait anticiper l'avenir. Il le fait par analogie avec le passé et semble ainsi préconiser une restauration du Moyen-Age. Ce qui en réalité ne correspond pas à son intention. Tous les textes sont formels (80).

Ce qu'il recherche au plus secret de sa pensée, c'est comment limiter le pouvoir politique qui s'incarne dans l'Etat national et a conduit aux catastrophes que pressentait C. Frantz et qui pour nous sont trop évidentes. Trop longtemps on a cru que les crises étaient fécondes. Aujourd'hui nous savons qu'un certain type de conflit ne saurait être fécond, mais mortel, universellement mortel.

Notes.

(1) C'est le titre d'un ouvrage que lui a consacré E. Stamm, *Ein berühmter Unbekannter*, 1948.

(2) L. Sauzin, C.F. in : *The Third Reich*, Londres 1955, p.112/47.

(3) A. Rosenberg, *Der Mythos des 20. Jahrhunderts*, München 1935, p.473 sq. Dans le IIIème *Reich*, un certain nombre d'auteurs ont adopté une attitude compréhensive envers C. Frantz : Fr. Schinkel in *Preussischer Sozialismus*, Breslau 1933 ; R. Craemer, *Der Kampf um die Volksordnung*, Hamburg 1933 ; E. Richter, *Die Idee des Föderalismus*, Frankfurt am Main 1935 ; E. Schaper, *Konstantin Frantz Versuch einer Darstellung seines Systems des Föderalismus*, Berlin 1940 auquel il faudrait ajouter G. Wirsing, *Zwischeneuropa und die deutsche Zukunft*, Jena 1932. Ceci ne contredit pas l'affirmation précédente. Ce sont des travaux publiés dans des collections savantes et dont les auteurs sont des conservateurs et notamment des *Jungkonservative* qui gardaient malgré la leçon des faits l'espoir de détourner le nazisme de sa voie et de l'utiliser à leurs propres fins. Si cette illusion était excusable jusqu'au 30 juin 1934, au-delà elle exigeait un extraordinaire degré d'aveuglement. On a voulu l'expliquer par l'anticommunisme. Sans doute ! Mais c'est ce préjugé qui a en fait empêché les conservateurs d'apercevoir tout ce qu'il y avait de radicalisme, de "jacobinisme" chez les nazis. Ces derniers n'étaient pas simplement des réactionnaires musclés. Ils étaient autre chose.
L'attitude des authentiques nazis est représentée par A. Rosenberg. Pour eux, C. Frantz est *grossrömisch* et non *grossdeutsch*.

(4) La *Europa-Union* vient de demander à F. Kinsky un ouvrage sur le fédéralisme en Allemagne, dans lequel C. Frantz figurera en bonne place.

(5) *Louis-Napoléon*, 1960 Wissenschaftliche Buchgesel. *Die Naturlehre des Staates als Grundlage aller Staatswissenschaft*, 1964 Scientia ; *Die Erneuerung der Gesellschaft und die Mission der Wissenschaft*, 1967 Fr. Schmitt ; *Schellings positive Philosophie*, 1968 Scientia ; *Polen. Preussen und Deutschland*, 1969 Fr. Schmitt ; *Grundlage des wahren und wirklichen absoluten Idealismus*, 1970 Scientia ; *Der Militärstaat*, 1970 Scientia; *Die Religion des Nationalliberalismus*, 1970 Scientia.

(6) O. Schuchardt,C.F., 1896 ; E. Stamm, *K.F. 'Schriften und Leben*, 1907 ; Id., *K.F. 1857-1866*, 1930 ; Id., *Ein berühmter Unberühmter*, 1948 ; *Constantin Frantz Deutschland und der Föderalismus*, 1921, est une réédition du *Der Föderalismus*, remaniée par E. Stamm. Il faut ajouter aux ouvrages de Stamm : M. Häne, *Die Staatsideen K.F.'*, 1929 ; E. Schaper, *K.F.*, 1940 et l'excellent article de E. Wittenberg dans la *NDB*, 5, 1961. Une bonne notice également dans le vieux *Meyers Konversations-Lexikon*.

(7) Bien que le travail de F. Kinsky ne soit pas encore publié, nous avons trop souvent discuté de C. Frantz avec l'auteur pour qu'il ne nous soit pas interdit de faire état de cette contribution à la connaissance de Constantin Frantz.

(8) Fonder l'esprit prussien sur la pureté de la race ne va pas sans quelques libertés avec l'histoire. Heureux ceux qui abordent l'étude du passé avec une certitude dogmatique. Le doute leur est épargné.

(9) Les guillemets placés ici doivent être considérés

comme une protestation contre une certaine forme de réductionnisme qui transforme le tribunal de l'histoire en tribunal du peuple. Il ne s'agit plus de comprendre un auteur, mais de lui coller une étiquette infamante. Cela dispense de le comprendre, voire de le lire. Bien plus, et l'intention est évidente ! On veut dissuader de le lire. Rien à voir dans tout cela avec le fait que nous lisons les textes avec les lunettes de notre temps. Cette entreprise serait simplement ridicule si elle n'était animée par une incontestable volonté terroriste et ne visait non sans succès à instituer un nouvel ordre moral. Ordre moral "révolutionnaire" ! La chose va de soi. Burke était un adversaire de la Révolution française. Il avait tort en ceci. L'histoire est passée outre. Cela n'empêche pas que certaines de ses critiques gardent toute leur valeur. Ou bien faut-il adorer tout ce qui est sorti du creuset impur de la Providence, du Destin ou de la puissance, quelque nom qu'on lui donne, qui préside à l'aventure humaine ? En outre, les erreurs de jugement d'un homme comme Burke ne sauraient tenir à l'inévitable faiblesse de l'esprit humain, mais aux motifs les plus vils. Alain disait qu'il faut lire un auteur avec générosité. Cette vertu n'a pas pour siège le basventre.

(10) Au cours de la discussion qui a suivi cette communication, il est très vite apparu que l'enjeu essentiel était de classer C. Frantz. Etait-il ou n'était-il pas "réactionnaire" ? Encore faut-il donner à ce terme l'acception la plus large. La référence à Proudhon fut sans effet. Proudhon serait en effet "réactionnaire" lui aussi. Bienheureuse ignorance ! Entre 1914 et 1918, ce ne sont pas les éléments marxistes du mouvement ouvrier français qui ont mené l'opposition la plus

ferme à la guerre et soutenu la révolution russe, mais des hommes qui venaient du Proudhonisme ou de l'anarchie. D'un marxiste bon teint, Lénine disait en 1917 : *cette vieille savate de Cachin.* En Italie, la situation n'a pas été très différente. Il y a là une concomittance qui ne saurait être escamotée. Il ne s'agit pas de quelques faits singuliers explicables par le tempérament individuel.

(11) *Die Soziale Steuerreform* (1881).

(12) ... *eine peinliche Entgleisung*... in E; Wittenberg, O.C. p.354.
Paradoxalement, les conservateurs qui dans le IIIème *Reich* manifesteront quelque intérêt à C. Frantz, mettront en lumière son antisémitisme. C'est le cas de E. Schaper notamment (O.C., ch. III, *Das Judentum*, p. 99/109). Il insiste lourdement. L'intention est transparente. Si Frantz était antisémite, il était donc un précurseur de l'hitlérisme. Le syllogisme est boîteux. Plus secrètement, on devine un dessein trouble. Se servir de Frantz pour justifier l'antisémitisme "convenable", l'antisémitisme de bonne société de la droite allemande. L'élimination des Juifs ne saurait être envisagée. On ne veut pas la mort du pécheur. Pas la mort physique ! Mais par un système d'exclusions et d'interdits, ils seraient condamnées à une mort civile. Il est inutile d'ajouter que les interprètes vont plus loin que leur auteur.

(13) Pour une étude plus détaillée, nous renvoyons aux travaux de Eugen Stamm dont la monumentale biographie s'arrête malheureusement en 1866. On glanera des renseignements supplémentaires dans les autres publications de Stamm, notamment *Constantin Frantz und Bismarck* (1917) qui traite d'un

point capital. Tous les autres ouvrages utilisent Stamm et les ébauches biographiques sont visiblement atteinte de phtisie galopante dès que l'on dépasse 1866.

(14) *Referier ender Literat im preussischen Kultusministerium*, ce qui correspond à peu près à notre moderne attaché de presse.

(15) E. Stamm a montré la complexité des relations entre C. Frantz et Bismarck. Elles ne sauraient être ramenées à une antipathie aveugle de part et d'autre.

(16) Nous ne voudrions pas faire de C. Frantz une sorte de voyante extra-lucide. L'intérêt qu'il porte à la question sociale n'a rien d'extraordinaire. Lorenz von Stein a publié en 1842 son livre *Der Sozialismus und Kommunismus des heutigen Frankreich* dont la 3ème édition est publiée en 1859 sous le titre *Geschichte der sozialen Bewegung in Frankreich von 1789 bis auf unsere Tage* (3 bde). Heine lui empruntera beaucoup.

(17) *Geheimer expedierender Sekretär im Minist. der auswärtigen Angelegenheit.*

(18) D'après Wittenberg. D'autres auteurs indiquent non 1856 et 1858, mais 1858 et 1862.

(19) Konstantin Frantz, *Louis Napoléon*, 1960 Darmstadt Wissenschaftliche Buchgesellschaft.

(20) La condamnation de *L'Action Française* par le Saint-Siège en 1926 a provoqué chez de nombreux militants royalistes une profonde crise de conscience. Ils avaient à choisir entre foi religieuse et foi politique ; mais au-delà, la décision du Pape les amenait à douter qu'une restauration

monarchique fût possible, qu'elle fût voulue par Dieu. Cela a été vécu et traité par J. de la Varende.
L'objection selon laquelle on peut être aujourd'hui réactionnaire sans être royaliste est spécieuse et anti-historique. En 1852, le choix décisif au plan intérieur comme au plan extérieur était pour ou contre la République. La France demeurait la nation régicide qui par son action et son exemple menaçait l'ordre européen sauf à se soumettre elle-même à l'ordre moral.

(21) *Louis Napoléon*, p.73. Cf. avant tout les deux chapitres clés *Die Restauration* p. 17/24 et *Die Revolution und der Legitimismus* p. 46/56.

(22) *Vorschule z. Physiologie des Staaten*, p. 273.

(23) Id., p. 289.

(24) *Die soziale Steuerreform*, p.7.

(25) Id., p.46.

(26) Id., p.46 sq.

(27) Id.,pp.46. Le texte allemand comporte *die innere Staatsidee*. C'est, nous semble-t-il, l'idée de l'Etat telle qu'elle vit dans la subjectivité des sujets de l'histoire.

(28) Id., p.47.

(29) Id., p.48 sq.

(30) E. Wittenberg, O.C. ...*ein starrer Konservativer*.

(31) *Kritik aller Parteien* p.31.

(32) *Deutschland und der Föderalismus,* Bemerkungen über den Konservatismus, p. 5 359

(33) Id., p.54. ... *als ob die Revolution aus irgendeinem extramundanen und infernalen Prinzip entstanden sei.* Ceci pour la critique des thèses légitimistes. Nous traiterons plus loin le finalisme des partisans de la révolution.

(34) La filiation Luther-Robespierre a dû être établie d'abord par Charles de Villers. Elle est reprise par Hegel, Heine. Elle est monnaie courante en Allemagne vers 1850. C. Frantz s'y refère parfois. Le sujet a été traité à la même époque par plusieurs auteurs. L'Institut National avait proposé la question suivante : quelle a été l'influence de la Réformation de Luther, sur la situation politique des différents Etats de l'Europe, et sur les progrès des lumières.
C'était postuler un rapport entre la Réforme et l'*Aufklärung*. La plupart des auteurs considérèrent que cette influence avait été néfaste. Outre Ch. de Villers et Leuliette, citons Nicolas Ponce (1746-1841) qui prit le contrepied de cette thèse. C'était un graveur qui a laissé à plus de 300 gravures souvent grivoises d'après Marillier et d'autres. Il prit parti pour la Révolution et devint chef de bataillon de la Garde Nationale en 1792. Il a laissé une oeuvre littéraire considérable.
Nous citerons son *Essai historique sur cette question...* (Paris, chez Gide, XIII, 120 p.) difficilement accessible.
"On peut regarder la réformation comme l'une des causes qui a le plus contribué à cette mémorable révolution, qui a terminé le siècle dernier, et mis fin à une monarchie qui, depuis quatorze siècles avait une si grande prépondérance sur tous les états de l'Europe. On ne peut disconvenir

que les réformes n'aient contribué de tous leurs efforts à la destruction de ce colosse antique dont ils avaient tant à se plaindre et qui, sans bases fixes, était cependant l'édifice le plus antique de l'Europe. (p. 81 sq.)

(35) *Die Soziale Steuerreforme*, p.11.

(36) *Louis Napoléon*, p. 40. C. F. compare ces Grecs et ces Romains à Don Quichotte.

(37) Une histoire que l'on raconte à Varsovie illustre fort bien ceci. Kroutschev rencontre Jean XXIII au Paradis. Il lui dit combien il est heureux de se trouver en face de lui. Depuis longtemps, il souhaitait lui poser une question. Il y a cinquante ans que les communistes promettent le Paradis aux hommes et plus personne ne fait foi à leurs promesses. L'Eglise annonce l'avènement du Royaume de Dieu depuis deux mille ans, et les églises sont toujours pleines (A Varsovie du moins). C'est que, lui dit Jean XXIII, nous parlons sans cesse du Paradis, mais nous, nous ne le montrons pas.

(38) C. Frantz a fortement insisté sur l'illusionnisme, le verbiage des assemblées révolutionnaires. C'était, il est vrai, un *topos* répandu en Allemagne dès cette époque.

(39) C.F. ne conteste pas la nécessité de la violence politique. Cf. *Louis Napoléon*, p.22, mais il lui refuse toute légitimité morale.

(40) Id. p. 22. C.F. décrit *die rasende Wut der Revolutionärs*. La destruction des symboles de l'Ancien Régime est à la fois une mesure de répression effective, mais aussi un acte symbolique. En bravant l'interdit, on anéantit la puissance

royale.

(41) *Zorn Gottes*. C'est un concept essentiel de la théologie de Luther qui l'a emprunté à Lactance et à Saint-Augustin.

(42) C'est le thème même du Hyperion de Hölderlin. Le dilemme du héros est dans le choix suivant : être l'instrument ou la victime de la violence politique.

(43) Quand on sait ce que Frantz a écrit sur le *Zentrum*, cela apparaît pour le moins comme un jugement téméraire.

(44) On ne manquera pas de s'étonner, voire de s'indigner de ce rapprochement des "grands ancêtres" et de la triste bande d'aventuriers qui guida les destins de l'Allemagne entre 1933 et 1945. En effet, pour qui introduit un finalisme moralisant dans l'histoire, le rapprochement est tout à fait déplacé. Cependant, la simple observation des faits devraït tempérer les indignations. Le choix des valeurs morales auxquelles un système politique fait référence ne détermine pas d'une façon décisive la nature de celui-ci. Un système inspiré par quelques uns des principes évangéliques ne pourrait-il être conduit à pratiquer l'assassinat à une échelle industrielle ? La véritable question qui dépasse de beaucoup une simple contribution sur C. Frantz nous paraît être la suivant : est-ce que l'introduction de ce finalisme moralisant ne contribue pas à rendre encore plus difficile de comprendre la nature des sociétés modernes ? N'aggrave-t-il pas les conflits ? Là encore l'observation des faits fournit quelque matière à réflexion. Le monde est partagé entre deux puissances qui prétendent à l'hégémonie. L'une et l'autre fondent leurs

prétentions sur des principes moraux qui pris à la lettre, dans une vision idéaliste de l'histoire, font obligation à l'une et à l'autre, de détruire le plus vite possible l'adversaire qui incarne le Mal radical. Mais la destruction totale cessant d'être une métaphore pour devenir une possibilité immédiate, l'une et l'autre de ces puissances s'accomodent de la coexistence. Cela étant, nous assistons à ce spectacle qui aurait excité la verve de Voltaire. La morale conserve ses exigences absolues - extermination de l'adversaire considéré comme l'incarnation du Mal - dans les guerres locales et localisables. Par contre, la morale transige avec le bon sens dès que surgit la menace d'un conflit global. Les rapports du moral et du politique sont devenus plus compliqués que ne l'imaginent bien des thuriféraires de la Révolution française. Leur aveuglement les empêche de comprendre ce monde et peut-être, dans la mesure où la raison garde quelque efficace, de contribuer à la solution des conflits.

(45) Le mot allemand *Gewalt* comporte les deux acceptions.

(46) *Louis Napoléon*, p.53....*in Saus und Braus aufgegangen.*

(47) Id., p.54.

(48) Id., p.54....*(die ganze Entwicklung ging in die Peripherie über, um endlich durch eine gewaltsame Revolution das ausgestorbene Zentrum auszustossen.*

(49) Id., p. 31 sq.

(50) Id., p.32.

(51) Id., p.31.

(52) Id., p.31.

(53) L'interprétation de C. Frantz complète utilement *Le 18 Brumaire* de K. Marx qui n'a guère compris le monde rural.

(54) Pour compléter, il faut ajouter que la théorie économique se présente à nous sous un vêtement d'époque. C. Frantz recourt à la théorie des races d'Augustin Thierry. Les paysans sont la vieille race celtique. La population urbaine est métissée de *quelques éléments romains*. L'aristocratie est d'origine germanique. Le fait de la race *expliquerait que les oppositions entre noblesse, bourgeoisie et peuple aient pris en France des formes si aiguës , plus aiguës que partout ailleurs*. (*Louis Napoléon*, p.32). Il va de soi que sous cette forme, l'hypothèse n'a aucune valeur. Il faut la reposer sur une base strictement sociale et économique. C. Frantz fait également des remarques fort judicieuses sur le système hypothécaire et ses ruineuses conséquences économiques. Id. p.33.

(55) Id., p.48. Ceci est la thèse de C. Frantz. Pour bien des historiens, la rupture a été moins complète que ne l'affirme le publiciste allemand. Mais pour ce qui est des principes, il a raison sans conteste.

(56) Id., p.49.... *wurde ekraseirt*.

(57) Id., p.49.

(58) La formule proposée par Carl Schmitt ne paraît pas très éloignée.

(59) Cette distinction entre le droit et le fait est par contre la condamnation de tout positivisme juridique.

(60) *Louis Napoléon*, p.49.

(61) On se reportera à l'analyse qu'il fait de la légitimité des Bourbons dans *Louis Napoléon*, p.53. Elle n'est nullement d'origine divine, elle découle de la continuité historique, elle est de nature coutumière.

(62) L'influence de Kant et du protestantisme est manifeste. On reconnaît sans peine la théorie des deux royaumes. Il y a cependant une différence considérable. La théologie protestante a soit placé le souverain au-dessus du commun des mortels soit sanctifié l'injustice comme voulue par Dieu. Pour C. Frantz le pouvoir politique doit tendre à établir le droit, même si il n'y parvient jamais qu'imparfaitement, par définition puisqu'il repose sur la violence.

(63) Constantin Frantz a souvent critiqué Montesquieu et avec beaucoup de sévérité. Il rejette la théorie de la division et de l'équilibre des pouvoirs comme un palliatif tout à fait insuffisant. C'est dresser de bien frêles barrières contre les excès soit du législatif soit de l'exécutif. Pourtant, si l'on ne considère que l'inspiration des deux auteurs, ils sont moins éloignés l'un de l'autre qu'on ne le pense généralement.

(64) *Louis Napoléon*, p.50.

(65) La thèse a été reprise par Henry Kissinger d'une manière systématique. Depuis Metternich, il n'y a plus de pouvoir légitime. Simple rencontre ou influence ?

(66) *Louis Napoléon*, p. 45. Cf. également *Vorschule z. Physiologie der Staaten*, p. 128 sq.

(67) *Louis Napoléon*, p. 45.

(68) C. Frantz invoque même *der gallische Geist* et cite comme garant Jules César, Id., p.27.

(69) C'est probablement à Adam Smith que C. Frantz a emprunté le terme. *Die ganze Auflösung der ganzen produzierenden Gesellschaft in arbeitende Atome, von denen sich jedes auf eine Spezialität richtet...*, *Kritik aller Parteien*, p.68. Sur cette évolution Adam Smith porte un jugement positif, C. Frantz, un jugement négatif. Le terme *Atome* ne se trouve pas dans *Louis Napoélon*, mais l'idée y est.

(70) *Der Untergang der alten Parteien*, p.25.

(71) C'est quasiment une traduction idéaliste du schéma marxiste : la lutte des classes contraint la bourgeoisie de confier le pouvoir politique à un chef militaire ou à un aventurier.

(72) *Vorschule z. Physiologie der Staaten*, p.61.

(73) La condamnation par Frantz de ce qui peut apparaître comme l'expression la plus parfaite de la démocratie sera jugée par beaucoup comme "réactionnaire". Pourtant, nous trouvons aujourd'hui sous la plume d'un homme qui vient de la gauche R. Dahrendorf des conclusions voisines. Une société structurée par des règles multiples et hétéroclites, héritées du passé, est sans doute plus rigide, mais elle offre plus de garanties à l'individu que la République. Cf. *Lebenschancen*.

(74) *eine weltgeschichtliche Mission.*

(75) Le Parlement est un *Narrenhaus, ein dupfer Zirkus, ein parlamentarisches Theater.* Cité d'après E. Schaper, K.F., p.80.

(76) *Indem also die Repräsentanten eigentlich nur sich selbst repräsentieren, oder im besten Fall eine blosse Meinung, muss sich die Assemblée notwendig in Geschwätz und Koteriewesen auflösen. Louis Napoléon*, p.25. *Die parlamentarischen Koterien, welche so lange das Spiel ihrer Intrigen für die Interessen des Volkes ausgaben...* Id., p.9. Cf. également p.30.

(77) Id., p.30 sq.

(78) Id., p.8.

(79) L'inauthenticité de la représentation populaire élue au suffrage universel est exposée et démontrée à l'aide d'arguments mathématiques assez spécieux dans *Der Föderalismus*, Chp. I.

(80) Du moins après 1848. Dans cette étude, nous n'avons pas tenu compte des textes antérieurs à 1848 qui parfois trahissent une inspiration différente.

SI ROBESPIERRE AVAIT LU TARSKI : ANTINOMIE ET DISCOURS RÉVOLUTIONNAIRE

Paul CHANIER

Il peut paraître étonnant de dire que le discours de l' "âge de Raison", sur lequel a germé le discours révolutionnaire, était marqué précisément par de graves défaillances logiques conduisant à des antinomies. Sans doute a-t-on de-ci de-là traité de la logique au XVIIIème siècle. Mais il s'agit de savoir si ce que l'on en disait aurait été accepté par les grands logiciens médiévaux et, d'autre part, jugé acceptable par les logiciens d'aujourd'hui. Je pense qu'il est possible de justifier le diagnostic, porté par exemple par Lukasiewicz, d'une éclipse de la logique pendant cette période. La correction des antinomies du discours révolutionnaire oblige à une révision d'habitudes profondément enracinées dans une philosophie dite "classique" et dont les orateurs révolutionnaires étaient les porte-parole hardis et imprudents.

Un problème essentiel à l'époque de la Révolution (et plus encore de nos jours, à l'âge de l'informatique) est celui-ci : un langage universel, ayant comme le langage quotidien la possibilité de tout désigner peut-il être en même temps un langage de la Raison ? La traduction moderne du mot "Raison" déplace un peu le problème : il s'agit maintenant de langage expressément axiomatisé. Mais cette correction permet justement de faire apparaître le nid d'équivoques qui se cachait dans une telle notion. C'est à une époque relativement récente, avec B. Russell ou mieux encore avec l'école polonaise, qu'il a été possible de voir clairement que ces deux prétentions, universalité et rationalité du langage sont contradictoires. Ce que beaucoup soupçonnaient ou vivaient comme un malaise est maintenant confirmé sur le terrain-même de la pensée.

La référence à Tarski concerne l'exposé particulièrement significatif du grand logicien *Le concept de vérité dans les langages formalisés*, conférence de 1931 à la Société des Lettres et des Sciences de Varsovie, rééditée dans *Logique sémantique et métamathématique*, A. Colin, 1974. Le rapprochement avec Robespierre n'est pas plus arbitraire que ceux qu'on pourrait faire dans le domaine de l'histoire des sciences, en disant par exemple que l'on sait depuis Cauchy que certains calculs de limite de D. Bernoulli étaient incorrects.

La fusion de ces deux caractères, l'idée d'une langue universelle qui serait en même temps une langue de la raison était précisément une ambition de l'époque, celle que poursuit Leibniz (toujours au conditionnel : ce qu'il aurait pu faire si...), celle de Condorcet. C'est en partie par le biais des Mathématiques que cette position s'est révélée intenable au début du XXème siècle. Le mathématicien du XVIIIème siècle ne s'aperçoit pas qu'il construit à partir d'axiomes qu'il pose implicitement et qu'il pourrait poser autrement. Il croit que sa construction est déjà faite dans la "nature", représentation que Galois, Cantor et d'autres devaient réduire à l'absurde. Le divorce est inévitable entre le langage formalisé obéissant à des règles précises, conventionnelles, variables d'un programme à l'autre et le langage universel, celui où l'on peut dire "je", où l'on peut désigner un objet, exprimer une joie, une souffrance. C'est la distinction fondamentale du *langage* et du *métalangage*. Seul le second peut énoncer les motifs de la mise en place du premier. Mais la rigueur du *si...alors* appartient seulement au premier. L'ignorance de cette distinction conduit inévitablement aux antinomies sémantiques. L'ordinateur imprime *il pleut* sans fournir aucun test de cette proposition que peut seul fournir le langage naïf exprimant une expérience vive. Décider de la vérité dans le langage-objet c'est le *sophisme d'auto-référence*. Il est bien connu que la proposition : p= *p est faux* (le *Menteur*) est illégitime. Mais : p=*p est vrai* ne vaut pas mieux. Elle est par construction privée de toute justification.

Dans le discours révolutionnaires l'auto-référence est continuelle : *J'ai raison parce que je parle au nom de la Raison*. La *vertu*, la *vérité* sont comme personnifiées et se décernent un certificat d'auto-satisfaction. Robespierre dit (discours du 27.12.1792)

> *Je ne connais point ici ni majorité ni minorité ; la majorité est celle des bons citoyens.*

Ou encore (discours du 7.2.94) :

> *Le principe fondamental du gouvernement populaire ou démocratique, c'est la vertu,... l'amour de la patrie et des lois.*

Une deuxième famille de sophismes, malheureusement profondément enracinés dans la littérature philosophique de l'Époque, c'est ce qu'on peut appeler les *sophismes de centralisation*. C'est le mérite de P.T. Geach (*Logic matters*, University of California Press, 1980) d'avoir montré leur présence multiforme dans le prétendu rationalisme classique. Il revient à dire : dans ce magasin tout est à 10 francs donc, avec 10 francs on achète tout ce qu'il contient. Toute démonstration se fait à partir de principes, donc il existe des principes pour toutes les démonstrations. Toute définition se fait à partir de termes simples, donc il existe des termes simples à partir desquels on peut tout définir. Dieu peut faire tout ce qui est possible, donc tout le possible est réalisé par Dieu (Spinoza, *Ethique*, I,17,scolie). Nous choisissons tout en vue d'une fin, donc il existe une fin universelle. Centralisation du pouvoir, de l'interprétation des faits, de la culpabilité, tels sont les aboutissants du sophisme.

Les clauses du *Contrat Social* de Rousseau

> *se réduisent toutes à une seule, savoir l'aliénation totale de chaque associé avec tous ses droits à toute la communauté.* (livre I, chap.6).

Il serait sans doute injuste de ne voir que sophisme dans le discours révolutionnaire. On pourrait dire que le métalangage est toujours sous-entendu, que tous ont présent à l'esprit le tableau des misères du peuple, des inégalités, des privilèges. Mais c'est là que le bât blesse : le contact avec la vie n'est établi que par une imagerie rousseauiste qui n'exprime que très partiellement la vie du peuple. Robespierre habite chez un menuisier (Emile était destiné à cette profession), il donne des sous aux petits savoyards, il aime son chien. L'hagiographie robespierriste a recueilli ces détails.

Ce qui a fait le malaise des historiens des *Annales*, des monographies sur le courant paysan, les classes populaires urbaines, c'est que ces études n'interfèrent pas avec l'histoire révolutionnaire proprement dite. Ceci a été dit avec force par l'historien François Furet (*Penser la Révolution française*, Gallimard, 1978). La Révolution a été préparée à Paris et en province par des *Sociétés de pensée* et les avocats ont joué un grand rôle. Augustin Cochin, mort à la guerre en 1916 a apporté une documentation considérable sur ce point dans un ouvrage publié en 1921 : *Les Sociétés de pensée et la démocratie moderne*. Dans ces réunions, on cause, *Pas le plus petit commencement d'oeuvre, d'effort réel*, dit Cochin. *On est uni pour la vérité, non par elle.*

Un des motifs pour ne pas laisser la parole au peuple, c'est que le peuple parle patois dans une grande partie de la France. Un patois n'est pas la langue de la raison. On trouvera dans l'ouvrage de Michel de Certeau, Dominique Julia, Jacques Revel *Une politique de la langue : la Révolution française et les patois*, Gallimard, 1975, la carte impressionnante des régions de France où les patois prédominaient. Ces auteurs donnent des détails sur l'enquête linguistique entreprise par l'abbé Grégoire. Ce sont naturellement les notables locaux qui ont répondu et presque toujours en des termes très méprisants pour les patois : langages pour parler aux animaux, transmettant des contes puérils qui ne méritent pas d'être conservés. L'idée assez chimérique d'une langue naturelle et primitive du genre humain, dont les dialectes seraient la corruption, est souvent énoncée à l'époque, par exemple chez le Président Des Brosses, *Traité de la formation méchanique des langues*, 1765. L'accent est mis tantôt sur l'aspect rationnel de la langue universelle, tantôt sur l'aspect affectif, ce qui montre bien l'antagonisme des deux interprétations. Ce qui est sacrifié, comme dans l'analyse des institutions, c'est l'aspect conventionnel du langage, comme si les onomatopées suffisaient. *L'Essai sur l'origine des langues* de J.J. Rousseau était conçu primitivement comme un traité *Du principe de la mélodie*, oeuvre du Rousseau musicien et non du Rousseau raisonneur, qui ne manque pas de remarques profondes sur l'expression musicale des langues orales. Condorcet ou Rousseau, cette dualité d'approches de la langue universelle caractérise bien un malaise implicite : comment réunir en un seul langage celui de la preuve et celui de l'expression des passions ?

Le rejet d'une autorité politique a pu laisser croire qu'on pouvait rejeter la hiérarchie des types logiques au sens que Russell a donné à ce mot. Celui qui dit *je me trompe* échappe à l'antinomie du *menteur* dans la mesure où il établit une hiérarchie entre une erreur localisée et une nouvelle réflexion qui la corrige. Dans le discours révolutionnaire, on ne dit jamais *je me trompe* ou *je me suis trompé*. *La Vérité n'a point ce caractère*, dit Saint-Just dans sa défense de Robespierre du 9 thermidor. Excuser une erreur, c'est être complice d'une trahison. La hiérarchie bannie réapparaît sous une forme implicite. *La distinction doit résulter de l'égalité même*, dit Robespierre. Les hommes sont inégaux dans leur adhésion au principe d'égalité.

A. Cochin a été très sensible au caractère antinomique du discours révolutionnaire, qu'il résume dans ces trois formules : le despotisme de la liberté, le supplice du bonheur, le fanatisme de la Raison. Bien sûr, ces abstractions ne se définissent pas toutes seules, elles sont interprétées par des êtres réels, mais ce travail est soustrait à la réflexion, il est implicite, passionnel, gros de conflits. Selon la *logique implacable* qui est parfois attribuée à Rousseau ou à Robespierre, et qui en réalité n'est pas une logique du tout,

> *le souverain bien, par cela seul qu'il est, est toujours tout ce qu'il doit être.* (*Contrat Social*, livre I, chap.7.).

Pour celui qui refusera d'obéir à la volonté générale *on le forcera à être libre* (*ib.*). La liberté ne se définit pas par la possibilité de suivre quelque chose qui éveille l'intérêt, mais de façon négative :

> *La liberté consiste moins à faire sa volonté qu'à n'être pas soumis à celle d'autrui ... Quiconque est maître ne peut être libre.* (*8ème Lettre de la Montagne*).

On a du mal à reconnaître le "sensible" Rousseau. C'est pire encore si l'on relit le chapitre sur le droit de vie et de mort (*Contrat Social*, livre II. chap. 5). Le *rebelle et traître à la patrie* n'est plus un citoyen. Le droit de la guerre est alors de tuer le vaincu.

> *Quand le Prince lui a dit : "Il est expédient à l'Etat que tu meures", il doit mourir.*

Et Rousseau de faire l'éloge de la vertu romaine où le droit de grâce était impensable.

Sous la Terreur, l'acceptation de l'immolation semblait une clause essentielle, admise même par les victimes. Pour Louis Dumont (*Homo aequalis*), la phrase essentielle de la Marseillaise est : *Pour elle un Français doit mourir*. Robespierre accepte de mourir dans son dernier discours. Le plus étonnant est cette *rhétorique de la mort* : tout se passe comme si l'horreur et l'angoisse que l'on sent présentès ne pouvaient pas passer dans le discours conventionnel, pas plus que le *j'ai mal aux dents* de Ionesco ne peut s'insérer dans un discours structuraliste mathématico-grammatical (*La Leçon*). C'est ce qui fait dire à Hegel que la formule de la Terreur n'est pas *la liberté ou la mort*, mais *la liberté est la mort* et que en même temps la mort prend l'aspect banal

> *d'une mort sans plus de signification que lorsque l'on tranche la tête d'un chou.* (*Phénoménologie de l'esprit*, trad. Hyppolite, t.II, p.136).

Michelet (*Histoire de la Révolution française*, livre 21, chap.1.) ditque l'on parlait plus volontiers de l'insalubrité des cimetières que des souffrances des condamnés.

La sensibilité conventionnelle prend la place de la sensibilité vivante, sincère, ce qui s'est trouvé dans d'autres contextes historiques : que l'on songe à la rhétorique stoïcienne sur la mort, à l'insensibilité aux souffrances de la victime dans les rites sacrificiels. Ce refoulement de l'horreur hors du langage rationnel était si profondément entré dans les habitudes que chez Charles Nodier l'expression du choc affectif éprouvé dans son enfance devant ces spectacle et ces récits ne peut s'exprimer que sous une forme obsessionnelle, fantastique. Nodier nous fait entendre le bruit que fait une tête de saint en pierre roulant sur le parvis de la cathédrale de Strasbourg. La mort par la guillotine est pressentie par prémonition, par télépathie ; la *culpabilité* ne se révèle que par un cauchemar étranger à toute réalité (je renvoie à l'exposé de J. Richer).

La notion de pouvoir politique chez Saint-Just et chez Robespierre présente ce paradoxe d'*une autorité absolue qui n'est rien*, qui ne repose que sur une idée dont on suppose trop vite qu'elle est consistante. Ces orateurs ne reconnaissent pas plus que Rousseau que les rôles sont définis par des systèmes d'attente réciproque et que si l'on détruit ceux qui existent il faut en édifier d'autres, ce que le verbalisme abstrait ne peut réaliser. On ne peut alors échapper au paradoxe que formule Rousseau :

> *Ainsi l'on trouve à la fois dans l'ouvrage de la législation deux choses qui semblent incompatibles : une entreprise au-dessus de la force humaine et, pour l'exécuter, une autorité qui n'est rien* (*Contrat Social*, II, chap.7).

On aurait pu penser que dans une situation désespérée il fallait la Terreur pour réunir toutes les forces de la nation. Ce fut pour moi un étonnement de voir comment Robespierre parlait des armées. Là aussi il existe une sorte de fossé entre le discours révolutionnaire et le mouvement de la société. C'est bien la moindre des choses que des hommes libres se défendent. Mais pour Robespierre l'orgueil des militaires engendre des factions, le *glaive des lois* (Robespierre) et le *poignard des assassins* (les généraux) s'entrechoquent. C'est le complot intérieur qui est pour lui essentiel.

Le paradoxe d'une autorité absolue sans force se retrouve dans les recommandations de Saint-Just (voir *Théories politiques de Saint-Just*, textes éd. A. Liénard).

> *Une armée qui élit un chef est déclarée rebelle, elle est licenciée,*

(par qui ?).

> *Il faut licencier les stipendiaires de l'Etat et brûler le produit de l'impôt,*

(qui sera motivé à le faire ?).

> *Après acquisition des domaines nationaux, les assignats devront être brûlés sur le champ,*

(par qui ?). De même Robespierre dit (27.12.1792) :

> *La minorité a partout un droit essentiel, celui de faire entendre la voix de la vérité... La vérité fut toujours en minorité sur terre.*

Enfin, dans son dernier discours, il parle d'*épurer le Comité de salut public lui-même.*

La Révolution s'est faite sans cadres institutionnels. A. Cochin a souligné que les élections aux Etats Généraux ont été faites sans candidats, sans programmes, sans professions de foi. Necker n'a pas choisi entre la conception anglaise condamnant tout dogme social comme une contrainte et la conception française condamnant toute campagne d'opinion comme une cabale et toute représentation. L'idée implicite et irréalisable est celle d'une démocratie directe sans institutions.

L'absence de référence à une société réelle a été soulignée par Tocqueville :

> *La Révolution procède comme une religion, elle considère l'homme en lui-même en dehors de toute société particulière.*

Et il souligne que ce n'est possible que par une certaine assimilation des esprits (*L'Ancien Régime et la Révolution*, chap.3); K. Marx (cf. infra) a dit également cela de façon énergique.

Dans sa défense de Robespierre, le 9 thermidor, Saint-Just disait :

> *Avez-vous vu des orateurs sous le sceptre des rois ? Non, le silence règne autour des trônes.*

Ce n'est pas tout à fait exact, on parlait au contraire beaucoup, comme l'a montré A. Cochin, mais par références littéraires aux Spartiates, Athéniens, Romains au temps de leur grandeur, libres, justes et vertueux.
Le Marquis de Chatellux avait cependant tenté de ruiner cette imagerie dans le *Félicité publique* sur la lancée de l'essai de Hume *Sur la population des nations de*

l'Antiquité.

Le besoin de concrétisation imaginaire des abstractions aboutit à une pratique très caractéristique de l'époque, celle de l'*allégorie*. C'est l'aveu qu'on ne peut représenter la chose ni la définir. On lui donne mythiquement une présence concrète. Le discours de Robespierre du 5.2.94 contient une belle séquence de distinctions verbales. Les lois de la Justice éternelle

> *ont été gravées non dans le marbre mais dans le coeur des hommes, même celui de l'esclave ou du tyran.*

Elle tend à

> *substituer la morale à l'égoïsme, la probité à l'honneur, les principes aux usages, les devoirs aux bienséances, l'empire de la Raison à la tyrannie de la mode, la grandeur d'âme à la crainte, le mérite à l'intrigue,*

etc... J'abrège. Comme il faut imprimer dans les esprits les sentiments correspondants, reste à recourir à l'allégorie. Hume avait déjà reproché à Locke de définir les notions morales par de simples *relations d'idées.* Nous ne sommes guère avancés si l'on nous dit que la Justice tient une balance.

Les allégories des fêtes révolutionnaires, réclamées par Robespierre, ont toujours tourné à la déception ou au ridicule. En novembre 1793, l'allégorie de la Raison sort du temple de la philosophie et s'asseoit sur le gazon. On attend la suite, rien ne vient. La Sagesse de la Fête de l'Etre suprême apparaît piteuse et mal en point après l'incendie de la statue de l'Athéisme. On ironise sur le fait que l'allégorie de la vertu n'est point vertueuse. L'allégorie peut se retourner : comment distinguer *le glaive étincellant des héros* du *vil poignard des assassins ?* La peinture de David, *Le serment des Horaces* peut nous y aider, mais c'est encore de l'imaginaire. L'injure chez Robespierre est toujours noble, à la différence de celle des hébertistes, elle est drapée d'allégorie.

La question à poser maintenant est celle-ci : que révèle sur l'enchaînement des faits réels une analyse axée sur le caractère antinomique du discours ? A quelles conséquences pratiques ces contradictions de pensée ont-elles abouti ? Prenons d'abord le cas Rousseau. La société dépeinte dans le *Contrat Social* n'est pas celle où il pouvait vivre. Partout où il a rencontré quelque chose de semblable, il l'a ressenti comme une conspiration dirigée contre lui. Cette *folie de la persécution* dont on a parlé dans son cas, au-delà de tout ce qui pouvait être motivé par des persécutions réelles, est moins médicale qu'idéologique. Gregory Bateson a parlé de *schizophrénie sociale* dans le cas où les règles éthiques formulées dans une société sont antinomiques. La rencontre avec Hume a joué chez Rousseau le rôle d'un révélateur. Par une réflexion sur l'histoire d'Angleterre, Hume était devenu un pourchasseur de sophismes politiques, et il était en particulier très sensible à ceux du *Contrat Social*. Le choc provoqué par les conversations avec Hume n'a pas été sans luttes, puisque Rousseau a passé près d'un an à diriger contre le philosophe écossais un véritable délire de persécution, prenant à témoins tous ses correspondants de la *trahison* dont il avait été victime. Puis brusquement tout cela cesse. Les *Confessions* sont arrêtées en 1765, juste avant la rencontre avec Hume. Rousseau écrit par contre les *Dialogues* véritable découverte de la hiérarchie des types : Rousseau est maintenant juge de Jean-Jacques dont il dit, et c'est une correction capitale qu'

> *il n'était pas vertueux,... n'ayant toujours pour guide que son propre coeur, jamais son devoir ni sa raison.*

Il définit maintenant son propre domaine qui est seulement de *sentir vivement, tout entier à ses fictions*.

Il serait tout à fait illusoire de dire

comme on l'a fait parfois que Hume avait tous les torts dans ce conflit. Ce qu'un lecteur attentif peut trouver dans ses écrits, c'est précisément une hiérarchie des catégories morales et politiques, aucune d'elles ne pouvant engendrer la suivante sans adjonction d'un nouveau principe. Distinguons les niveaux suivants :

- Ce qui plaît spontanément, par éveil dans un milieu culturel.
- Ce qui plaît moralement : langage de l'éloge et du blâme.
- Les règles conventionnelles : contrat, propriété.
- Les règles historiquement déterminées du loyalisme politique.

L'amalgame vertu-raison-vérité est un mélange incohérent. La politesse ne décide pas de la propriété ni le contrat des règles constitutionnelles. Beaucoup moins subtil que Hume, Jeremy Bentham a dénoncé de façon assez pittoresque dans son *Livre des Sophismes* les sophismes d'infaillibilité, les injures, les déclarations qui ôtent d'une main ce qu'elles accordent de l'autre, énonçant comme absolus des droits qui ne peuvent être que limités.

On peut considérer la Terreur comme une généralisation dans une société plus étendue de la *folie de la persécution* de Rousseau. Marx a parlé de la Révolution française dans *La Sainte Famille*, texte qui réserve bien des surprises. Ici, Marx n'est pas marxiste en ce sens qu'il rejette très loin l'idée de présenter la Révolution comme l'expression des forces sociales. Les *phrases creuses* de Saint-Just, Robespierre sur la justice, la vertu *qui ne peuvent être au contraire que la manifestation d'un peuple* sont une *erreur colossale*. Marx va plus loin : la thèse de B. Bauer présentant Napoléon comme un produit de la bourgeoisie est écartée comme *absolument vide*. Napoléon méprisait les milieux d'affaires,

> *voyait dans la société bourgeoise un bailleur de fonds, un subordonné ne devant pas avoir de volonté propre. Il pratiqua le terrorisme en*

remplaçant la révolution permanente par la guerre permanente.

A ce troisième stade, rupture de la paix d'Amiens, guerre pour la guerre, apparaîtrait donc le troisième volet de cette répétition amplifiante : délire de persécution individuel, délire du complot intérieur, délire du conflit international. Cette interprétation suggère une philosophie de l'histoire inaccoutumée : les évènements sont d'une certaine façon rationnels en ce sens qu'ils réalisent les conflits qui sont en germe dans les idéologies. C'est une causalité "déficiente" qui joue alors en histoire. Ceci est très différent de l'interprétation hégelienne qui fait de la contradiction le moteur. Le cas de la Révolution française est d'ailleurs embarrassant chez Hegel. Comme il présente la Terreur sous un jour aussi dur que possible, on se demande pourquoi la critique de l'idéologie correspondante n'aurait pas pu être faite immédiatement, en quoi le long travail du "négatif" était-il nécessaire pour en prendre conscience. Ce qui serait alors une interprétation plus naturelle serait celle d'un débordement du pouvoir par des forces incontrôlées.

Le désir de traiter scientifiquement de la politique apparaît à l'époque chez Condorcet, ce qui ne l'empêche pas de tomber parfois dans des défauts analogues à ceux de l'idéologie régnante. Son arrestation et sa mort représente la réduction à l'absurde sur le mode tragique de sa manière d'appliquer le calcul des probabilités aux décisions des juges. Le postulat d'indépendance et de neutralisation réciproque des erreurs affectant la connaissance de la vérité ou de la volonté générale n'était justement pas de mise. Dans les oeuvres politiques de Condorcet, il y a cependant une certaine reconnaissance de la hiérarchie des types logiques. A propos du théorème qu'il énonce sur les majorités (préférences individuelles cohérentes aboutissant par un vote de majorité à des préférences sociales incohérentes) il voit qu'on ne peut éviter cet effet que par certains aménagements institutionnels des conditions de vote. Si l'on oublie ce dernier point (comme dans certaines interprétations structuralistes de Condorcet), le théorème peut alors servir de prétexte pour présenter comme inévitables les antinomies bien réelles; celles-ci, auxquelles on aboutit si on ne reconnaît pas l'antériorité hiérarchique des règles de décision par rapport à la décision elle-même.

Naturellement cet article se limite à une analyse critique. Dire ce qu'aurait pu être une Révolution réussie entraînerait trop loin. Disons seulement que dans la société il existe des "ordres" multiples qui tous tendent à introduire leur hiérarchie propre, militaire, démographique, pouvoir politique, pouvoir économique, modes technologiques, invention du genre de vie. Les occasions de rencontre ou de contradiction entre ces ordres sont à surveiller pour trouver éventuellement de meilleures conciliations. Une notion monolithique comme celle d'une Raison à tout faire et en réalité antinomique ne peut que cacher les problèmes, aboutir à des occasions perdues.

Un des résultats de l'analyse précédente c'est de montrer que certaines philosophies classiques étaient incapables de faire la critique du discours révolutionnaire parce qu'elles partageaient les mêmes illusions. Le *sophisme socratique* consiste à demander une définition de la justice comme si elle pouvait être donnée sur le plan des idéalités (voir l'*Eutyphron*), ce qui exclut toute convention historiquement établie et ne laisse d'autre issue qu'un certain pythagorisme politique. La confusion de l'idée et du réel ou du souhaitable, combattue par Abélard (*l'idée de lion n'est pas une lion*) est proclamée chez Spinoza : c'est sur le remplacement de l'*idea corporis* par l'*idea ideae* qu'est bâtie toute l'*Ethique*. *Verum index sui*. La *Logique* de Kant repose sur le même principe : *nota notae est nota rei ipsius* et la *rouille vénérable de l'antiquité* doit recouvrir toutes les autres spéculations. D'où l'idée que c'est *un beau lever de soleil*, comme dit Hegel, de faire reposer toute la politique sur une simple conception de l'esprit.

GRAMSCI FACE À LA RÉVOLUTION FRANÇAISE : LA QUESTION DU JACOBINISME

André TOSEL

1. Il y aurait toute une histoire à écrire de la place prise par la Révolution française dans la constitution et le développement du marxisme. Il n'est pas sans intérêt de s'attarder sur l'interprétation et l'analyse des évènements révolutionnaires donnée par Antonio Gramsci, dans la mesure où l'on touche là en quelque sorte le point limite atteint pas le "marxisme" de l'ère de la Troisième Internationale. Pour mieux situer la spécificité de la position gramscienne, il sera utile de la confronter, sommairement, à celle de K. Marx lui-même.

Avant de la comprendre en termes de structure socio-économique, Marx reconnaît la Révolution française comme une phase d'émancipation proprement politique dont la fonction est la liquidation de l'Ancien Régime. La Critique de l'Economie politique n'est identifiable que, par le détour d'une critique de la Politique. Et celle-ci a pour double cible la philosophie de l'Etat hégélien et la Révolution française.(1)

Animé par l'intérêt pris à *l'émancipation sociale* véritablement humaine, encore à venir, Marx critique les limites de l'émancipation purement politique, et s'explique avec la thématique révolutionnaire-bourgeoise des droits de l'homme et du citoyen. Dès les cahiers de notes de Kreuznach, dans les textes de 1843, encore dans la *Sainte Famille*, Marx - qui poursuit à cette époque le projet d'une *Histoire de la Constitution* après la lecture annotée de Levasseur -, souligne que la Révolution de 1789 a su libérer des chaînes de la féodalité, mais qu'elle n'est pas le dernier acte du procès de libération : il reste à sortir des limites de la seule liberté juridico-politique.

Mais, tout en développant sa critique, Marx s'intéresse aux modèles d'organisation du pouvoir en période de transition élaborés par les révolutionnaires français, nommément les Jacobins, durant la Convention.
La Convention révèle ce que peut le politique, sous la forme pratique de l'Etat et sous la forme théorique de la Volonté législatrice. Ainsi, dans un article important de 1844, publié sur le *Vorwärts* de Paris, après la *Critique de la philosophie politique hégélienne*, après la *Question Juive*, Marx fait apparaître les limites de l'entendement politique et de la volonté révolutionnaire bourgeoise propres à la Convention.

> *La période classique de l'intelligence politique, c'est la Révolution française. Bien loin de voir dans le principe de l'Etat la source des imperfections sociales, les héros de la Révolution française voient au contraire dans les imperfections sociales la source d'inconvénients politiques... Le principe de la politique, c'est la volonté ; plus l'intelligence politique est unilatérale, plus elle est parfaite, d'autant qu'elle se montre aveugle à l'égard des limites naturelles et spirituelles de la volonté, d'autant plus elle est incapable de découvrir la source des maux sociaux.* (2)

Ces remarques sont en particulier une critique du jacobinisme.

2. Si l'illusion jacobine est l'illusion politique elle-même, elle est de croire subordonner la vie sociale à la toute-puissance démiurgique de la volonté, alors qu'en fait elle libère les éléments proprement politiques d'une société civile dont elle ne peut éliminer la nature égoïste. La conquête de l'Etat purement politique, moderne a pour résultat immédiat la fin des formes archaïques, immédiatement politiques de l'Ancien Régime, les corporations. Elle libère l'instrument nécessaire à l'affirmation du nouveau principe

de socialisation, la propriété privée, l'égoïsme de la concurrence. La constitution de l'Etat "politique" est celle de l'homme comme libre entrepreneur égoïste. La Révolution, considérée même à son point culminant jacobin, n'est que politique.

En effet le mouvement par lequel dans la Révolution l'Etat devient d'affaire particulière privée du seigneur, *la chose d'intérêt général*, c'est-à-dire *Etat véritable* est le même que celui par lequel la *société civile* met en pièce les classes anciennement politiques, les "états", les corporations, les privilèges, et libère la particularité privée des énergies de la société civile ou bourgeoise. C'est ce que précisait la *Question Juive*.

> *La révolution politique abolit le caractère politique de la société civile. Elle fit éclater la société civile en ses éléments matériels et spirituels qui forment le contenu de la vie, la situation dans la société civile de ces individus.* (3).

L'illusion des Jacobins est d'avoir cru développer une communauté capable de soumettre la société civile, alors qu'ils libéraient les énergies comprimées de celle-ci et travaillaient à son service. Ils croyaient restaurer la cité antique des maîtres libres, devenus universels, hors les barrières politiques des anciens "états". Mais ces maîtres étaient eux-mêmes esclaves de la propriété privée et exploiteurs de ces nouveaux esclaves modernes que sont les non-propriétaires travailleurs.

> *Pourtant la perfection de l'idéalisme de l'Etat était en même temps la perfection du matérialisme de la société bourgeoise (...). L'émancipation politique était en même temps l'émancipation de la société bourgeoise à l'égard de la Politique, de l'apparence d'un contenu général. La société civile était réduite à son fondement,*

l'homme égoïste.(4)

Avec la Révolution de 1789, l'Etat se transforme, se centralise, selon la ligne d'une division interne du travail fonctionnelle à la société civile, inspirée par ses principes, la liberté et le droit, qui succèdent au privilège.

> *Mais la liberté de l'homme égoïste et la reconnaissance de cette liberté est au contraire la reconnaissance de cette liberté sans frein des éléments spirituels et matériels qui forment le contenu de son existence.*(5)

Les Jacobins ne comprennent pas ce qu'ils font et ne font pas ce qu'ils s'imaginent faire : ils se trompent sur la fonction de l'instance économico-sociale qui les meut et qui se détermine de manière mystifiante en volonté politique. Volonté de se constituer en tête politique de la société civile, et de reformer une "polis" reposant sur l'idée anachronique d'une subordination de l'économie à la politique.

3. Cette illusion est à la racine même de l'échec des Jacobins. La Révolution dévoile son sens avec Thermidor, et après Napoléon, avec la Monarchie libérale. De ce point de vue les Jacobins ne sont pas des bourgeois positifs, obnubilés qu'ils étaient par la passion de *sacrifier la société (qu'ils avaient libérée) à une conception antique de la vie.*
Les bourgeois positifs, ce sont les Thermidoriens qui refusent ce sacrifice, combattent la Terreur comme émergence d'un principe archaïque du politique, et élaborent l'Etat politique qui est vraiment au service de la *bürgerliche Gesellschaft*. Toujours à la même époque, Marx est clair dans *La Sainte Famille* :

> *C'est en 1830 qu'elle (la bourgeoisie vraie) finit par réaliser ses désirs de 1789.*(6)

Mais cette fois elle ne se trompe pas sur son Etat :

elle renonce aux idéaux de la communauté politique, des *hommes abstraits, artificiels, allégoriques*, des citoyens, pour vaquer à ses propres affaires, à ses intérêts matériels de classe.

> *Sa formation politique étant achevée, la bourgeoisie libérale ne croyait plus, avec l'Etat constitutionnel-représentatif, atteindre l'Etat idéal, elle n'aspirait plus au salut du monde, ni à des fins humaines universelles : elle avait au contraire reconnu dans le régime l'expression officielle de sa puissance exclusive et la consécration politique de ses intérêts particuliers.* (7)

Illusion pourtant nécessaire. Car il a été impossible de faire l'économie du moment de la volonté, de l'idéalisme qui est celui-là même de l'Etat. Chaque période de crise oblige la bourgeoisie qui préfèrerait vaquer à ses affaires matérielles à faire une cure d'idéalisme, c'est-à-dire à passer par l'Etat, à se (re)constituer par l'Etat. L'illusion doit être comprise avec son efficace, comme illusion "réelle" et réalisante : la société civile exige le moment de l'Etat, elle produit l'exigence de la volonté politique. L'idéalisme de l'Etat coïncide avec le moment de la direction politique indispensable à la stabilisation de la société civile.

4. Ceci dit, le mouvement principal de la pensée de Marx est univoque : il opère la réduction de la volonté et de l'Etat à la société civile et à son matérialisme propre : dans le système de rapports Etat politique / société civile, le terme régulateur et dominant est la société. C'est celle-ci qui produit le politique, et règle ses limites et formes d'existence. Se précise alors la conception structurale de la Révolution Française comme forme typique de Révolution bourgeoise seulement ou purement "politique", et non sociale.

Le célèbre texte Préface de 1859 à la *Contribution à la critique de l'Economie Politique* généralise le modèle de la Révolution française comme prototype de la transition d'un mode de production à un autre. C'est la contradiction fondamentale économique du mode de production capitaliste qui est à l'origine de la Révolution saisie sous son aspect politique.

> *Dans la production sociale de leur existence les hommes entrent en des rapports déterminés nécessaires, indépendants de leur volonté, rapports de production qui correspondent à un degré de développement déterminé de leurs forces productives matérielles. A un certain stade de leur développement, les forces productives matérielles de la société entrent en contradiction avec les rapports de production existants, ou ce qui n'en est que l'expression juridique, avec les rapports de propriété au sein desquelles elles s'étaient développées jusque là. De formes de développement des forces productives qu'ils étaient ces rapports deviennent des entraves. Alors s'ouvre une époque de révolution sociale.* (8)

Cette formulation peut être interprétée en un sens déterministe et économiste : il y a une nécessité historique enracinée dans le développement de la base économique du mode de production qui rend les révolutions (politiques) inévitables quand les conditions sont mures, et impossibles quand celles-ci manquent. En ce point la réduction du politique à l'économico-social semble se renverser en une opération inverse : s'impose en effet la production de l'instance politique adéquate à la nouvelle base, et donc celle de la solution "politique". On aurait comme un passage mécanique de l'objectivité des rapports de production, saisie par l'analyse théorique, à l'élément subjectif où entre en jeu la volonté humaine. La Révolution à venir est bien sociale, mais en fait elle est unité de la révolution sociale et de la révolution politique. Dès lors, et paradoxalement, tout en étant réduite par la *Kritik* de la politique comme révolution purement politique, la Révolution française devient une sorte de paradigme de transition révolutionnaire d'un mode de production à un autre. Le même mécanisme qui a réduit l'illusion de la volonté jacobine dans sa prétention à être législatrice et constituante produit irrésistiblement la volonté politique indispensable à l'exécution des potentialités du procès social.

5. La thèse, fréquente dans les textes de Marx d'avant 1848, de l'enchaînement de la révolution politique et de la révolution sociale, réintroduit le volontarisme dénoncé par la *Kritik* de l'illusion politique. Se met en place comme un procès qui développe en une sorte d'autotransmutation le politique.. Si la volonté politique est déterminée par la société et ses exigences, elle est indispensable comme acte politique. Une théorie du processus révolutionnaire coexiste dans une certaine indistinction avec une théorie de la révolution comme acte politique. Le moment jacobin se trouve en quelque sorte réévalué comme moment négatif, destructif de l'ancien ordre. Ainsi dans le texte déjà cité du *Vorwärts* contre Ruge qui soutenait qu'était impossible une *Révolution sociale sans âme politique*, Marx soutient qu'est seulement possible une *révolution politique avec une âme sociale*. Le socialisme exige

> *un acte politique dans la mesure où il a besoin de la destruction et de la dissolution. Mais dès qu'il a commencé son activité organisationnelle, dès qu'émerge sa propre fin, son âme, alors le socialisme ôte de son dos sa peau politique.*
>
> *La Révolution en général, c'est-à-dire le renversement du pouvoir et la désagrégation de l'ancien état de choses est un acte politique.*

La généralisation prolétarienne de la Révolution est ici tributaire du modèle politique de la

Révolution bourgeoise. Le jacobinisme a eu pour fonction, qu'il faut hériter sous la forme de l'Etat, de détruire l'ancien ordre, de laisser apparaître les nouveaux rapports sociaux, lesquels ont désormais la spontanéité de se faire être. L'automatisme de l'émergence de nouveaux rapports sociaux passe par la fulguration de l'acte politique volontaire qui détruit les obstacles et crée les conditions de la supression de la médiation politico-étatique elle-même.

On peut parler en ce cas d'une sorte d'ultra-jacobinisme ponctuel puisque l'Etat séparé doit disparaître après la destruction du vieux pouvoir. Jusqu'en 1850 à peu près Marx envisage que cet acte viendra couronner l'auto-dépassement de la révolution bourgeoise par une radicalisation. Marx nomme ce processus *Révolution permanente* (10). Les Révolution bourgeoises du XVIIIème siècle sont suivies des révolutions prolétariennes du XIXème siècle. Celles-ci

> *se critiquent constamment, interrompent à chaque instant leur propre cours, reviennent sur ce qui semble déjà être accompli pour le recommencer à nouveau, raillant impitoyablement les hésitations, les faiblesses et les misères de leurs premières tentatives, paraissent n'abattre leur adversaire que pour lui permettre de puiser de nouvelles forces de la terre et se redresser à nouveau formidables en face d'elles, reculent constamment devant l'immensité infinie de leurs propres buts jusqu'à ce que soit créée la situation qui rendra impossible tout retour en arrière, et que les circonstances elles-mêmes s'écrient : "Hic rhodus, hic salta". Ici est la rose, ici il faut danser.* (11)

Le processus se manifeste dans la succession irréversible de crises-actes (politiques) de plus en plus résolutoires où la volonté fulgure pour détruire les anciens rapports sociaux et le pouvoir étatique séparé. La critique de la volonté politique et de ses illusions se renverse dans la théorie de l'acte destructeur solitaire accompli par cette volonté. Le jacobinisme reste modèle du processus (social) qui doit le surmonter.

6. Après 1850, Marx s'engagera dans une conception de la révolution plus articulée, appuyée sur une critique implicite de cette théorisation de l'Acte politique. Il tirera les leçons de l'échec de 1848 en soutenant la nécessité de nouveaux mots d'ordre, autres que ceux de *Révolution permanente*. Il surmontera par la recherche d'une stratégie échelonnée son ultra-jacobinisme paradoxal des années 1845-1848.

> *A la place de la conception critique de la minorité (de la Ligue des communistes), on (la majorité) met une dogmatique, à la place de la conception matérialiste, une idéaliste. Au lieu de chercher la roue motrice de la révolution dans les conditions réelles, elle la cherche dans la volonté.*

Le mouvement ouvrier doit se préparer sur dix, vingt, trente ans de guerres civiles et de luttes populaires pour se transformer lui-même, pour se rendre apte au pouvoir politique.

Marx s'engage dans une conception processuelle qui ne limite plus la révolution à la seule explosion politique, mais recouvre un processus multiforme où les tâches destructrices s'articulent aux tâches constructrices. La révolution sociale ne peut compter sur l'automatisme spontané de nouveaux rapports de production engendrant l'acte résolutoire ; elle a besoin de la révolution politique comme processus pour abattre le vieil Etat, libérer la société de la régulation capitaliste, édifier une régulation communiste. Une autre articulation de l'économie et de la politique s'impose, qui n'est plus celle de la dérivation linéaire, mécanique. C'est dans cet espace que se meuvent les derniers textes "politiques" de Marx consacrés au processus révolutionnaire.

Mais une difficulté demeure, celle de la médiation. Comment la révolution sociale des producteurs implique-t-elle la nécessité d'une révolution politique, qui n'a pas à hériter de rapports sociaux tout faits, et ne peut se stabiliser dans l'espace balisé par le couple Société / Etat ?

7. Gramsci hérite quant à lui de cet ensemble de problèmes. Il commence son activité théorique et pratique en faisant à l'envers le mouvement par lequel Marx commençait. Il critique l'interprétation déterministe-mécaniste de la dynamique historique et réévalue le moment de la volonté politique comme moment de l'initiative révolutionnaire, de l'activisme libérateur. Tel est le sens de son appréciation de la Révolution d'Octobre comme *Révolution contre le Capital*. Mais cette appréciation est liée à une très forte critique du jacobinisme : la volonté politique créatrice des bolcheviks n'est pas comparée à la volonté législatrice des Jacobins.

Gramsci n'accepte pas la thèse selon laquelle la révolution n'est possible que sur la base de certaines prémisses propres à la seule société capitaliste développée. L'élément décisif est celui de la volonté qui sait façonner l'objectivité des rapports économiques et qui évite de se laisser engluer dans l'attente de la maturité à venir des temps révolutionnaires. Les bolcheviks ont su secouer le joug de l'interprétation mécaniste-déterministe du marxisme dominante dans la Seconde Internationale. Contre les *canons du matérialisme historique*, contre *le capital* de Marx, ils ont montré qu'il est possible à tout moment de réaliser le socialisme, c'est-à-dire la Révolution sociale.(12)

Gramsci propose une lecture actualiste-idéaliste de Marx. Le nerf du matérialisme historique est constitué par ce qui fait de lui *la continuation de la pensée idéaliste italienne et allemande*, à savoir une théorie de l'activité constituante et immanente des hommes capables de transformer par leur volonté les conditions données. La lecture positiviste du marxisme qu'infirme la Révolution de 1917 annule le moment de la volonté dans l'attente contemplative du murissement des conditions objectives devenues des choses immodifiables.

Mais ce volontarisme idéaliste est paradoxalement distingué du volontarisme rationaliste abstrait des Jacobins. Il ne s'agit pas de la volonté législatrice, juridico-politique. Gramsci est fidèle à l'idée marxienne de la priorité génétique de la société. La volonté formatrice est une volonté sociale, organique ; elle s'oppose à la volonté purement politique, séparée, d'une minorité qui s'empare de l'Etat pour le perpétuer. Il s'agit d'un volontarisme organiciste, représentatif de la vie. Car

> *la vie est toujours révolution, substitution de valeurs, de personnes, de catégories, de classes.*(13)

La révolution russe est sociale. *Elle a ignoré le jacobinisme*. Celui-ci est la marque d'une révolution politique proprement bourgeoise.

> *La bourgeoisie quand elle a fait sa révolution n'avait pas de programme universel : elle servait des intérêts particuliers, les intérêts de classe ; et elle les servit avec la mentalité étroite et mesquine de tous ceux qui servent des fins particulières.*(14)

Ce volontarisme "social" porte l'impact de la pensée de Georges Sorel qui exaltait contre l'autoritarisme sectaire de l'Etat jacobin la morale des producteurs. Parce que son contenu de classe est particulariste, la révolution bourgeoise exige *la dictature d'une minorité audacieuse décidée à tout*, mais qui ne représente pas réellement les masses de manière organique. Les bolcheviks au contraire

> *sont la Révolution russe elle-même... Ils sont le continuité de la Révolution, ils sont le*

rythme de la Révolution.

Ils ne s'érigent pas en instance séparée qui se suffit à soi et qui confisque le mouvement social.

> *La Russie a eu une chance : elle n'a pas connu le jacobinisme.* (15)

8. L'anti-jacobinisme de la Révolution Russe s'atteste, selon Gramsci dans l'expérience des Soviets qui s'installe même un court moment en Italie, avec le mouvement des conseils d'usine de Turin (1919). Gramsci découvre alors peu à peu la Révolution comme processus mondial qui trouve aussi en Italie un de ses laboratoires. L'exaltation de la volonté comme force façonneuse de la vie se tempère et se médiatise sur le terrain de cette expérimentation "soviétique". La Révolution Russe s'identifie au mouvement des Soviets. Ceux-ci sont la base d'un Nouvel Etat, première approche d'une forme nouvelle de développement, où se construit la médiation entre la Révolution Sociale et la Révolution politique, où l'on dépasse la seule destruction de l'ordre politique. Gramsci cherche alors à actualiser la construction d'une expérience d'auto-gouvernement ouvrier, à développer la dimension politique interne qui s'est formé sur le terrain économique. Non pas réduction démystifiante de la politique et de la volonté au social, mais déploiement des puissances du social - des capacités des producteurs - en instance politique, chargé de diriger la transition au communisme.

Ainsi commence un mouvement par lequel Gramsci cherche à réduire le décalage entre l'exaltation générique et encore idéaliste d'une volonté formatrice et la prise en compte de l'objectivité des possibilités nées sur le terrain des rapports sociaux. Si Marx redécouvrit en quelque sorte après cette réduction l'acte politique, Gramsci doit fournir à cet acte politique surévalué sa fourniture de données subjectives, il doit la substantialiser dans l'objectivité des rapports de production, jusqu'alors sous-estimée.

Ce mouvement de médiation qui ne parviendra à son équilibre que dans les *Cahiers de Prison* commence à s'opérer à partir précisément de l'expérience des conseils d'usine. Le conseil n'est pas seulement une nouvelle forme nouvelle de pouvoir, *modèle de l'Etat prolétarien*, destiné à remplacer l'Etat bourgeois ; il est simultanément une forme élémentaire d'organisation de la vie productive, de nouveaux rapports de production. On ne peut compter sur le développement spontané des nouveaux rapports de production : la nouvelle base est à construire comme forme expansive d'un Etat futur, lui-même de type particulier.

9. En Italie, comme en Europe, cette expérience échoue. Les Conseils sont vite isolés et balayés. Gramsci comprend que la forme soviétique a butté sur l'appareil d'Etat. Celui-ci n'a pas été investi, alors qu'il aurait du l'être pour protéger et généraliser l'invention des Soviets. Ainsi le politique-étatique prend sa revanche. L'échec des Conseils est aussi celui d'une certaine conception des conseils comme institution thaumaturgique. La révolution prolétarienne, comme le montre le cours de la Révolution russe que Gramsci comprend mieux, assimilant peu à peu la leçon léninienne, n'est pas l'acte arbitraire d'une organisation qui s'affirme révolutionnaire. Elle est un processus historique très long qui se vérifie dans l'apparition et le développement de forces productives déterminées (le prolétariat et ses alliés) dans un milieu historique déterminé où l'instance politique conserve un rôle important.

La perte de l'initiative par le mouvement ouvrier, la montée victorieuse du fascisme que ne peut arrêter l'action du Parti communiste d'Italie, la mise en mouvement de classes sociales capturées ou neutralisées par le fascisme, la division des forces populaires, tout ceci exige que l'on repense la stratégie révolutionnaire. En ce point Gramsci retrouve un lien plus organique avec la Révolution française, par le biais d'une discussion de la thématique de la *Révolution Permanente* imposée par Trotsky. Gramsci, contre ce dernier, estime que l'échec de la Révolution en Europe, la stabilisation de la révolution russe avec la nouvelle politique économique prouvent que le rythme de la Révolution prolétarienne ne sera pas celui de la Révolution française , avec ses vagues explosives, à oscillations plus ou moins rapprochées.

C'est là la problématique qui ouvre le travail des *Cahiers* : Gramsci tente, entre autre, une vaste reconstruction historiographique qui articule les divers processus propres aux diverses révolutions bourgeoises et à la révolution socialiste.

10. Cette reconstruction historiographique est simultanément reformulation théorique des canons du matérialisme historique. La prospective stratégique devient celle de l'hégémonie "civile" du prolétariat ; et la réélaboration théorique concerne le système de médiations entre conditions objectives et volonté politique subjective, le *bloc historique*.

La victoire du fascisme est comprise dans son lien à la *crise organique* durable du mode de production capitaliste, induite par la mise en mouvement inédite des masses. La Révolution d'Octobre apparaît comme le dernier épisode de la phase stratégique de la *révolution permanente* , c'est-à-dire de l'attaque frontale de l'Etat. La *révolution permanente* comme guerre de mouvement, sur le mode jacobin, a été possible en Orient, où l'Etat était tout, et où la société civile était gélatineuse, peu organique. En Occident, l'Etat, même fasciste, ne se résume pas au seul appareil d'Etat coercitif. Il s'articule à *un système de tranchées et de casemates* qui structure la société civile.

Gramsci ainsi maintient la validité des thèses structurales de la Préface de 1859 à la *Critique de l'Economie Politique*, c'est-à-dire l'idée d'une transition révolutionnaire (sociale et politique) d'un mode de production à un autre. Il se réfère même souvent à ce texte souvent interprété de manière mécanique et linéaire, souvent illustré par le modèle jacobin. Mais il en modifie l'interprétation en recherchant une médiation nouvelle d'économie et de politique. Il faut comprendre et construire les formes de l'hégémonie des producteurs dans les conditions nouvelles. Cela exige la compréhension des formes d'hégémonie développées par la classe dominante saisie dans la totalité et la diversité de son propre processus révolutionnaire et contre-révolutionnaire.

Pour penser les formes de la transition révolutionnaire actuelle il faut les saisir par différence avec celles propres à la classe sociale antagonique. Le détour historiographique et méthodologique est finalisé à la question de l'hégmonie. Ainsi la classe dominante devenue fasciste a su organiser toute la vie nationale - sociale, politique, culturelle - en construisant autour de l'appareil d'Etat un système d'appareils qui constituent autant de projection de la fonction de direction politique dans la société civile.(16) Le mouvement ouvrier doit changer de stratégie pour une longue période : la guerre de position s'impose et avec elle l'investissement des appareils de la société civile et du système politique. Son agent, le parti révolutionnaire, doit mobiliser toutes les réserves des classes populaires, exploiter les exigences et situations démocratiques qui accusent les contradictions du système de domination et de direction.

> *La guerre de position en politique est le concept d'hégémonie.*(17)

Le concept d'hégémonie a pour fonction de penser le processus révolutionnaire et de saisir l'unité-différence des révolutions bourgeoises et ouvrières. Le concept d'hégémonie est à la fois historiographique et méthodologico-stratégique. Sur ce dernier plan, il se caractérise comme articulation des fonctions de domination et de direction.

> *La suprématie d'un groupe social se manifeste de deux manières comme domination et comme direction intellectuelle et morale. Un groupe social est dominant des groupes adversaires qu'il tend à liquider ou à soumettre par la force armée ; et il est dirigeant des groupes voisins ou alliés. Un groupe social peut et doit être dirigeant avant de conquérir le pouvoir gouvernemental. C'est là une des questions principales pour la conquête du pouvoir ; après quand il exerce ce pouvoir, et même s'il le tient fermement dans son poing, il devient dominant, mais doit continuer à être dirigeant.*(18)

11. En ce point, s'opère un extraordinaire retour de la problématique du jacobinisme. Le texte cité, décisif, sur l'hégémonie se trouve dans un cahier, le 19, où Gramsci reformule la stratégie révolutionnaire propre à *la classe des producteurs* à partir d'une compréhension du processus révolutionnaire français lui-même comparé au *Risorgimento* italien. Tout se passe comme si se contruisait une réciprocité entre problématique de l'hégémonie et jacobinisme. Celui-ci en effet a la même portée historiographique et méthodologique- théorique. On peut même faire apparaître une identité entre les moments de construction de l'hégémonie et l'histoire du jacobinisme.(19)

Gramsci s'intéresse en effet aux formes différentes de la construction de l'hégémonie bourgeoise en Europe, comparant la France - l'hégémonie bourgeoise passe alors par le Jacobinisme - l'Allemagne, et surtout l'Italie - où l'hégémonie bourgeoise prend une autre forme, imposée par le Parti modéré de Cavour, celle du transformisme. Ces analyses comparées touchent les questions de méthodologie qu'implique le point de vue de l'hégémonie : question du rapport structures / superstructures, objectif / subjectif ; problème du passage de la société à l'Etat, des relations entre masses et partis ; question stratégique des alliance de classes question théorique propre au matérialisme historique du bloc historique.

12. Commençons par le Jacobinisme. Gramsci en donne une analyse qui le concerne en tant que stratégie adéquate à la guerre de mouvement. Mais il montre que cette stratégie développe les moments constitutifs de la construction de l'hégémonie dans l'enchaînement des rapports de force économico-sociaux aux rapports de force éthico-politiques et aux rapports de force politico-militaires. Les moments logiques de l'hégémonie, l'enchaînement des divers rapports de force, est comme la transcription ou formalisation conceptuelle du processus historique par lequel le jacobinisme s'est développé dans une période d'assaut révolutionnaire-bourgeoise, de guerre de mouvement, de révolution permanente.

En effet la Révolution Française, selon Gramsci, se termine en 1870 avec la défaite de la Commune, en tant que guerre de mouvement ou processus de *révolution permanente*. La classe bourgeoise a construit son unité en exploitant la crise économique de l'Ancien Régime, en attaquant frontalement la féodalité, en sachant se ménager l'aide de forces sociales (artisans, petit peuple des villes, paysans) qu'elle a ensuite ou neutralisées ou défaites.

> *C'est seulement en 1870-1871 avec la tentative communale que s'épuisent historiquement tous les germes nés de 1789 : non seulement la nouvelle classe qui lutte pour le pouvoir défait les représentants de la nouvelle société qui ne veut pas s'avouer décidément battue, mais elle défait aussi les groupes les plus nombreux qui soutiennent déjà la nouvelle structure née du bouleversement commencé en 1789, et démontre ainsi sa vitalité par confrontation avec le vieux comme avec le nouveau. Avec 1870-1871 perd efficacité l'ensemble des principes de stratégie et tactique nés*

> *pratiquement en 1789 et développés idéologiquement autour de 1848, ceux qui se résument dans la formule de "révolution permanente".* (20)

Durant cette phase, s'appuyant sur les éléments disponibles de sa base, *le développement des forces matérielles de production* qu'elle a pu moduler à souhait, la nouvelle classe fondamentale, la bourgeoisie a su s'organiser en classe dirigeante. Elle a su dépasser le stade *économico-corporatif* qui est celui des intérêts de classe immédiats, et donc passer les compromis possibles en fonction de la position de ses membres composants. Malgré le principe de concurrence interne qui l'unifie en la divisant, la bourgeoisie a su parvenir à la

> *la conscience des intérêts de tous les membres de son groupe social, mais encore dans le domaine économique.* (21)

Cette unification *économique* relève déjà, non pas de la sphère économico-corporative, mais de la sphère des *rapports de force politiques*, car elle est déjà capacité de direction. En effet

> *déjà se pose la question de l'Etat, mais seulement sur le terrain de l'obtention d'une égalité politico-juridique avec les groupes dominants, puisqu'on revendique le droit de participer à la législation et à l'administration, et peut-être de les modifier, de les réformer, mais dans les cadres fondamentaux existants.* (22)

Sur ce terrain, où politique et économique sont encore fondues, se situent *les représentants du Tiers Etat.*

Le processus révolutionnaire français peut, sans difficulté, être décrypté dans sa diachronie, à partir de la grille synchronique constituée par l'analyse des rapports de force constitutifs de la problématique de l'hégémonie. Soit donc notre résultat, le moment économico-politique (et non plus corporatif) où la classe fondamentale s'unifie et sur son intérêt fondamental et sur des objectifs de participation législative et exécutive au pouvoir politique.

> *Les représentants du Tiers Etat posent initialement seulement les questions qui intéressent les composants physiques actuels du groupe social, les intérêts corporatistes immédiats (corporatifs au sens traditionnel d'immédiats et égoïstes au sens grossier d'une catégorie déterminée) : les précurseurs de la Révolution sont en fait des réformateurs modérés qui font la grosse voix, mais qui en réalité demandent bien peu.*

A ce moment structural qui est aussi phase historique s'ajoute un autre moment proprement politique, auquel correspond la phase spécifiquement jacobine.

13. Ce moment est celui où la classe fondamentale conquiert la capacité de diriger l'Etat, de rassembler autour d'elle en une vaste alliance les groupes subordonnés, faisant des concessions économiques pour rendre possible l'alliance. Moment du devenir -Etat qui s'effectue dans le cadre de la Nation laquelle se consolide, les groupes subalternes identifiant leurs propres intérêts dans le contexte national. Malgré la longueur de la citation, donnons la parole à Gramsci lui-même.

> *C'est la phase la plus spécifiquement politique qui marque le passage net de la structure à la sphère des superstructures complexes, c'est la phase où les idéologies précédemment germées deviennent "parti", engageant la confrontation, entrant en lutte jusqu'à ce qu'une seule ou seulement une combinaison d'entre elles finit par prévaloir, à s'imposer, à se diffuser sur toute l'aire sociale, déterminant et l'unicité des fins économiques et politiques et aussi l'unicité intellectuelle et morale, posant toutes les questions autour desquelles la lutte fait rage, non sur le plan corporatif, mais sur le plan "univer-*

> *sel", créant ainsi l'hégémonie d'un groupe social fondamental sur une série de groupes subordonnés* .(23)

La caractéristique de ce moment éthico-politique correspond particulièrement à la phase jacobine. Seuls les jacobins dépassent les intérêts économiques-réformateurs des bourgeois de 1789 constituant ainsi dans le contexte de la résistance acharnée des couches féodales et de la menace internationale la bourgeoisie en classe dirigeante étatique. Ce que Gramsci dit dans le cadre de l'analyse structurale du moment éthico-politique est confirmé par son analyse historique, ou plutôt historiographique. Quel autre Etat sinon l'Etat jacobin vérifie l'analyse suivante ?

> *L'Etat est conçu comme organisme propre à ce groupe (fondamental) destiné à créer les conditions favorables à la plus grande expansion de ce groupe même, mais ce développement et cette expansion son conçus et présentés comme la force motrice d'une expansion universelle, d'un développement de toutes les énergies "nationales" ; le groupe dominant est coordonné concrètement avec les intérêts généraux des groupes subordonnés, et la vie étatique est conçue comme une formation continue et un dépassement des équilibres instables entre intérêt de groupe fondamental et ceux des groupes subordonnés, équilibres où les intérêts de groupes dominant prévalent, mais jusqu'à un certain point, non pas jusqu'au grossier intérêt économico-corporatif*.(24)

On mesurera l'importance de cette réévaluation du moment éthico-politique, et parallèlement, du jacobinisme. Il n'est plus mystification, transcendance laïque, instance séparée ; il est le moment de l'effort et de la culture par la direction consciente et volontaire. La volonté jacobine, que l'idéalisme promeut en catégorie philosophique décisive, n'est pas illusion. Elle est instance dirigeante dont la classe fondamentale nouvelle, celle des producteurs, doit faire l'apprentissage. Seul ce moment qualifie une classe fondamentale dans sa capacité à être dirigeante, à sortir de la passivité et de la subalternité, à traduire en puissance de direction sa force et sa place décisive sur le terrain des rapports de production. Sans ce moment, que l'on peut dire jacobin, la Révolution française aurait pri un autre cours, le Tiers-Etat aurait été détruit par la réaction intérieure et internationale.

Les Jacobins ont seuls su développer *l'action énergique* en évitant toute *pause intermédiaire*. Ils n'ont pas hésité à envoyer à la guillotine

> *non seulement les éléments de la vieille société dure à mourir, mais aussi les révolutionnaires de hier, devenus aujourd'hui réactionnaires.*

Gramsci leur reconnaît désormais ce qu'il leur refusait en 1917, la capacité qu'ont eue les bolchéviks, en octobre, d'assurer la représentativité organique des forces progressistes dans leur ensemble.

> *Les Jacobins furent le seul parti de la Révolution en Acte, pour autant qu'ils ne représentaient pas seulement les besoins et aspirations des personnes physiques actuelles qui constituent la bourgeoisie française, mais ils représentaient le processus révolutionnaire dans son ensemble, comme développement historique intégral parce qu'ils représentaient aussi les besoins futurs, et de nouveau non seulement de ces mêmes personnes physiques déterminées, mais de tous les groupes nationaux qui devaient être assimilés au groupe fondamental existant.* (25)

C'est ainsi qu'ils surent passer des compromis, faisant un instant de leurs intérêts des intérêts universels, construisant ainsi par leur politique d'alliance *le réveil des énergies populaires fran-*

çaises à allier à la bourgeoisie. La base de cette politique concerne la paysannerie à qui fut accordé le statut de la petite propriété foncière. (26)

Le résultat de ce moment éthico-politique est, comme le prouve précisément l'exemple jacobin, la constitution de la *République une et universelle*, d'un Etat à la force unificatrice inédite. La volonté ne fut pas simple illusion purement politique, puisque l'Etat façonna de nouveaux rapports sociaux, au-delà des particularismes et des puissances de désagrégation.

> *La question agraire eut le dessus sur les aspirations à l'autonomie locale : la France rurale accepta l'hégémonie de Paris, comprit que pour détruire définitivement l'ancien régime , elle devait faire bloc avec les éléments les plus avancés du Tiers Etat (...). Non seulement les Jacobins organisèrent un gouvernement bourgeois, firent de la bourgeoisie la classe nationale dirigeante-hégémonique, mais ils donnèrent à l'Etat nouveau une base permanente, créèrent la compacte nation moderne française.* (27)

L'hégémonie n'est vraiment consolidée que si le moment éthico-politique (direction et constitution de l'Etat) se concrétise au dernier niveau des rapports de force, le rapport de force politico-militaire (28). Les Jacobins vérifient cette condition (tout comme cette condition est identifiée à partir de leur exemple). Les Jacobins en effet surent

> *...anéantir les forces de l'adversaire ou du moins le réduire à l'impuissance pour rendre impossible une contre-révolution.*(29)

15. Toute cette analyse est finalisée à la construction de l'hégémonie en Italie, en situation de guerre de position. Voilà pourquoi Gramsci compare le processus révolutionnaire bourgeois français au processus italien, au *Risorgimento*. On peut alors montrer

que l'historiographie gramscienne de ce *Risorgimento* peut d'abord être lue comme un contre-point négatif de l'analyse précédente. Le "transformisme" des classes dirigeantes italiennes se révèle comme affecté d'un vice interne, sa carence "hégémonique" ou identiquement, sa déficience en jacobinisme. Le *Risorgimento* a manqué de jacobinisme ; et l'hégémonie construite est affectée d'une faiblesse intrinsèque qui contraste durablement avec l'hégémonie forte, à la française.

En effet la force qui aurait pu être l'équivalent du jacobinisme, le Parti d'action de Mazzini, ne put jamais faire sa jonction avec les masses rurales. Le *Risorgimento* fut guidé par une bourgeoisie moins forte qui dut passer des compromis conservateurs avec les éléments de l'Ancien Régime (agrariens du sud, importance de la question vaticane). Le Parti modéré de Cavour créa bien l'Etat-Nation italien, mais il échoua à constituer une volonté nationale-populaire cimentée à sa base par une politique d'alliance intégrant la petite et moyenne paysannerie. Les forces de dispersion pèsent lourd en Italie, concentrées autour des zones frappées par le développement inégal (question du *Mezzogiorno*). Alors que l'Etat jacobin est un Etat fort, capable d'être coercitif, mais fonctionnant au consensus, l'Etat "transformiste" est un Etat faible, voué à recourir fréquemment à la violence ouverte. Alors que la Révolution française s'appuyait sur une extraordinaire *réforme intellectuelle et morale* qui avait éduqué le sens commun des masses aux nouvelles valeurs, institutions et formes de vie, le *Risorgimento*, paralysé par le poids extraordinaire de la conception du monde cléricale et ses appareils, n'a pu bénéficier ni avant ni après 1870 de cette réforme intellectuelle et morale, la haute culture étant incapable de transformer le sens commun des masses livrées à la domination du catholicisme.

Gramsci nomme le processus révolutionnaire italien *Révolution-Restauration*, ou *Révolution passive* pour en souligner les anomalies et les lacunes comparativement à la France Jacobine.

Le résultat comparé est tout à fait significatif. En France, après le moment jacobin, la bourgeoisie construit une hégémonie suffisamment articulée et puissante pour différer durablement la crise issue de l'apparition d'une autre classe candidate à l'hégémonie, la classe ouvrière. La Commune marque la fin de cette "révolution permanente" et signifie la défaite très durable de cette classe candidate à l'hégémonie. Tout se passe comme si Gramsci considère que pour la France la qualité de l'hégémonie bourgeoise est telle que l'antagoniste structural qui est le mouvement ouvrier n'a pas de perspective immédiate. Il est tout à fait significatif que les pages des *Cahiers* consacrés à la vie nationale Française ne s'interrogent jamais sur les possibilités hégémoniques immédiates des producteurs en notre pays.

> *Le développement du Jacobinisme (le contenu) et de la formule de la Révolution permanente a trouvé son perfectionnement juridico-constitutionnel dans le régime parlementaire qui réalise, dans la période la plus riche d'énergies privées de la société, l'hégémonie permanente de la classe urbaine sur toute la population, sous la forme hégélienne du gouvernement avec le consensus organisé de manière permanente.* (30)

Gramsci écarte dans les années Trente comme peu probable une crise d'hégémonie en France, et n'intègre pas la variante conditionelle de l'action des partis ouvriers dans ses analyses ultimes sur la qualité de l'héritage jacobin (porté par les diverses branches du radicalisme). Malgré sa crise endémique, l'Etat parlementaire radical, produit du jacobinisme, a tenu. Ainsi

> *...la crise parlementaire (des années Trente) réfléchit jusqu'à maintenant plutôt un déplacement normal de masse (lequel n'est pas dû à une crise économique aiguë), avec une recherche laborieuse*

> *de nouveaux équilibres de représentations et de partis, et un malaise vague qui est simplement prémonitoire d'une grande crise politique possible.*

Mais malgré tout,

> *l'hégémonie bourgeoise est très forte et a beaucoup de réserves.*

Et Gramsci conclut pour la France :

> *l'exercice normal de l'hégémonie sur le terrain devenu classique du régime parlementaire est constitué par la combinaison de la force et du consensus qui s'équilibrent selon divers degrés, sans que la force supplante trop le consensus, cherchant même à obtenir que la force apparaisse appuyée sur le consensus de la majorité exprimé par les organes de ce que l'on appelle l'opinion publique.*(31)

En Italie, la crise d'après-guerre, avec l'intervention désordonnée des masses populaires, avec l'obligation structurale pour la classe dirigeante de recourir au fascisme témoigne en fait de l'incapacité de l'Etat post-risorgimental à empêcher autrement que par la violence l'émergence de la nouvelle classe fondamentale.

16. Le processus de Révolution-Restauration débouche ainsi sur la crise d'hégémonie qui fait des masses des protagonistes et qui est résolue par le fascisme, à un prix plus élevé que celui de la République parlementaire. Avant de revenir sur ce résultat, il importe de mieux définir ce processus transformiste de Révolution passive, de Révolution-Restauration, sans jacobinisme.

Le transformisme, propre au *Risorgimento*, se définit comme

> *l'absorption graduelle mais continue, obtenue par*

> *des méthodes différentes dans leur efficacité, des éléments actifs issus de groupes alliés, et aussi adversaires, et qui semblaient irréconciliablement ennemis. En ce sens, la direction politique est devenue un aspect de la fonction de domination, pour autant que l'absorption des élites des groupes ennemis conduit à la décapitation de ces groupes et à leur annihilation pour une période souvent très longue (...). Révolution sans terreur, révolution sans révolution.* (32).

L'Etat construit par le parti modéré a pu jusqu'en 1914 *faire avancer réellement toute la société*, en lui permettant de développer la spontanéité de son activité économico-productive.(33) Mais la faible teneur hégémonique se révèle après la guerre de 1914-1918. L'irruption des masses populaires ne peut être empêchée, ni filtrée par les appareils d'hégémonie : l'équilibre force/consensus se brise dans le sens du recours à la force. La crise du fascisme atteste que la classe dominante n'est pas en mesure d'intégrer son antagoniste autrement que par l'Etat de contrainte. Le processus de Révolution-Restauration débouche dans une crise organique où s'atteste que la classe dominante est entrée dans une période d'épuisement de sa fonction progressiste. L'Etat italien fasciste devient pure idôle incapable d'assurer la fonction de "catharsis" éthico-politique qui libère de nouveaux rapports de production et de nouvelles forces productives. Il majore l'importance de l'élément répressif qui jugule les énergies sociales.

> *La conception de l'Etat dont on fait la propagande change d'aspect : il est conçu comme chose en soi, un absolu rationnel.*(34)

L'Etat fasciste doit persuader qu'il a sa base politico-sociale dans la majorité des petites gens et des intellectuels,

> *alors qu'en réalité sa structure demeure plouto-*

cratique et qu'il est impossible de rompre ses liens avec le grand capital financier.(35)

On ne confondra donc pas la *Statolâtrie* progressiste qui marque l'affirmation d'un groupe hégémonique avec la *Statolâtrie* régressive qui marque l'entrée de ce même groupe dans la période de sa crise d'hégémonie. La *Statolâtrie* fasciste est le produit du procès de Révolution-Restauration du *Risorgimento*. Mais il ne faut pas sous-estimer la capacité du procès de Révolution passive à paralyser la nouvelle force hégémonique (celle des producteurs), à l'empêcher de se constituer en antithèse effective. L'incapacité de la bourgeoisie italienne à produire la phase jacobine, à construire le moment de dépassement des rapports économico-corporatif en rapports éthico-politiques peut se révéler, par un étrange renversement, force. Cette incapacité est contagieuse, et la nouvelle classe fondamentale celle des producteurs se trouve en quelque sorte piégée, incapable à son tour de se constituer en antithèse effective de la classe dominante qui certes ne s'est pas constituée elle-même en antithèse radicale (jacobine) de l'Ancien Régime, mais a acquis la force spécifique d'interdire à son nouvel antagoniste structural d'occuper et de constituer cette place antagoniste.

17. Par un renversement imprévu de l'analyse, le transformisme ne se révèle pas simplement être la forme de processus révolutionnaire bourgeois en cas d'échec de la révolution permanente. Il devient la forme privilégiée d'hégémonie bourgeoise en période de crise organique du capitalisme, lorsque a pris fin la phase ascendante de constitution de l'hégémonie bourgeoise.

L'arriération italienne, et ses effets dans le fascisme comme Etat coercitif, doivent alors être considérés comme exemplaire de la situation actuelle. Le cas particulier italien (le transformisme a-jacobin) se renverse comme exemple d'une catégorie plus fondamentale en période de crise organique (due à l'irruption des masses), celle de *Révolution passive*. Celle -ci ne désigne plus le substitut dégradé de révolution permanente (comparée au Jacobinisme), mais une forme autre d'hégémonie adéquate à la situation où la classe dominante (la bourgeoisie), confrontée à son nouvel antagoniste, ne peut plus se reproduire face à lui comme antithèse radicale, mais doit veiller à empêcher que cet autre ne se constitue lui-même en antithèse radicale. L'anti-jacobinisme est imposé par la classe dominante (bourgeoise) à ses adversaires pour mieux les capturer, les fixer, les avaler. Dès lors, la Révolution passive n'est pas le destin de la seule bourgeoisie italienne, marquée par sa déficience en jacobinisme : elle est aussi le destin des bourgeoisies qui ont eu leur moment jacobin, mais qui confrontées par une force antithétique, cessent d'être "antithèse" elles-mêmes et ne peuvent se reproduire qu'en différant à l'infini la constitution d'une autre classe fondamentale antithétique. La Révolution passive est alors une catégorie non plus singulière ("italienne") mais une catégorie à la fois historiographique et méthodologique, générale.

De ce point de vue, le transformisme n'est plus seulement forme imparfaite du processus de constitution hégémonique d'une classe dominante incapable de diriger une révolution permanente ; il anticipe la modalité de l'hégémonie de la même classe dominante mise en situation de *crise organique*, imposant à son adversaire la stratégie de *guerre de position*. Ce qui n'était qu'une spécificité propre à l'imperfection italienne anticipe la ligne "moderne" d'attaque de la classe dominante bourgeoise confrontée à son antagoniste historique.(36)

18. Si la classe fondamentale nouvelle et ses alliés doivent désormais construire leur hégémonie dans une situation de *Révolution passive*, est-ce à dire que cette classe doive absolument renoncer à tout rapport au moment jacobin ? En ce point encore, Gramsci

opère un nouveau renversement. Alors que tout semblait indiquer que le jacobinisme relevait de la phase héroïque des classes fondamentales en situation de guerre de mouvement et de révolution permanente, Gramsci indique que même en situation de *Révolution passive* imposée par la bourgeoisie, quelque chose du jacobinisme doit être hérité, approprié et transformé critiquement par la nouvelle classe fondamentale. Cette exigence communique avec une autre conséquence des analyses des *Cahiers* : la guerre de position, la conquête de l'hégémonie par la classe des producteurs ne doit pas être elle-même une forme de révolution passive.

Tout le problème est alors pour la nouvelle classe fondamentale de donner à sa guerre de position la forme d'une anti-révolution passive. Le maintien de la thématique du jacobinisme comme catégorie (devenue ainsi de singulière et nationale historiographique et méthodologique) atteste que la théorie et la stratégie politiques des *Cahiers* s'oriente sur la construction d'une forme effective d'anti-Révolution Passive. Le maintien de la problématique du Jacobinisme interdit à tout jamais de voir dans l'élaboration gramscienne une forme ouvrière de transformisme.

On peut donc parler d'un méta-jacobinisme absolument viscéral à la philosophie de la praxis. Il se concentre dans la théorie des rapports du Parti, *le Prince moderne*, et du nouvel Etat.

On peut définir ce méta-jacobinisme autour de cinq thèses.

Thèse 1 : la nouvelle classe fondamentale, formée sur le terrain de la production, doit se développer comme antithèse résolue de l'ordre établi, et déployer toutes ses potentialités, sans aucune concession sur le plan des principes. Il s'agit là d'une thèse logico-dialectique, liée à une culture philosophique, celle de *l'esprit de scission*. Mais d'un esprit de scission qui ne soit pas sectarisme et qui soit nourri de l'effort permanent pour connaître la totalité articulée du *bloc historique*, pour identifier et déjouer la stratégie ad-

verse (ici celle de la Révolution passive).
Thèse 2 : la nouvelle classe fondamentale est confrontée à la tâche (à la portée ontologique) de *constitution* d'un nouveau bloc historique, tâche qui est l'horizon de la praxis. Cette constitution prend la forme de la "catharsis", de la traduction de la position et des possibilités libérées sur le terrain économico-corporatif en capacité de direction éthico-politique. La classe fondamentale est confrontée au problème de son devenir Etat ; ce qui exige que tout le fonctionnement de vie politique et culturelle se redéfinisse et se transforme au contact des instances issues des producteurs.
Thèse 3 : Ce devenir Etat prend la forme concrète de la formation d'une volonté nationale, nationale-populaire plus exactement. La volonté ici n'est pas celle de la démiurgie idéaliste, c'est une volonté médiatisée par l'objectivité des rapports de force. Elle hérite de l'idéalisme la dimension de la qualification dirigeante. S'opère ainsi la réévaluation dans le cadre du matérialisme historique de l'élément éthico-politique comme moment concentré de l'hégémonie au sens strict.
Thèse 4 : Cet Etat, à la différence de l'Etat bourgeois, doit inclure en ses appareils, mécanisme, et fonctionnement la clause de sa propre résorption tendancielle dans la société civile. Le consensus doit être ici toujours visé comme décisif (et la force maintenue en réserve pour emploi limité aux seuls instants qui pourraient être imposés comme résolutoires). Le parti est dans la société civile, avant la prise de pouvoir, l'instance étatique, mais éthico-démocratique toujours soucieuse de surmonter sa séparation et atomisation, toujours légitimée par sa capacité à établir un rapport circulaire avec sa base de masse(s).
Thèse 5 : Cette construction présuppose une vaste politique d'alliance, élargies au-delà de ce qu'avaient visé les Jacobins historiques : paysans, intellectuels traditionnels, intellectuels nouveaux (liées aux fonctions productives nouvelles). Cette politique d'allian-

ce implique sur le plan culturel une réforme intellectuelle et morale de masse, transformant le sens commun des masses, des simples, dans le sens de la formation d'un entendement social éclairé de masse (ici le précédent des Lumières est encore éclairant).

19. On devrait pour chacun de ces points montrer en quoi le jacobinisme historique et le méta-jacobinisme gramscien à la fois se recoupent et diffèrent. Tentons la confrontation sur un point significatif, sur le 5, et précisément sur la question des alliances de classes.

Là le jacobinisme historique a révélé de fait sa limite historique, sa limite de classe. Les compromis qu'a pu passer la bourgeoisie révolutionnaire ne pouvaient aller jusqu'à la remise en cause du mécanisme capitaliste d'accumulation. Celui-ci donc prescrivait les limites des concessions possibles. Ainsi, après avoir beaucoup concédé aux paysans, le jacobinisme n'a pu en faire autant pour les artisans des villes, les ouvriers des manufactures. Le méta-jacobinisme de la nouvelle classe fondamentale, lui, doit se construire précisément à partir de ces derniers éléments, au-delà de ces limites de classes.

> *Que les Jacobins soient toujours demeurés sur le terrain de la bourgeoisie, cela est démontré par les évènements qui marquèrent leur fin comme parti de formation trop déterminée et rigide, et ~~la mort de~~ Robespierre : ils ne voulurent pas reconnaître aux ouvriers le droit de coalition, maintenant la Loi Le Chapelier ; et comme conséquence ils durent promulguer la loi du maximum. Ainsi ils brisèrent le bloc urbain de Paris : leurs forces de choc qui se regroupaient dans la commune, se dispersèrent, désillusionnées, et Thermidor eut le dessus. La révolution avait trouvé les limites les plus larges de la classe : la politique des alliances et de la Révolution permanente avait fini par poser des questions*

> *nouvelles qui ne pouvaient pas alors être résolues, elle avait déchaîné des forces élémentaires que seule une dictature militaire aurait réussies à contenir.*(37)

Le Parti, le Prince moderne, lui s'enracine dans une classe fondamentale dont les limites de classes sont tendanciellement universelles. Il peut et doit construire des alliances qui isolent le bloc industriel et ses supports (les intellectuels). Dans les conditions de la *Révolution-Passive*, le méta-jacobinisme du Prince moderne est confronté à la tâche spécifique de dissoudre toutes les formes subtiles de viscosité, de confusion qui rendent indéchiffrables aux classes alliées le sens des situations et qui les désorientent. Un énorme effort de connaissance du terrain de l'hégémonie est exigé. Seul cet effort permettra la formation d'une volonté collective adhérente à la complexité des problèmes. La volonté communique avec l'analyse scientifico-objective de la situation, et ne peut éviter sa fétichisation, son idéalisation démiurgique qu'en se médiatisant avec cette connaissance.

On pourrait montrer, comment selon Gramsci, le métajacobinisme du Prince Moderne doit refléter la dissymétrie propre à la nouvelle classe fondamentale, comparativement à la bourgeoisie. Qu'il s'agisse du rapport aux masses, de l'organisation du rapport dirigeants/dirigés, de la constitution de l'Etat dans le sens de son absorption dans la société civile, sur tous ces points, les limitations propres à l'ancienne classe fondamentale devraientpeu à peu disparaître. De même, celles de son jacobinisme.

20. Mais il importe ici de revenir sur l'élément logico-dialectique dont le méta-jacobinisme hérite du jacobinisme historique. Il s'agit de la catégorie "d'antithèse". Le Jacobinisme, en effet, a été et est une théorie et une pratique de *l'opposition dialectique*. Dans une situation de *Révolution Passive*, cette position dialectique est réaffirmée, modulée, non aban-

donnée.
Gramsci commente souvent les thèses "dialectiques" de *Misère de la Philosophie* de Marx, pour comprendre la dialectique historique et en tirer une projection stratégique.

> *Que chaque membre de l'opposition dialectique doit chercher à être tout soi-même, et jeter dans la lutte toutes ses propres ressources politiques et morales : ce n'est qu'ainsi qu'on a un dépassement réel.*(38)

Les praticiens bourgeois de la *Révolution passive* sont alors des "dialecticiens", même si telle n'est pas leur volonté explicite. En effet

> ...*ils sont l'expression pratique de la nécessité de la thèse de se développer tout entière elle-même jusqu'au point de réussir à incorporer une partie de l'antithèse elle-même, pour ne pas se laisser dépasser, de sorte que dans l'opposition dialectique seule la thèse en réalité développe toutes ses possibilités de lutte, jusqu'à s'incorporer les soi-disants représentants de l'antithèse : c'est en cela que consiste la Révolution passive ou révolution-restauration.*(39)

La difficulté pour la nouvelle classe fondamentale - qui occupe la position de l'antithèse (celle-là même que les Jacobins historiques avaient occupé contre l'Ancien Régime) - est d'éviter cette formalisation, cette subsomption, qui anesthésie la puissance de rupture de l'antithèse. Comment le Prince Moderne - qui doit façonner la volonté nationale-populaire, peut-il en situation de Révolution passive imposée par la classe occupant la position de la thèse -, comment peut-il se former en réelle antithèse dialectique ?
C'est sur ce point que la continuité entre jacobinisme et métajacobinisme est la plus nette. Voilà pourquoi lorsque Gramsci affronte le problème du parti révolutionnaire et de son devenir Etat (au sens éthico-poli-

tique), il souligne la nécessité d'inclure en ce lieu un traitement du Jacobinisme.

> *Le Prince Moderne doit avoir une partie consacrée au jacobinisme (au sens intégral que cette notion a eu historiquement et doit avoir conceptuellement), comme une exemplification de la manière dont s'est formée concrètement et a opéré une volonté collective qui au moins sous quelques aspects fut création ex novo, originale. Il faut que soit définie la volonté collective, et la volonté politique en général au sens moderne, la volonté comme conscience opérante de la nécessité historique, comme protagoniste du drame historique réel et effectif.* (40)

Quel que soit le changement de stratégie (de la guerre de mouvement à la guerre de position) ou de phase (de la révolution permanente à la révolution passive), le Prince moderne doit maintenir ouvertes toutes ses possibilités dialectiques inscrites dans sa détermination d'"antithèse". Tel est le problème : être, se constituer comme cette antithèse dans une situation qui n'est plus celle de l'affrontement direct, mais où la "thèse", elle, doit et peut durer longtemps, où elle a acquis l'art de maintenir des réseaux d'alliances contraires à la transformation de la société, de concéder les mesures qui ont pour effet de prolonger la crise en différant le dépassement du conflit.

En ce sens, le Prince Moderne sera éminemment jacobin dans la mesure où il lui faudra apprendre l'art et développer la science de l'antithèse :

> *se poser comme antagoniste radical de la thèse, jusqu'à se proposer de la détruire complètement et de la substituer complètement,*

muni de la conscience et du savoir que l'adversaire a appris

> *à énerver l'antithèse, la briser en une longue série de moments, à réduire la dialectique à un*

> *processus d'évolution réformiste, révolution-restauration, où seul le second terme est validé.*(41)

Le jacobinisme propre à la guerre de position est donc fondamentalement anti-révolution passive. L'avertissement est net : sous peine de *succomber au morphinisme politique*, il ne faut pas confondre la révolution passive comme *critère d'interprétation en l'absence d'autres éléments actifs de manière dominante* et comme *programme*. Pour le Prince Moderne,

> *la conception demeure dialectique, elle présuppose, et même postule comme nécessaire une antithèse vigoureuse, et qui met en jeu avec intransigeance toutes ses possibilités de manifestations.*(42)

21. D'où l'importance de la connaissance pour cette volonté, capable de démystifier les illusions du volontarisme. Sans la connaissance des rapports de force, cette volonté risque de se réduire à une pure tension de l'esprit se stupéfiant lui-même. Le méta-jacobinisme est union du vouloir et de l'intelligence ; le vouloir se comprend à partir des conditions objectives. L'antithèse doit se donner la connaissance du champ des variables en lequel elle se situe.

Ainsi d'une part il faut réaffirmer la finalisation de l'effort de connaissance de la situation à la formation de cette volonté.

> *Les analyses ne peuvent et ne doivent être prises pour une fin à elles-mêmes, mais elles n'acquièrent un sens seulement que si elles servent à justifier une activité pratique, une initiative de la volonté.*(43)

Mais d'autre part, sans la connaissance des situation, des changements de phase, des éléments en jeu, de leurs initiatives propres, cette volonté est aveugle. Dans une situation de révolution passive, la *thèse* lutte pour empêcher que l'*antithèse* se donne cette connaissance, laquelle inclue la connaissance par l'antithèse de sa place et de ses possibilités d'antithèse.

La source fondamentale de passivité, la carence en jacobinisme émanent de la carence en connaissance. C'est une carence logico-dialectique. Il reste à produire cette connaissance concrète qui a manqué aux Jacobins. Par limites de classe, les Jacobins s'affrontèrent aux limites produites par leur action, et ne purent les connaître. Il arriva en effet un moment où l'idéologie jacobine, d'abord "ultra-réaliste" (et qui sut procéder à la mise en mouvement des énergies politiques) fut incapable de penser ces limites. Ainsi, et la formule est terrible,

> *ils furent séparés, détachés, comme il arrive presque toujours, des conditions de temps et de lieu, réduits à des formules, et devinrent une chose différente , une larve, des paroles vides et inertes.*(44)

Tout l'effort théorique du matérialisme historique de Gramsci est de produire cette connaissance (dont on a évoqué quelques points décisifs : hégémonie, guerre de position, Etat, alliances, Révolution passive). Mais la critique adressée au jacobinisme ne doit pas être sous-estimée.

22. Elle cache une interrogation inquiète sur la capacité du Prince Moderne, sur la teneur hégémonique du mouvement révolutionnaire. La nouvelle classe fondamentale saura-t-elle penser les limites de son monde, éviter la dégénérescence de son idéologie qui fut elle aussi d'abord "ultra-réaliste" ? Saura-t-elle comprendre le monde qu'elle a produit ? Saura-t-elle agir de manière à ne pas se détacher, *comme il arrive presque toujours des conditions de temps et de lieu* ? Saura-t-elle éviter que le matérialisme historique devienne *formule* et les marxistes *chose indiffé-*

rente , larve ?

L'idéalisme (jacobin) fut révolutionnaire comme philosophie de la volonté ordonnatrice du monde historico-social, tant qu'il aida à développer, et à constituer (au sens fort, philosophique du mot) les forces porteuses de ce monde. Il cessa de l'être quand il prétendit transformer en barrières de ce monde les limites du monde qu'il avait posé, comme volonté d'une classe qui se voulait universelle. Le matérialisme historique (méta-jacobin) fut révolutionnaire quand il renvoya simultanément la volonté de la nouvelle classe fondamentale à la recherche et à l'organisation des conditions de son devenir-Etat : il pensa et déplaça les limites du monde où il était né.

Saura-t-il penser les limites du monde qui s'est formé sous son nom ? et les déplacer ? La Révolution passive ne risque-t-elle pas de devenir aussi le destin de la nouvelle classe fondamentale une fois qu'elle a pris le pouvoir ? Celle-ci ne sera-t-elle pas tentée de se poser en *synthèse* formée sans avoir libéré les forces qu'elle recelait comme *antithèse* ? Ces questions ne sont pas d'école. Elles sont celles que traitent Gramsci lorsqu'il analyse l'U.R.S.S. des années trente et recherche et une nouvelle stratégie pour l'Occident et une nouvelle élaboration vivante du marxisme. La référence jacobine est présente aussi sur tout l'axe de sa réflexion.

Le destin du jacobinisme historique n'est pas simplement réinséré dans la continuité relative d'un héritage, celui de l'esprit de scission, de l'antithèse intransigeante et intelligente. Il est évoqué comme figure d'un échec possible, d'un défi à relever, le défi de ce Thermidor spécifique que pourrait être la Révolution passive au sein de la classe fondamentale (avec ses phénomènes de *statolâtrie*, de bureaucratie, de violence, de séparation durable des intellectuels et des simples, des dirigeants et des dirigés).

23. Concluons. On peut voir dans le méta-jacobinisme de Gramsci la formulation politique de ce qu'il nomme la philosophie de la praxis. Il est vrai que le jacobinisme a pour chiffre et formule philosophique la volonté, telle que la conceptualise éminemment l'idéalisme allemand ; car

> *ce qui est pratique pour la classe fondamentale devient rationalité et spéculation pour ses intellectuels.* (45)

Il est aussi vrai que la nouvelle classe fondamentale a pour chiffre de son méta-jacobinisme la volonté, mais la volonté épurée de ses illusions de démiurgie faustienne, armée de la connaissance des formes et des structures du monde historico-social, de ses phases. La volonté comme praxis.

Le jacobinisme fut le moment décisif d'une transition d'un monde historico-social à un autre, déplacement des limites d'une forme de vie et constitution de nouvelles limites pour une nouvelle forme de vie. Le méta-jacobinisme de la nouvelle classe fondamentale n'a de sens que comme transition à une forme de vie supérieure : il est aussi identification et déplacement des limites de la forme précédente. Mais il doit affronter en principe l'identification et le déplacement permanent de ses propres limites. Ce en quoi il est critique et dépassement du jacobinisme historique. Ce déplacement et cette identification ont leurs présupposés matériels dans la position dissymétrique de la classe des producteurs au sein de la structure.

Est alors en question la capacité effective de ce méta-jacobinisme à opérer son autocritique, à maintenir et reproduire son statut de théorie révolutionnaire, c'est-à-dire d'une théorie qui

> *est élément de séparation et de distinction consciente en deux camps, pour autant qu'elle est un sommet inacessible au camp adverse.* (46)

Si le destin historique du jacobinisme a été d'être

substitué par la révolution passive, si tel est le défi imposé à l'appropriation gramscienne du jacobinisme, comme élément porteur du meilleur de la civilisation occidentale, alors la question du jacobinisme a encore de l'avenir. Sera-ce l'avenir d'une illusion dont le scénario est connu de tous ? sera-ce celui, immortel, de l'esprit de scission grâce auquel toute force progressiste conquiert *la conscience de sa propre personnalité historique* ? Pour Gramsci, la deuxième voie était la bonne.

La philosophie de la praxis a tenté la jonction avec les *conditions de temps et de lieu*. Elle a lutté contre le détachement d'avec elles. Elle a ouvert au marxisme du vingtième siècle l'instance d'un renouveau où il a évité d'être *formule*. Mais ces analyses ne sont pas transposables telles quelles. Il reste toujours à penser et déplacer les *moenia mundi*, il reste à la philosophie de la praxis de concevoir et constituer son monde.

Notes.

(1) Sur ces problèmes, voir A. Cornu, *Karl Marx et Friedrich Engels*, tome III. Paris, PUF, 1969 ; J. Bruhat, *La Révolution française et la pensée de Karl Marx*, in *Annales historiques de la Révolution française*, 1966, p.166. Je me permets de renvoyer à ma propre contribution in E. Balibar, C. Luporini, A. Tosel, *Marx et sa critique de la politique*, Paris, Maspero, 1978, pp.11-51.

(2) K. Marx, *Remarques critiques en marge de l'article Le Roi de Prusse et la réforme sociale : observations d'un Prussien*, in *Oeuvres philosophiques de Karl Marx*, éd. Costes. Paris, 1948, tome V, p.232.

(3) K. Marx, *La Question Juive*, Paris, Aubier, 1971 édition bilingue, p.117.

(4) K. Marx, *ibid.* p.119.

(5) K. Marx, *ibid.* p.119.

(6) K. Marx, *La Sainte Famille*, Paris, Editions sociales, 1969. p.150.

(7) K. Marx, *idem.* p.150. On peut y ajouter cette vigoureuse analyse, *idem.* p.148 : *Robespierre, Saint-Juste et leur parti ont succombé parce qu'ils ont confondu la Société à démocratie réaliste de l'Antiquité, reposant sur la base de l'esclavage réel, avec l'Etat représentatif moderne à démocratie spiritualiste qui repose sur l'esclavage émancipé, sur la société bourgeoise. Etre obligé de reconnaître et de*

sanctionner, dans les droits de l'homme, la société bourgeoise moderne, la société de l'industrie, de la concurrence universelle, des intérêts privés qui poursuivent librement leurs fins, ce régime de l'anarchie, de l'individualisme naturel et spirituel devenu lui-même étranger à lui-même ; vouloir en même temps annuler après coup par tel ou tel individu particulier les manifestations vitales de cette société tout en prétendant façonner à l'antique la tête politique de cette société : quelle colossale illusion !

(8) K. Marx, *Contribution à la critique de l'Economie Politique*. Paris, Editions Sociales, 1957, p.4.

(9) K. Marx, *Remarques critiques en marge de l'article Le Roi de Prusse et la réforme sociale : observations d'un Prussien.* (voir note n°2), p.244.

(10) Cette formule est énoncée dans *La Sainte Famille* pour désigner le processus par lequel l'Etat se subordonne la société (p.150, édition citée). C'est dans *Le XVIII Brumaire de Louis Bonaparte* que cette idée est élaborée comme thème du processus révolutionnaire.

(11) K. Marx, *Le XVIII Brumaire de Louis Bonaparte* Editions Sociales, Paris, 1956, p.16.

(12) A. Gramsci, *Textes*, Editions Sociales (Essentiel), Paris, 1983. p,44.

(13) A. Gramsci, *Ecrits Politiques I*. Paris, Gallimard (*Les maximalistes*, 1974) p.123.

(14) A. Gramsci, *Ecrits Politiques I*. Paris, Galli-

mard (*Note sur la Révolution Russe*, 1974) p.119.

(15) A. Gramsci, *Ecrits Politiques I*. Paris, Gallimard, 1974. (*Les maximalistes*), p.122. Sur l'anti-jacobinisme du jeune Gramsci, voir M. L. Salvadori, *Gramsci e il problema storico della democrazia*, Torino, Einaudi, 1974. C. Buci-Glucksmann, *Gramsci et l'Etat*. Paris, Fayard, 1975.

(16) A. Gramsci, *Quaderni del Carcere*, Edition Gerratana, Torino. Einaudi, 1975, p.856, p.1088-1089.

(17) A. Gramsci, *Quaderni del Carcere*, édit. citée, p.973.

(18) *Idem*. p.2010-2011.

(19) Les paragraphes du Cahier 19 qui développent simultanément la thématique de l'hégémonie et une analyse comparée du jacobinisme et du transformisme sont placés sous la rubrique *Le problème de la direction politique dans la formation et le développement de la notion de l'Etat moderne en Italie*.

(20) A. Gramsci, *Quaderni del Carcere*. p.1581-1582.

(21) A. Gramsci, *Quaderni del Carcere*. p.1584. C'est là la célèbre analyse des rapports de force, orientée sur le procès révolutionnaire français.

(22) A. Gramsci, *Idem*. p.20-27.

(23) A. Gramsci, *Idem*. p.1584.

(24) A. Gramsci, *Idem*. p.1584. A comparer avec le texte historique des *Cahiers*, p.2028.

(25) A. Gramsci, *Quaderni del Carcere*. p.2028.

(26) Ce sacrifice de l'intérêt économico-corporatif a été très considérable, puisqu'il a freiné par la suite durablement l'expansion capitaliste française, maintenant une couche exceptionnellement importante de petite et moyenne propriété à la campagne, et encourageant la petite et moyenne entreprise. La bourgeoisie jacobine a pu éliminer la noblesse, mais au prix d'un retard de la révolution des rapports sociaux eux-mêmes. Gramsci n'envisage pas cet aspect du problème car il est fasciné par le caractère paradigmatique de la forme jacobine de l'hégémonie.

(27) A. Gramsci, *Quaderni del Carcere*, p.2029.

(28) A. Gramsci, *Quaderni del Carcere*, p.1586.

(29) A. Gramsci, *Quaderni del Carcere*, p.2029. Gramsci souligne de même qu'il est décisif de *créer un rapport politico-militaire favorable à la révolution, d'ôter aux adversaires toute zône de passivité.*

(30) A. Gramsci, *Quaderni del Carcere*, p.1636.

(31) A. Gramsci, *Quaderni del Carcere*, p.1638.

(32) A. Gramsci, *Quaderni del Carcere*, p.2011.

(33) A. Gramsci, *Quaderni del Carcere*, p.2012.

(34) A. Gramsci, *Quaderni del Carcere*, p.1361.

(35) A. Gramsci, *Quaderni del Carcere*, p.2177.

(36) Sur tous ces problèmes, voir dans les Actes du

Colloque *Politica e Storia in Gramsci*. Editori Riuniti, Roma, 1977-1978, les contributions de Ch. Buci-Glucksman, *Sui problemi politici della transizione : classa operaia e rivoluzione passiva*, de F. de Felice, *Rivoluzione passiva fascismo, americanismo in Gramsci*, de B. de Giovanni *Crisa organica e Stato in Gramsci*.

(37) A. Gramsci, *Quaderni del Carcere*, p.2030 (voir aussi p.2014).

(38) A. Gramsci, *Quaderni del Carcere*, p.1768.

(39) A. Gramsci, *Quaderni del Carcere*, p.1768.

(40) A. Gramsci, *Quaderni del Carcere*, p.1559. Le texte est une critique directe de Sorel, et il prend ici la forme d'une auto-critique de Gramsci.

(41) A. Gramsci, *Quaderni del Carcere*, p.1327-28.

(42) A. Gramsci, *Quaderni del Carcere*, p.1827.

(43) A. Gramsci, *Quaderni del Carcere*, p.1585. Et Gramsci poursuit : *ces analyses servent à montrer où sont les points de moindre résistance, là où la force de la volonté peut être appliquée le plus fructueusement, elles suggèrent les opérations tactiques immédiates, indiquant comment on peut le mieux engager une campagne d'agitation politique, quel langage sera le mieux compris des multitudes. L'élément décisif de toute situation est la force durablement organisée et prédisposée de longue main que l'on peut faire avancer quand on juge qu'une situation est favorable (et elle est favorable seulement autant qu'une telle force existe et soit pleine d'ardeur combative). Voilà pourquoi*

la tâche essentielle est celle de tendre systématiquement et patiemment à former, développer, rendre toujours plus homogène, compacte, consciente de soi-même cette force.

(44) A. Gramsci, *Quaderni del Carcere*, p.1642.

(45) A. Gramsci, *Quaderni del Carcere*, p.1359.

(46) A. Gramsci, *Quaderni del Carcere*, p.1434. Sur ces question reste fondamentale la contribution de L. Paggi, *La teoria generale del marxismo in Gramsci*. Annali Femtrinelli, Milano, 1973. Voir aussi, A. Tosel, introduction au volume Gramsci, *Textes*, Editions Sociales, (col. Essentiel), Paris, 1983, p.9-40.

TABLE DES MATIERES

Table des Matières

Table des Matières

ISBN. 2-7116-4255-0

Prix : 86 Francs

Achevé d'imprimer
sur les presses
de la

FACULTE DES LETTRES
ET
SCIENCES HUMAINES

Nice

Septembre 1984

